Objektive Hermeneutik in Wissenschaft und Praxis

Reihe herausgegeben von

Thomas Loer, Independent, Bergkamen-Overberge, Deutschland

Objektive Hermeneutik in Wissenschaft und Praxis
– in memoriam Ulrich Oevermann (1940–2021) –

Die **Reihe Objektive Hermeneutik in Wissenschaft und Praxis** will Forschern, Studenten und Praktikern anhand von auf je spezifische Datentypen und unterschiedliche Gegenstände bezogenen Einführungen Gelegenheit bieten, sich mit der Objektiven Hermeneutik vertraut zu machen – und zwar auf eine Weise, die neben der Veranschaulichung des konkreten forschungspraktischen Verfahrens auch die methodologische Begründung und ihre Verankerung in einer Theorie der Konstitution ihres Gegenstandes verdeutlicht.

Die materiale Fragestellung ist für das methodische Vorgehen in der Objektiven Hermeneutik zentral, weshalb in die verschiedenen Felder und Facetten ihrer Anwendung mit einer Reihe kompakter, jeweils spezifisch zugeschnittener Lehrbücher eingeführt wird. In ihnen werden materiale Forschungsergebnisse bei gleichzeitiger expliziter Darstellung des Vorgehens dargelegt; zugleich wird durch Klärungen der konstitutionstheoretischen und methodologischen Einbettung ein tiefgreifendes Verständnis der Begründung des methodischen Vorgehens ermöglicht.

Jeder Band enthält ein Glossar, in dem die Begriffe der Objektiven Hermeneutik knapp und prägnant erläutert werden; außerdem finden sich in den Büchern jeweils an entsprechender Stelle eingebaut Exkurse, die objekttheoretische Begriffe und Zusammenhänge ebenso erläutern wie für das jeweilige Ausdrucksmaterial spezifische technische Begrifflichkeiten.

Da die Objektive Hermeneutik sich – etwa im Sinne methodischer Supervision aber auch zu Zwecken der Sensibilisierung – auch für die Selbstaufklärung von Praxis der pädagogischen, sozialpädagogischen, therapeutischen bis hin zu beraterischen Professionen bewährt hat, wird, je nach Datentyp und Gegenstandsbezug auch der Aspekt der praktischen Anwendung der Methode in den Bänden der Reihe eine Rolle spielen.

Insgesamt geht es der Reihe darum, den Interessenten an der Objektiven Hermeneutik im wissenschaftlichen Diskurs, in Forschung und Lehre in den Wissenschaften von der sinnstrukturierten Welt sowie in den genannten praktischen Zusammenhängen die Erschließungsmöglichkeiten der Methode zugänglich zu machen und deren Diskussion und Weiterentwicklung zu befördern.

Ulrich Oevermann, der die Objektive Hermeneutik begründete, und über mehr als ein halbes Jahrhundert durch ihre Anwendung permanent weiterentwickelte und konsolidierte, ist diese Reihe gewidmet.

Reihenherausgeber:
Dr. phil. Thomas Loer, habilitierter Soziologe, ist Lehrbeauftragter an der International Psychoanalytic University Berlin sowie freiberuflich tätig.

Thomas Loer

Photographien analysieren

Eine Einführung am Beispiel von Philip-Lorca diCorcias ‚Streetwork', einem politischen Selfie und einer Photographie aus Auschwitz

Thomas Loer
Independent
Bergkamen-Overberge, Deutschland

ISSN 2731-0345 ISSN 2731-0353 (electronic)
Objektive Hermeneutik in Wissenschaft und Praxis
ISBN 978-3-658-39222-2 ISBN 978-3-658-39223-9 (eBook)
https://doi.org/10.1007/978-3-658-39223-9

Die Deutsche Nationalbibliothek verzeichnet diese Publikation in der Deutschen Nationalbibliografie; detaillierte bibliografische Daten sind im Internet über http://dnb.d-nb.de abrufbar.

© Der/die Herausgeber bzw. der/die Autor(en), exklusiv lizenziert an Springer Fachmedien Wiesbaden GmbH, ein Teil von Springer Nature 2022
Das Werk einschließlich aller seiner Teile ist urheberrechtlich geschützt. Jede Verwertung, die nicht ausdrücklich vom Urheberrechtsgesetz zugelassen ist, bedarf der vorherigen Zustimmung des Verlags. Das gilt insbesondere für Vervielfältigungen, Bearbeitungen, Übersetzungen, Mikroverfilmungen und die Einspeicherung und Verarbeitung in elektronischen Systemen.
Die Wiedergabe von allgemein beschreibenden Bezeichnungen, Marken, Unternehmensnamen etc. in diesem Werk bedeutet nicht, dass diese frei durch jedermann benutzt werden dürfen. Die Berechtigung zur Benutzung unterliegt, auch ohne gesonderten Hinweis hierzu, den Regeln des Markenrechts. Die Rechte des jeweiligen Zeicheninhabers sind zu beachten.
Der Verlag, die Autoren und die Herausgeber gehen davon aus, dass die Angaben und Informationen in diesem Werk zum Zeitpunkt der Veröffentlichung vollständig und korrekt sind. Weder der Verlag, noch die Autoren oder die Herausgeber übernehmen, ausdrücklich oder implizit, Gewähr für den Inhalt des Werkes, etwaige Fehler oder Äußerungen. Der Verlag bleibt im Hinblick auf geografische Zuordnungen und Gebietsbezeichnungen in veröffentlichten Karten und Institutionsadressen neutral.

Planung/Lektorat: Cori Antonia Mackrodt
Springer VS ist ein Imprint der eingetragenen Gesellschaft Springer Fachmedien Wiesbaden GmbH und ist ein Teil von Springer Nature.
Die Anschrift der Gesellschaft ist: Abraham-Lincoln-Str. 46, 65189 Wiesbaden, Germany

Vorwort

Die Buchreihe *Objektive Hermeneutik in Wissenschaft und Praxis*, deren zweiter Band hier vorliegt, will anhand von unterschiedlichem Datenmaterial und anhand unterschiedlicher Gegenstände den Lesern[1] Gelegenheit bieten, sich mit der Objektiven Hermeneutik vertraut zu machen – und zwar auf eine Weise, die neben der Veranschaulichung des konkreten forschungspraktischen Verfahrens auch die methodologische Begründung und ihre Verankerung in einer Theorie der Konstitution ihres Gegenstandes verdeutlicht. Der Begründer der Objektiven Hermeneutik, der Frankfurter Soziologe Ulrich Oevermann, verstarb im vergangenen Jahr, so dass weder die Konzeption der Reihe noch deren Realisierung in einzelnen Bänden von seiner Kritik mehr profitieren kann. Keiner könnte besser als Oevermann Geist, Sache und Praxis der Objektiven Hermeneutik verkörpern und deutlich machen, wodurch sie sich von anderen Weisen, die menschliche Praxis zu erforschen, unterscheidet. Heute sind Objektive Hermeneuten und Wissenschaftler, die objektiv-hermeneutisch forschen, im deutschsprachigen Raum und auch darüber hinaus zwar in verschiedenen sozial- und kulturwissenschaftlichen Disziplinen auf Lehrstühlen und in weiteren akademischen Zusammenhängen

---

[1] Angesichts der Bedeutung prägnanter Sprache für die Wissenschaft im Allgemeinen, für eine rekonstruktive Methode im Besonderen wird der mittlerweile verbreiteten Unsitte der Sprachverbiegung im Namen einer vermeintlichen Sprachgerechtigkeit hier nicht gefolgt. Auch da es sich dabei um das Ausflaggen einer Wertposition (vgl. Weber 1919/1985: 600 f.) handelt, hat es in wissenschaftlichen Schriften nichts zu suchen. Wo es, wie beim „essentiellen Gebrauch oder bei indefinit-unspezifischer Bezugnahme", darum geht, „potentielle Referenzentitäten begrifflich [zu] charakterisieren", und wenn dabei „Geschlechtsidentität nicht zu den begrifflichen Merkmalen [zählt], auf die es ankommt" (Zifonun 2018: 50), ist es überflüssig, größtenteils begrifflich verfälschend, diese Geschlechtsidentität dennoch zu benennen.

zu finden.[2] Allen Lesern sei es gleichwohl dringlich empfohlen, sich mit den Schriften Oevermanns vertraut zu machen und dabei die geistige Anstrengung, die sie abverlangen nicht zu scheuen, sondern als Chance zu nutzen, sich mit einem produktiven Denken vertraut zu machen – eine Chance, die in persönlicher Begegnung zu ergreifen uns bedauerlicherweise nun ja endgültig versagt ist.

Da die Bände der Reihe durchaus auch für sich stehen können und sollen, sei hier auch wiederholt, was im Vorwort zum ersten Band der Reihe bereits gesagt wurde: Die Objektive Hermeneutik darf zwar mittlerweile als eingeführte und bewährte Methode gelten, keineswegs aber hat sie die Form eines standardisierten Verfahrens angenommen – und kann dies auch ihrer eigenen Logik nach nicht, ist doch die Sachangemessenheit des methodischen Vorgehens ein zentrales Prinzip, das schon bei ihrer Entstehung eine entscheidende Rolle spielte. Die einzelnen Bände dieser Reihe sind diesem zentralen Prinzip verpflichtet und werden von daher eher als Variationen des Themas der Methode Objektiven Hermeneutik erscheinen, als dass sie den jeweils behandelten Datentypus oder den jeweils behandelten Gegenstand einem Methodenschema subsumierten. Gleichwohl sollen eine Explikation der Terminologie und eine Exemplifikation des jeweiligen Vorgehens das den Variationen zugrundeliegende Thema kenntlich machen und den Anforderungen an begriffliche Klarheit und Deutlichkeit gerecht werden. Und so ist auch das Wort ‚Beispiel' im Untertitel nicht im Sinne von beliebiger Illustration, sondern als typischer Fall des Darzustellenden zu verstehen – in dem Sinne, dass dieses aus jenem entfaltet wird.

Die Entwicklung und Entfaltung einer Methode, in der ein forschendes Vorgehen systematisiert wird, ist ein fortschreitender Prozess, im Laufe dessen die Methode auch zunehmend in einer Methodologie begründet und zugleich die Konstitution ihres Gegenstandes theoretisch aufgeklärt wird – und so ist es nicht verwunderlich, dass im Laufe dieses Prozesses unterschiedliche Termini ausprobiert werden, um die Momente und Aspekte von Methode, Methodologie und Konstitutionstheorie auf den Begriff zu bringen.[3] Wem es dabei v. a. um die

---

[2] S. etwa die Übersichtskarten über Standorte (https://www.easymapmaker.com/map/7d7b37 267628563c3f56a452284ef5c4) und über Interpretationswerkstätten der Objektiven Hermeneutik (https://www.easymapmaker.com/map/be4019c62b4bbfc49c5cef3fb7177c46; beide zuletzt angesehen am 5. Jan. 2022).

[3] Dies führte teilweise gar dazu, dass die Bezeichnung der Methode selbst zeitweilig in „strukturale Hermeneutik" abgeändert wurde; so ist teils von „der objektiven oder auch strukturalen Hermeneutik" (Oevermann/Simm 1985 [Perseveranz], S. 136, s. auch 280), „der objektiven und strukturalen Hermeneutik" (Oevermann/Simm 1985 [Perseveranz], S. 186), „einer objektiven strukturalen Hermeneutik" (Oevermann/Simm 1985 [Perseveranz],

Vorwort

materiale Forschung geht, dem ist die Prägnanz der objekttheoretischen Begriffe wichtiger als die Benennung des Inhalts seines methodischen Werkzeugkastens, zumal die einmal geprägten Termini für ihn selbst eher den Charakter von Symbolen im Wortsinne haben, deren sachlichen Widerpart sie für ihn aufgrund seiner Erfahrung des Entstehungskontextes unmittelbar aufrufen. Im Verlauf der Weiterentwicklung und Weiterverbreitung der Methode aber tritt dann dieser Symbolcharakter zurück und die Termini müssen für die Begriffe, die sie bezeichnen, einstehen. Deshalb ist es im Versuch einer systematischen Darstellung opportun, die Terminologie zu bedenken, eingedenk der Erkenntnis, die Adorno bezüglich der philosophischen Terminologie formulierte: dass „in Wirklichkeit die philosophischen Worte nicht nur miteinander, sondern auch mit der Sache zusammenhängen." (1973/1982, S. 7) Dies gilt unseres Erachtens für jedweden wissenschaftlichen Terminus, wenn anders mit Recht beansprucht wird, dass der Begriff, den er bezeichnet, an der Sache etwas aufschließt, dass er also die Erkenntnis eines Gegenstands ermöglicht. Der hierfür erforderliche Klärungsprozess kann keineswegs als abgeschlossen gelten, ja ist u. U. unabschließbar, wird doch unabdingbar in materialer Forschung auch die Methode stets weiter expliziert. Insofern finden sich in diesem Buch einige terminologische Unterschiede zu den Bezugstexten aus Geschichte und Gegenwart der Objektiven Hermeneutik; diese Unterschiede werden an den entsprechenden Stellen benannt, nicht aber jedesmal thematisiert, wenn Texte, die andere Termini verwenden, zitiert werden.

Über diese wegen des Prozesscharakter wissenschaftlicher Erkenntnis und wissenschaftlichen Fortschritts im Allgemeinen, dem Entwicklungs- und Entfaltungscharakter rekonstruktiver Forschung im besonderen erforderlichen Kautelen hinaus ist bei dem im vorliegenden Band behandelten Datentypus ein weiterer Aspekt zu beachten. Photos sind nämlich trotz ihrer weiten Verbreitung, die mit den einfach zu handhabenden digitalen Aufnahmegeräten exponentiell zunahm, keine Daten, deren Heranziehung für sozialwissenschaftliche Analyse schon auf eine eingeführte und ausgearbeitete Tradition zurückblicken könnte. Insofern sind manche Momente des methodischen Vorgehens noch nicht genügend erprobt und bewährt, was zur Folge hat, dass unter den Forschern in manchen Hinsichten

---

S. 300), der „strukturalen objektiven Hermeneutik" (Oevermann/Simm 1985 [Perseveranz], S. 303) oder auch nur „der strukturalen Hermeneutik" (Oevermann/Simm 1985 [Perseveranz], S. 221 u. passim) die Rede. Dass dies ein vorübergehendes Zugeständnis an unverständige Kritiker der Bezeichnung ‚Objektive Hermeneutik' war, wird auch daran deutlich, dass die in einem Vortrag verwendete Bezeichnung ‚strukturale Hermeneutik' (Oevermann 1990 [strukturale]) in der veröffentlichten Fassung (1993 [Subjektivität]) dann wieder zurückgenommen wurde.

nicht nur unterschiedliche Termini, sondern auch unterschiedliche Vorgehensweisen für opportun gehalten werden. Die hier vorgestellten werden entsprechend begründet und ggf. (s. etwa den Exkurs zur Frage von Sichtbarkeit, Notation und Beschreibung) in Abgrenzung zu anderen gerechtfertigt; die Diskussion ist hier mehr als in anderen Hinsichten im Fluss, so dass der Lehrbuchcharakter dieses Bandes im Hinblick darauf überschritten wird, dass er auch einen Beitrag dazu leisten soll, dem Flussbett sowohl eine feste Sohle zu geben als auch zugleich die Ufer flexibel zu halten und so ein lebendiges Fließen des sachhaltigen Forschens und der aufschließenden Erkenntnis zu ermöglichen.

Dass aufschließende Erkenntnis ermöglicht wird, ist die Hoffnung des Autors auch bezüglich der hier exemplarisch untersuchten, recht heterogenen Gegenstände. Worum es dabei geht, wird in den Abschnitten zur Fragestellung und in dem Kapitel der Fallanalysen jeweils näher erläutert. Gleichwohl sei zur Analyse des Photos aus Auschwitz vorweg eine Bemerkung erlaubt. Hier geht es nicht nur um die Untersuchung der Verbrechen, die in vom nationalsozialistischen Deutschland errichteten und betriebenen Konzentrationslagern verübt wurden, sondern zudem um die sogenannten Sonderkommandos, bei denen die Monstrosität der fraglichen Taten (Arendt 1968/2003, S. 144) noch gesteigert wird durch die Frage von Verstrickung und Schuld der Opfer. Dieses Handeln zu verstehen und zu erklären ist nicht nur im methodischen Sinne herausfordernd. Dan Stone bemerkt hierzu vielmehr zu Recht: „In the face of full-frontal atrocity, the impulse to theorize seems almost offensive." (2001, S. 131) Gleichwohl halten wir auch diesbezüglich mit Primo Levi „ein unaufgeregtes Studium einiger Aspekte der menschlichen Seele" (1947/o. J., S. 8)[4] für erforderlich und versuchen, die „Differenzierung von praktischem und methodischem Verstehen" (Oevermann 2008 [Feldforsch], S. 147) durchzuhalten, da wir ganz im Sinne Georges Didi-Hubermans „*trotz allem* verstehen wollen (2002-03/2007, S. 220; korr. Übers.; kursiv i. Orig.).[5]

Wangerooge   Thomas Loer
den 17. Aug. 2022

---

[4] Übersetzungen in diesem Buch stammen, so nicht anders angegeben, vom Autor. Meist werden zum besseren Verständnis die Originalzitate angegeben: „uno studio pacato di alcuni aspetti dell animo umano".

[5] „ vouloir comprendre *malgré tout*" (Didi-Huberman 2002-03/2003, S. 194; kursiv i. Orig.).

Vorbemerkung

Wie im Vorwort bereits bemerkt ist die Objektive Hermeneutik eine Schöpfung Ulrich Oevermanns; er hat sie zunächst während einer Zusammenarbeit mit Tilman Allert, Helga Gripp, Elisabeth Konau, Lothar Krappmann, Kurt Kreppner, Erna Schröder-Caesar und Yvonne Schütze entwickelt, war dann aber durch Jahre hindurch nahezu der einzige, der sie ausarbeitete, ihre Anwendungsmöglichkeiten amplifizierte und sie stringent entfaltete. Insofern sind die Schriften Oevermanns nach wie vor der zu bevorzugende Weg zur Objektiven Hermeneutik – auch wenn er hin und wieder etwas mühsam zu beschreiten ist. Auch auf größere Leserfreundlichkeit ausgerichtete Einführungen können keinen Königsweg bieten und können die Beschäftigung mit den materialen und theoretischen Arbeiten, in denen die Objektive Hermeneutik elaboriert wurde und in denen sie sich weiter entfaltet, nicht ersetzen.

Die Lage stellt sich allerdings wie folgt dar: Die Objektive Hermeneutik ist mittlerweile eine verbreitete Methode in der Soziologie und anderen Sozialwissenschaften. Zudem werden Verfahrensweisen der Methode, wie etwa die Sequenzanalyse, in andere Forschungsverfahren eingebaut. Gleichwohl aber gibt es bisher nur eine systematische Einführung in die Forschungstechnik (Wernet 2000/2009) sowie ein „Studienbuch für den Einstieg" (Wernet 2021); eine eingängige Gesamteinführung, die auch die systematische Einbettung in Konstitutionstheorie und Methodologie darstellt, so dass die Arbeit mit der Forschungsmethode Objektive Hermeneutik und ihr Erlernen fundiert und fasslich möglich ist, fehlt hingegen.⁶ Die Bedeutung der materialen Fragestellung⁷ für das methodische Vorgehen in der Objektiven Hermeneutik macht ein solches Unterfangen auch schwierig, wenn nicht gar undurchführbar. Eine reine Methodeneinführung ist nämlich der Objektiven Hermeneutik nicht angemessen; will man den gleichwohl berechtigten vorhandenen Wünschen nach einer entsprechenden Einführung nachkommen und der Besonderheit der Objektiven Hermeneutik gerecht werden – also die Sachangemessenheit der Methode integral in ihre Darstellung aufnehmen – so muss man einen anderen Weg gehen. Die Erarbeitung einer Einführung in die Objektive Hermeneutik hat jeweils an Beispielen, die aus materialen Forschungen hervorgegangen sind, zu erfolgen. Einem solchen Ansinnen soll die Folge von Einzelbänden, die jeweils solche Beispiele vorstellen und mit dem Rahmen einer expliziten methodologischen Begründung versehen, dienen, von der hiermit der zweite Band vorgelegt wird.⁸ Indem materiale Forschungsergebnisse bei gleichzeitiger expliziter Darstellung des Vorgehens dargelegt werden, wird in die Grundlagen und Verfahren der Objektiven Hermeneutik eingeführt. Es ist klar, dass dabei jeder Band auch Klärungen der konstitutionstheoretischen und methodologischen Einbettung bieten und so ein tiefgreifendes Verständnis der Begründung des methodischen Vorgehens ermöglichen muss. Das setzt bereits bei der Planung einer Forschung an, betrifft die Frage der Fallauswahl, der Selektion der Datentypen und der Erhebung, der spezifischen Fragen der Analyse der jeweiligen Datentypen der hermeneutischen Forschung und führt bis zur besonderen Form der Ergebnisdarstellung und – bei praktischen Fragestellungen wie etwa Beratung – des Transfers der gewonnenen Erkenntnisse in die Praxis. Exemplarische Analysen sollen dabei dem Leser das jeweilige objektiv-hermeneutische Vorgehen konkret deutlich und nachvollziehbar machen. In den systematischen Eingangskapiteln werden jeweils knapp die konstitutionstheoretischen und methodologischen Grundlagen der Objektiven

---

⁶ Die „Einführung in das Werk Ulrich Oevermanns" von Detlef Garz und Uwe Raven (2015) weist an zentralen Stellen der Theoriearchitektonik begriffliche Unklarheiten auf, auf die hier nicht eingegangen werden kann. Zum Theorie- und Forschungsprogramm Oevermanns s. Sutter 1997.

⁷ Andreas Wernet verweist zwar zu Recht darauf, dass „die Methode der Objektiven Hermeneutik [...] ‚Fingerübungen' ermöglicht", die „an x-beliebigen Sequenzen, die man irgendwo aufschnappt [...][,] versuchs- und ‚spaßeshalber' kontextfrei" durchgeführt werden können (2021, S. 53), aber er hält zu Recht eben auch fest: „Allerdings lösen solche Fingerübungen nicht das Problem eines sinnvollen Gebrauchs der Methode." (A. a. O., S. 54)

⁸ In dem Handbuch zur Methode der Objektiven Hermeneutik (Franzmann et al. 2023) kann man nunmehr einen Überblick in Beiträgen zu einzelnen Datentypen bzw. Forschungsgegenständen finden.

Vorbemerkung

Hermeneutik dargestellt; hieraus ergeben sich die forschungs- und erkenntnislogischen Besonderheiten, die mit den unterschiedlichen Ausdrucksmaterialitäten und Protokolltypen verbunden sind; diese werden in den einzelnen Bänden dann entsprechend konkretisiert. Als Moment der Erkenntnisgewinnung durch Strukturgeneralisierung, die als der Zielpunkt der hermeneutischen Analysen zu verstehen ist, wird auch die Ergebnisdarstellung begriffen, wozu entsprechende Hinweise erfolgen.

Da die Objektive Hermeneutik ein Verfahren darstellt, das nicht nur für die wissenschaftliche Forschung sondern auch für Beratungsaufgaben in besonderer Weise geeignet ist, werden auch diesem – zunehmend relevant werdenden –. Aspekt der Methode, der besondere Herausforderungen an Ökonomie in der Analyse und Suggestivität in der auf Transfer angelegten Ergebnisdarstellung stellt, eigene Bände gewidmet werden.

Inhaltsverzeichnis

Einleitung 1
Zur Bezeichnung ‚Objektive Hermeneutik' 1
Zum Entstehungskontext der Objektiven Hermeneutik 3
Zu einigen konstitutionstheoretischen und methodologischen
Grundlagen 5
   Vorbemerkung 5
   Zum Problem des Verstehens 6
   Ausdrucksgestalt – Protokoll und Text 9
   Erzeugungs- bzw. Eröffnungsparameter: Regeln 10
   Auswahl- bzw. Entscheidungsparameter: Fallstruktur 12
   Sequenzanalyse 13
   Entscheidung und Selbstrechtfertigung 15
   Gültigkeit (Validität), Zuverlässigkeit (Reliabilität), Objektivität 19
   Konstitutionstheorie und Methodologie, Methode, Kunstlehre 24
   Lesart 27
   Verschiedene Datentypen 28
   Besonderheit des Datentyps ‚Photographie' 32

Methodisches Vorgehen 33
Vorbemerkung 33
Forschungsplanung 34
Feldzugang 45
Datenerhebung 46
Datenaufbereitung 47
Datenauswertung 52
   Pragmatische Rahmung und Fallbestimmung 52
   Sequentialität der Datenauswertung 59
   Sequenzanalyse 64

Fallanalysen 67
(A) „Civil inattention" als neutrale Reziprozität 67
   (1) Analyse eines ersten Aspekts 67
   (2) Analyse thematisch einschlägiger Aspekte zur Bildung einer ersten Fallstrukturhypothese 70
   (3) Anreicherung und Präzisierung der Fallstrukturhypothese 75
   (4) Versuch der Falsifizierung der Fallstrukturhypothese 81
   (5) Zur Genese der Fallstrukturgesetzlichkeit 85
   (6) Überlegungen zu weitergehende Fragen 85
   Strukturgeneralisierung (A) 88
   Anmerkung zum Datentypus 90
(B) Selbstinszenierung als Aufmerksamkeitslenkung 90
   (1) Analyse eines ersten Aspekts 90
   (2) Analyse eines thematisch einschlägigen Aspekts zur Bildung einer ersten Fallstrukturhypothese 94
   (3) Anreicherung und Präzisierung der Fallstrukturhypothese 96
   (4) Versuch der Falsifizierung der Fallstrukturhypothese 108
   (5) Zur Genese der Fallstrukturgesetzlichkeit 109
   (6) Überlegungen zu weitergehende Fragen 114
   Strukturgeneralisierung (B) 114
(C) Vita mundo absurdo perversa 115
   (1) Analyse eines ersten Aspekts 115
   (2) Analyse thematisch einschlägiger Aspekte zur Bildung einer ersten Fallstrukturhypothese 118
   (3) Anreicherung und Präzisierung der Fallstrukturhypothese 125
   (4) Versuch der Falsifizierung der Fallstrukturhypothese 133
   (5) Zur Genese der Fallstrukturgesetzlichkeit 134
   (6) Überlegungen zu weitergehende Fragen 141
   Strukturgeneralisierung (C) 144
Reflexionen zum methodischen Vorgehen 147
   Vorbemerkung 147
   Zu einigen Aspekten des methodischen Vorgehens 147
   Zu Aspekten der Ergebnisdarstellung 153

Epilog und Glossar 155
Epilog 155
Glossar 156

Literatur 177

Einleitung

Zur Bezeichnung ‚Objektive Hermeneutik'

Der Terminus ‚Objektive Hermeneutik' bezeichnet, so kann man in einem ersten Zugriff sagen,[1] ein *wissenschaftliches* Verfahren der Deutung und Auslegung,[2] durch dessen Anwendung jeder Forscher, unabhängig von seiner subjektiven Einschätzung, zu denselben Ergebnissen gelangt. Wenn nun zutrifft, dass Hermeneutik ein wissenschaftliches Verfahren ist, so haben wir es aber hier mit einem Pleonasmus zu tun, da ja wissenschaftliche Verfahren *qua* wissenschaftliche den Anspruch erheben, von der subjektiven Einschätzung des Forschers unabhängige Ergebnisse zu liefern. Insofern muss das Epitheton ‚objektiv' sich auf etwas anderes beziehen.

Wenn es sich bei der Hermeneutik um ein wissenschaftliches Verfahren der Deutung und Auslegung handelt, so stellt sich die Frage, was denn gedeutet und ausgelegt wird, also worauf das Verfahren sich als sein Gegenstand bezieht. Ziehen wir Max Webers notorische Definition der Soziologie heran:

> „Soziologie (im hier verstandenen Sinn dieses sehr vieldeutig gebrauchten Wortes) soll heißen: eine Wissenschaft, welche soziales Handeln deutend verstehen und dadurch in seinem Ablauf und seinen Wirkungen ursächlich erklären will. ‚Handeln' soll dabei ein menschliches Verhalten (einerlei ob äußeres oder innerliches Tun, Unterlassen oder Dulden) heißen, wenn und insofern als der oder die Handelnden mit ihm einen *subjektiven S i n n* verbinden. ‚Soziales' Handeln aber soll ein solches Handeln heißen, welches seinem von dem oder den Handelnden *gemeinten Sinn* nach auf

---

[1] Zur näheren Herleitung dieses Verständnisses s. Loer 2021 [OHWP Interviews], S. 1.
[2] Dies entspricht der Wortbedeutung von ἑρμηνεύειν, also erklären, auslegen, verdolmetschen, übersetzen (Gemoll 1954/1997, S. 329).

das Verhalten a n d e r e r bezogen wird und daran in seinem Ablauf orientiert ist."
(1922/1985, S. 1; fettgedr. i. Orig. gesperrt; kursiv von mir, TL)

Hier geht es uns um die Bestimmung Webers, *Handeln* sei *mit subjektivem Sinn verbundenes menschliches Verhalten*. Wenn ausgehend von dieser Bestimmung Handeln gedeutet und ausgelegt werden soll, so ist klar, dass der von den Handelnden gemeinte Sinn, eben der subjektive Sinn, Gegenstand dieses Deutens und Auslegens ist, also dass eine entsprechende Hermeneutik sich darauf bezieht. Die Objektive Hermeneutik geht – in ihrer Konstitutionstheorie – demgegenüber davon aus, dass Handeln regelgeleitet und der mit ihm verbundene *Sinn* entsprechend *objektiv durch Regeln konstituiert* ist – und zwar durch „die interaktionsstrukturinhärenten Regeln verschiedenen Typs (syntaktische Regeln, pragmatische Regeln, Regeln der Sequenzierung von Interaktionen, Regeln der Verteilung von Redebeiträgen, usf.)" (Oevermann et al. 1979 [Methodologie], S. 370);[3] dieser objektive Sinn ist Gegenstand des Deutens und Auslegens. Offensichtlich meint die Bezeichnung ‚Objektive Hermeneutik' also: ‚Methode zur Analyse des objektiven Sinns' – insofern ist ‚Objektive Hermeneutik' der Eigenname dieser Methode.[4] In Anlehnung an eine Bestimmung Peter Eisenbergs (Eisenberg 1998, S. 334; s. Loer 2021 [OHWP Interviews], S. 3) kann man es dann so sagen: ‚Objektive Hermeneutik' ist ein Eigenname, der eine spezifische Methode innerhalb der Teilmenge der Hermeneutiken innerhalb der Menge der Methoden benennt. D. h.: Diese Hermeneutik resp. diese Methode *heißt* Objektive Hermeneutik.[5] – Entsprechend heißt es zum „Taufakt":

„Wir nennen" das „Interpretationsverfahren [...], das zur Aufschlüsselung dieser Realität [objektiver Bedeutungsmöglichkeiten] benötigt wird", „‚objektive Hermeneutik', weil wir damit verdeutlichen wollen, daß es ausschließlich um die sorgfältige,

---

[3] Wir müssen hier – und nicht nur hier, sondern immer wieder, wie sich zeigen wird – einen Vorgriff machen auf Begriffe, die erst im Laufe der weiteren Ausführungen explizit werden; das Glossar am Ende des Bandes, in dem die für die Objektive Hermeneutik spezifischen Begriffe erläutert werden, dient der abkürzenden Erinnerung an diese Explikationen.

[4] Wie gesagt: dass sie als Methode mit Anspruch auf objektive Gültigkeit der Analyseergebnisse antritt, unterscheidet die Objektive Hermeneutik nicht von anderen Methoden.

[5] „Die Großschreibung [des Adjektivs] hat hier [...] die Aufgabe, den Eigennamen als solchen kenntlich zu machen." (Eisenberg 1998, S. 334) Andreas Wernet sagt ebenfalls: „‚Objektive Hermeneutik' verstehe ich als Eigenname[n]. Ich schreibe deshalb das Adjektiv, entgegen den Gepflogenheiten, groß." (2000/2006, S. 9, Fn. 1) – Eine Schreibweise mit Minuskel hingegen pflegte – obwohl er die Korrektheit der Schreibung mit Majuskel zugestand – Ulrich Oevermann, und zwar aus einer Ideosynkrasie gegen das, was er „Selbsternennungsorthographie" nannte (mündliche Mitteilung).

extensive Auslegung der objektiven Bedeutung von Interaktionstexten [...] geht, und dieses Verfahren des rekonstruierenden Textverstehens mit einem verstehenden Nachvollzug innerpsychischer Prozesse bei der Interpretation von Befragungsergebnissen oder von durch projektive Tests erzeugten Antworten nichts zu tun hat." (Oevermann et al. 1979 [Methodologie], S. 381)[6] „Das für viele in diesem Zusammenhang befremdliche Beiwort ‚objektiv' soll besagen, daß sowohl der Gegenstand, auf den sich die Methode richtet, als auch das Verfahren der Geltungsüberprüfung denselben Objektivitätsanspruch stellen, wie er erkenntnistheoretisch in den Naturwissenschaften üblich ist." (Leber und Oevermann 1994, S. 384)

Dass der Sinn von Handeln durch Regeln konstituiert ist, impliziert noch einen weiteren Unterschied zu Webers Bestimmung. Ludwig Wittgenstein hat herausgearbeitet, dass Regeln eine Gemeinschaft der Regelbefolger voraussetzen, die die Regelbefolgung gegebenenfalls kritisieren kann: „Darum ist ‚der Regel folgen' eine Praxis. Und der Regel zu folgen glauben ist nicht: der Regel folgen. Und darum kann man nicht der Regel ‚privatim' folgen, weil sonst der Regel zu folgen glauben dasselbe wäre, wie der Regel folgen." (Wittgenstein 1952/1982: 128; § 202) Damit ist aber deutlich, dass *Handeln per se* – eben als regelgeleitetes Verhalten (vgl. zur Bestimmung von Verhalten und Handeln u. den Abschnitt „Erzeugungs- bzw. Eröffnungsparameter: Regeln") – *sozial* ist und nicht nur dasjenige, „welches seinem von dem oder den Handelnden gemeinten Sinn nach auf das Verhalten a n d e r e r bezogen wird und daran in seinem Ablauf orientiert ist." – Insofern kann eine Methode wie die Objektive Hermeneutik, die Handeln zum Gegenstand hat, nicht umhin, humane Sozialität zu analysieren.

Zum Entstehungskontext der Objektiven Hermeneutik

Zum Entstehungskontext der Objektiven Hermeneutik führt Ulrich Oevermann Folgendes aus:[7]

---

[6] An der zweiten Stelle der Auslassungspunkte in diesem Zitat haben wir den problematischen Terminus des „latenten Sinns von Interaktionen" weggelassen – s. hierzu im Glossar zum Begriff des latenten Sinns bzw. der latenten Sinnstruktur. – S. auch: „Gegenstand dieser Methode, die man vorläufig deshalb als ‚objektive Hermeneutik' bezeichnen könnte, ist die Explikation und Rekonstruktion der objektiven Bedeutung protokollierbarer Symbolketten, nicht der Nachvollzug der psychischen Prozesse ihrer Produktion" (Oevermann et al. 1976 [Beobachtungen], S. 287).

[7] Zu der Terminologie, die Oevermann hier verwendet, werden wir noch klärende Ausführungen machen müssen. – Zum Entstehungskontext s. auch Franzmann 2016 u- Franzmann et al. 2023: S. 15–21. – Das vollständige Zitat findet sich auch in Loer 2021 [OHWP Interviews], S. 4 f.).

„Die objektive Hermeneutik ist eine Methodologie, deren Notwendigkeit aus der spezifischen Sachlage der Sozialisationsforschung sich ursprünglich ergeben hat. Sie entstand als zunächst forschungspraktisches Verfahren […] bei intensiven Einzelfallstudien von Familien," wo sie mit der Diskrepanz zwischen der Bedeutung des Gesagten und des Gemeinten konfrontiert wurde.

„Die objektive Hermeneutik begann also mit der Annahme einer eigenlogischen Realitätsebene von objektiven Bedeutungen, die wir bezogen auf die Bedeutung von Äußerungs- oder Handlungsketten bzw. -sequenzen dann ‚latente Sinnstrukturen' genannt haben, um sie von den manifesten, weil bewußtseinsfähigen Bedeutungen im Sinne jenes ja manifesten subjektiven Sinns der Akteure zu unterscheiden. Hat man erst einmal sich […] auf diese notwendige Unterscheidung eingelassen, sieht man sehr bald, daß sie ganz allgemein […] zutrifft und daß der Grenzfall der vollständigen subjektiv-intentionalen Realisierung der objektiven Bedeutungsstruktur einer einzelnen Äußerung bzw. der latenten Sinnstruktur eines komplexeren Handlungsablaufs empirisch so gut wie nie eintritt. Damit ist dann eine fundamentale Differenz zwischen das Bedeutungsverständnis in der Lebenspraxis selbst und desjenige in der methodischen Untersuchung der Protokolle von ihr gelegt: In der unter Zeitdruck stehenden Praxis ist das Verstehen immer eine äußerst effiziente – in sich gestaltrichtige oder gestaltverzerrte – Abkürzung bezüglich der expliziten methodischen Operation der detaillierten Rekonstruktion der latenten Sinnstruktur.

[…] die Untersuchung sozialisatorischer Phänomene erzwang […] die Methodologie der objektiven Hermeneutik." (Oevermann 1995 [Vorwort]: IX f.)

Die Methode der Objektiven Hermeneutik hatte also ihren *Ursprung in einem Forschungsproblem* und wurde aus dem *Prinzip der Sachhaltigkeit* geboren. Darin, dass der subjektiv gemeinte Sinn hier nicht die Quelle für die Bedeutung der protokollierten und zu analysierenden Äußerungen sein *kann,* ist zugleich ein entscheidendes Charakteristikum der Methode begründet, das oben bereits benannt wurde: der Ausgang vom objektiven Sinn.

Ulrich Oevermann, der hier die Konstellation beschrieb, die zur Entstehung der Objektiven Hermeneutik führte, und auf den, wie eingangs erwähnt, diese Methode zurückgeht, leitete zum Zeitpunkt der Entwicklung der Objektiven Hermeneutik das Projekt ‚Elternhaus und Schule' am Max-Planck-Institut für Bildungsforschung in Berlin und war seit 1972 bis zu seiner Emiritierung 2008 Professor für Soziologie am Fachbereich Gesellschaftswissenschaften der Johann Wolfgang Goethe-Universität in Frankfurt/M. (zunächst Honorarprofessor, ab 1977 dann Lehrstuhlinhaber).[8]

---

[8] Oevermann wurde 1940 geboren und verstarb im Oktober 2021; ein detaillierter akademischer Lebenslauf findet sich in Garz et al. 2019, S. 98 ff.; Nachrufe auf den großen

Zu einigen konstitutionstheoretischen und methodologischen Grundlagen

Vorbemerkung

In einem knappen *Vorgriff* soll hier an ein Verständnis der konstitutionstheoretischen und methodologischen Grundlagen der Objektiven Hermeneutik herangeführt werden – auch weil seit der Entstehungszeit der Methode nahezu ein halbes Jahrhundert ins Land gegangen und damit sowohl die Begrifflichkeit elaboriert wurde als auch die Methode mit ihrer Begrifflichkeit als im sozialwissenschaftlichen Diskussionszusammenhang etabliert gelten kann.[9] Dabei ist allerdings zu berücksichtigen, dass die „Erfahrung zeigt, daß es […] für die Verständigung wenig förderlich ist, die zentralen Konzepte der ‚objektiven Hermeneutik' auf der Stufe der Allgemeinheit, der sie am Ende zuzurechnen sind, einzuführen" (Oevermann et al. 1979 [Methodologie], S. 354).

Im Vorwort wurde darauf hingewiesen, dass sich in diesem Buch einige terminologische Unterschiede zu den Bezugstexten aus Geschichte und Gegenwart der Objektiven Hermeneutik finden; diese sind gegründet in dem Versuch, der von Adorno bezüglich der philosophischen Terminologie geäußerten Erkenntnis gerecht zu werden: dass „in Wirklichkeit die philosophischen Worte nicht nur miteinander, sondern auch mit der Sache zusammenhängen." (1973/1982, S. 7). Die Unterschiede zu Texten, die andere Termini verwenden, werden an den entsprechenden Stellen benannt, aber sie werden nicht jedesmal thematisiert, wenn in Zitaten andere Termini auftauchen.

Soziologen sind auf der Internetseite der Arbeitsgemeinschaft Objektive Hermeneutik verlinkt (https://blog.agoh.de/2021/10/11/im-gedenken-an-ulrich-oevermann-28-2-1940-%e2%80%a0-11-20-2021/; zuletzt angesehen am 5. Jan. 2022).

[9] Ob die Objektive Hermeneutik bereits die letzte der fünf Phasen der Entwicklung einer Methodenschule erreicht hat, die Andreas Franzmann herausstellt, ob sie also bereits „Eingang in den Kanon einer Disziplin" gefunden hat „und zum Bestandteil der Normal Science" geworden ist, sei dahingestellt, dass sie allerdings mindestens in der vierten Phase sich befindet, ist unbestritten: eine „erste Konsolidierung des Methodenansatzes" ist festzustellen, sie hat „sich vom ursprünglichen Entstehungszusammenhang" gelöst und ihr „Ansatz [ist] in andere fachliche und berufliche Zusammenhänge hinein[getragen]" worden (2016, S. 9).

Zum Problem des Verstehens

Wie im vorigen Abschnitt deutlich wurde, geht es bei objektiv-hermeneutischen Analysen um das Verstehen von Handeln. Hier kann und soll nicht die lange Geschichte des Verstehens als wissenschaftlicher Begriff, beginnend mit seiner Etablierung als „Grundbegriff einer Erkenntnistheorie der sog. Geisteswissenschaften" durch Johann Gustav Droysen und Wilhelm Dilthey (Apel 2001: Sp. 918), dargelegt werden (s. a. a. O.).[10] Im Laufe unserer Analysen wird das Problem des Verstehens als forschungspraktisches Problem auftauchen und zu lösen sein. Hier sollen deshalb nur einige allgemeine Aspekte thematisiert werden, die für die Verstehensprozesse im Rahmen der Objektiven Hermeneutik zentral sind. Häufig handelt es sich bei dem Handeln der von uns zu untersuchenden Praxis um Sprechhandeln. Dass Sprechen als Handeln zu verstehen ist, ist entscheidend für den objektiv-hermeneutischen Zugang zu sprachlichen Ausdrucksgestalten. Aber auch für die Analyse von Ausdrucksgestalten in anderem Ausdrucksmaterial ist der Ausgang vom Handeln zentral. Wir werden weiter unten sehen, dass Handeln stets bedeutet, aus durch Regeln eröffneten Optionen eine Auswahl zu treffen. Bei der Analyse sprachlicher Äußerungen wird das methodische Vorgehen mit einer konstitutionstheoretischen Konzeption der Sprache begründet, die im wesentlichen in der durch John Austin (1955/1962) und John R. Searle (1969/1983 u. 1979/1999) entwickelten Sprechakttheorie, in der die pragmatische Dimension des Sprechens in den Vordergrund gerückt wurde, gründet. Etwa ein Versprechen zu verstehen – also zu verstehen, dass mittels einer Äußerung ein Versprechen vollzogen wird, und zugleich zu verstehen, was

---

[10] Auch auf die notorische Erklären/Verstehen-Debatte gehen wir hier nicht ein – s. dazu: von Wright (1971), Apel (1978, 1979), Jarvie (1970/1978) – dazu Winch (1970/1978), Greshoff et al. (2008). Max Weber hat, wie oben zu lesen war, hier keinen Gegensatz gesehen. Auch hat vor zwei Jahrzehnten Manfred Bierwisch aus dieser Debatte die Luft herausgelassen, indem er auf die schlichte sprachliche Beziehung zwischen ‚erklären' und ‚verstehen' hinwies und nüchtern feststellte, dass gemäß der üblichen Redeweise „*erklären* einfach das kausative Verb zu *verstehen*" sei (2002, S. 153; kursiv i. Orig.) – eben gemäß der Redewendung: „Versteh' ich nicht; erklär' 'mal!" – Wir werden später sehen, dass der Bezug auf die bedeutungserzeugenden Regeln und Prinzipien es ermöglicht, das gedeutete Protokoll als Text zu *verstehen*, und die uno actu erfolgende Rekonstruktion der Fallstruktur es zugleich erlaubt, zu *erklären*, wie die in der Ausdrucksgestalt objektivierten Handlungen zustande kommen konnten. „Sinnverstehen und kausales Erklären erscheinen so aufs Engste miteinander verknüpft." (Schneider 2008, S. 335; Schneider setzt dort allerdings den Bezug auf die bedeutungserzeugenden Regeln und die Rekonstruktion der Fallstruktur irreführenderweise ineins.)

damit versprochen wird –, bedeutet zunächst einmal, das implizite Urteil zu fällen, dass die entsprechende Äußerung den pragmatischen Erfüllungsbedingungen [11] für Versprechen genügt, dass also der Sprecher glaubhaft versichert eine in seiner Macht stehende künftige Handlung zu einem bestimmten Zeitpunkt auszuführen und sich daran bindet. – Bei nicht-sprachlichem Ausdrucksmaterial, etwa Gemälden, können wir in analoger Form von pragmatischen Erfüllungsbedingungen sprechen. Wenn etwa zwei Elemente eines Gemäldes in der Farbe oder in der Form kongruieren oder sich in räumlicher Kontiguität zueinander befinden, so stehen sie dadurch in Beziehung und eine Nicht-Beziehung der Elemente könnte so nicht ausgedrückt werden. Wenn wir die genannte malerische Äußerung nun so deuten – sei es intuitiv und implizit, sei es methodisch und explizit –, haben wir sie als Beziehung verstanden – und zwar entweder praktisch oder wissenschaftlich. Damit sehen wir schon, dass zwischen dem (meist intuitiv erfolgenden) praktischen und dem (in expliziten Schlüssen erfolgenden) wissenschaftlichen Verstehen keine erkenntnislogische Differenz besteht: beide beziehen sich auf diejenigen Regeln und ausdrucksmaterialspezifischen Prinzipien – hier die Prinzipien der farblichen Relationen, der Form und der räumlichen Anordnung[12] –, die auch in der Hervorbringung der zu verstehenden Handlung wirken. Allerdings besteht zwischen dem praktischen und dem wissenschaftlichen Verstehen eine handlungslogische Differenz: In der Praxis reagieren wir direkt auf die zu verstehende Handlung[13] und stehen dabei in der Regel auch unter Handlungsdruck, müssen uns entscheiden; in der Wissenschaft hingegen können wir uns die Handlung müßig vor Augen führen und festhalten, müssen nicht entscheiden, sondern können handlungsentlastet Schritt für Schritt ihre Bedeutung explizieren.

Es sei hier noch darauf hingewiesen, dass, wenn die objektive, regelkonstituierte Bedeutung der Gegenstand des Verstehens ist, dies von Webers Vorgabe, es ginge beim Verstehen des Handelns um den „subjektiven Sinn" (s. o.) abweicht. Webers Verständnis des Verstehens kommt allerdings unserem Alltagsverständnis entgegen:

---

[11] Zu diesem Terminus s. zuerst Oevermann 1981/2023 [Strukturgen], S. 53–56.

[12] Die methodologische Grundlage für die Analyse der ikonischen Relationen, die Ikonik, hat Max Imdahl zu entwickeln begonnen (vgl. Imdahl 1994). Eine weitergehende Explikation der Gesetzmäßigkeiten des ikonischen Ausdrucksmaterials stellt nach wie vor ein Desiderat dar, auch wenn es im Bereich der künstlerischen Lehre naturgemäß Ausarbeitungen zu den Gesetzmäßigkeiten des bildnerischen Gestaltens gibt (exemplarisch etwa die Schriften von Johannes Itten – 1913–19/1990, 1930/1980, 1961/1987, 1988 – oder auch zeitgenössisch von Michael Becker – 2010).

[13] Zur Besonderheit der Praxis der Kunstrezeption s. Loer 1996 [Halbbildung] u. 1997 [Vorbildung].

"Die Umgangssprache und das umgangssprachlich eingekleidete Denken enthalten […] ein ‚intentionalistisches' Vorurteil, unterschieben Intentionen, wo zunächst nur Bedeutungen vorliegen, und verführen auf diese Weise zu einem Denken, das Handlungsabläufe als Schuld und Verantwortung Personen zurechnet." (Oevermann et al. 1979 [Methodologie], S. 358)

Das methodische Verstehen zielt demgegenüber, wie gesagt, darauf ab, die objektive Bedeutung einer Handlung zu rekonstruieren, unabhängig davon, ob der Handelnde diese Bedeutung subjektiv gemeint hat;[14] oftmals findet sich hier eine explizierbare Diskrepanz[15] – dass wir häufig Beispiele „des für die soziologisch Analyse immer interessanten Falles der Diskrepanz zwischen Intention und Wirkungen oder Bedeutung, eines Falles von ‚unanticipated consequences of action'" vorfinden (Oevermann et al. 1979 [Methodologie], S. 360; vgl. Merton 1936, Loer 2017 [Latenz]), heißt allerdings nicht, dass die Objektive Hermeneutik nur systematisch verzerrte Kommunikationen[16] untersuchen könnte oder, wie etwa Andreas Wernet meint, dass „[e]ine Fallrekonstruktion […] die Beobachtung eines solchen Passungsproblems voraus[setzt]" (2021, S. 45) und dass, wenn „eine solche Differenz nicht vor[liegt], […] sich auch keine Fallbesonderung rekonstruieren" lässt (2021, S. 45).[17] Zwar gilt: „Generell wird man annehmen können, daß Menschen nur in Ausnahmefällen in der Lage sind, auf der Ebene von latenten Sinnstrukturen Bedeutungszusammenhänge zu entschlüsseln, die erst nach langwierigen und recht komplizierten praktischen Schlüsse[..]n und unter

---

[14] Es sei angemerkt, dass die hier thematische Diskrepanz in Zusammenhängen der Erforschung von Selbstdeutungen auf eine lange Denktradition zurückblicken kann. So unterscheidet bereits Hegel bzgl. der „öffentliche[n] Meinung" zwischen „ihrem konkreten Bewußtsein und Äußerung" und „ihrer wesentlichen Grundlage, die, mehr oder weniger getrübt, in jenes Konkrete nur scheint." (1821/1970, S. 485 [§ 318]) Darauf bezieht sich auch Adorno im Hinblick auf „Meinungsforschung" und Ideologie (1957/1979, S. 215).

[15] Bei dem ersten Photo, dass wir analysieren, gibt es zwischen der rekonstruierten Bedeutungsstruktur und den Selbstäußerungen des Photographen etwa eine gewisse Diskrepanz (s. u.).

[16] Hier ist zu beachten, dass bei systematisch verzerrter Kommunikation nicht, wie Jürgen Habermas behauptet, „die Geltungsbasis der Rede versehrt ist" (1974/1984, S. 253); vielmehr ist „die Verzerrtheit einer Kommunikation eine Funktion des Verhältnisses der subjektiv intentionalen Repräsentation eines Sprechers zur objektiven Bedeutung seines Interaktionstextes" (Oevermann et al. 1979 [Methodologie], S. 372).

[17] Eine solche Auffassung leistet dem – vor allem von Jo Reichertz verbreiteten – Missverständnis Vorschub, dass die Objektive Hermeneutik „die interaktiven Leistungen der handelnden Subjekte bei den Analysen vernachlässige" (Reichertz 1981/1995, S. 228) und grundsätzlich davon ausgehe, dass „die Menschen [sich] über ihr Handeln […] täuschen" (Reichertz 1988, S. 219).

der Bedingung der Handlungsentlastetheit und Nicht-Betroffenheit expliziert werden können." (Oevermann et al. 1979 [Methodologie], S. 366) „Die vollständige Koinzidenz der intentionalen Repräsentanz mit der latenten Sinnstruktur[18] der Interaktion ist prinzipiell möglich, aber sie stellt den idealen Grenzfall der vollständig aufgeklärten Kommunikation in der Einstellung der Selbstreflexion dar" (Oevermann et al. 1979 [Methodologie], S. 380). Aber auch wenn eine Passung, ein Ausbleiben der genannten Diskrepanz empirisch selten vorkommt und schon aufgrund des Handlungsdrucks in der Praxis strukturell unwahrscheinlich[19] ist, so wäre doch auch ein solcher Fall rekonstruierbar und auch seine Besonderheit bestimmbar – und bestünde sie darin, dass sie mit dem Allgemeinen zur vollständigen Deckung käme.

Ausdrucksgestalt – Protokoll und Text

Wenn wissenschaftliches Verstehen einer Handlung voraussetzt, dass wir uns die Handlung müßig vor Augen führen und festhalten, bedarf es zur Analyse dieser Handlung deren Objektivierung in einer Ausdrucksgestalt. Handeln per se ist flüchtig, und was flüchtig ist, können wir uns eben nicht müßig vor Augen führen. In einer Begegnung etwa können wir auf eine Personenkonstellation nur unmittelbar praktisch reagieren – etwa indem wir Blicke wechseln oder vermeiden –, aber wir können sie nicht methodisch analysieren, wenn wir keine Objektivierung davon haben; und sei es minimal ein Erinnerungsprotokoll.

„Das Gesamt an Daten, in denen sich die erfahrbare Welt der Sozial-, Geistes- und Kulturwissenschaften präsentiert und streng methodisch – im Unterschied zu: praktisch – zugänglich wird, in denen also die sinnstrukturierte menschliche Praxis in allen ihren Ausprägungen erforschbar wird, fällt in die *Kategorie der Ausdrucksgestalt*.

Unter dem Gesichtspunkt der Strukturierung von Sinn und Bedeutung, also dessen, was sie symbolisieren, werden Ausdrucksgestalten als *Texte* behandelt. Für Texte gilt entsprechend, daß sie – wie die Bedeutungs- und Sinnstrukturen, deren Zusammenhang sie herstellen – als solche der sinnlichen Wahrnehmung verschlossen sind

---

[18] Hier ist eine terminologische Klärung erforderlich, die wir noch vornehmen werden (s. den *Exkurs zur Unterscheidung von objektiver Bedeutung und objektivem Sinn* in Loer 2021 [OHWP Interviews], S. 94 ff.; vgl. Loer 2016 [objektiv/latent] u. 2017 [Latenz].

[19] Von struktureller Wahrscheinlichkeit sprechen wir, wenn das Eintreten eines auf einer Entscheidung beruhenden Ereignisses aufgrund von geltenden Regeln zu erwarten ist. Insofern liegt die strukturelle Wahrscheinlichkeit im Gegenstandsfeld des Handelns der statistischen Wahrscheinlichkeit zugrunde (vgl. Loer 2021 [Interviews], S. 83 f. u. 186).

und nur ‚gelesen' werden können. Unter diesen methodologisch erweiterten Textbegriff fallen selbstverständlich nicht nur die schriftsprachlichen Texte der Literaturwissenschaften, sondern alle Ausdrucksgestalten menschlicher Praxis bis hin zu Landschaften, Erinnerungen und Dingen der materialen Alltagskultur.

> Unter dem Gesichtspunkt ihrer ausdrucksmaterialen, überdauernden Objektivierung werden diese Texte als *Protokolle* behandelt. Dabei kann es sich um gegenständliche Objektivierungen in Produkten, um hinterlassene Spuren, um Aufzeichnungen vermittels technischer Vorrichtungen, um intendierte Beschreibungen, um institutionelle Protokolle oder um künstlerische oder sonstige bewußte Gestaltungen handeln, und die Ausdrucksmaterialität kann sprachlich oder in irgendeinem anderen Medium der Spurenfixierung oder der Gestaltung vorliegen. Protokolle, als die ausdrucksmateriale Seite von Ausdrucksgestalten, lassen sich selbstverständlich sinnlich wahrnehmen." (Oevermann 1996/2002 [Manifest], S. 3; i. Orig. Unterstrichenes hier kursiv)

Die Objektivierungen von Handeln – wie etwa Photographien – werden also deshalb als Ausdrucksgestalt bezeichnet, weil in ihnen mit der Bedeutung des Handelns die Lebenspraxis des Handelnden zum Ausdruck kommt. Diese Bedeutung ist der Aspekt des Textes, den wir in der methodischen Analyse anhand der sinnlich als Protokoll vorliegenden Ausdrucksgestalt rekonstruieren.[20] Dabei wird berücksichtigt,

> „daß keine Ausdrucksmaterialität, welcher Art auch immer, den Verfahren der objektiven Hermeneutik eine Grenze setzt, weil sie sich ja nicht primär auf die Ausdrucksmaterialität als Ausdrucksmaterialität richtet, sondern auf die von dieser realisierte, abstrakte, grundsätzlich versprachlichbare latente Sinnstruktur. Die konkreten Rekonstruktionstechniken müssen sich nur der jeweiligen Ausdrucksmaterialität in ihrer spezifischen Charakteristik anpassen, sie bleiben sich dabei jedoch dem Geiste nach gleich." (Oevermann 2000 [Fallrek], S. 107)

Erzeugungs- bzw. Eröffnungsparameter: Regeln

Wir haben erwähnt, dass die Objektive Hermeneutik in ihrer Konstitutionstheorie davon ausgeht, dass Handeln regelgeleitet ist und der mit ihm verbundene, sich in Ausdrucksgestalten niederschlagende Sinn entsprechend objektiv durch Regeln

---

[20] Einige Autoren engen den Begriff der Ausdrucksgestalt auf solche Objektivationen des Handelns ein, in denen die Praxis *sich zum Ausdruck bringt* (etwa Zehentreiter 2008, s. dazu Loer 2015 [AG]) und schließen solche aus, in denen die Praxis (lediglich) *zum Ausdruck kommt* (etwa Wenzl/Wernet 2015, auch Wernet 2021, S. 18, s. dazu Loer 2015 [Diskurs]).

konstituiert ist. *Regeln eröffnen Handlungsmöglichkeiten.*[21] – Der Gegenstand der Sozialwissenschaften im Allgemeinen und der Soziologie im Besonderen ist Handeln. *Handeln* ist, anders als Verhalten,[22] das durch genetische Programme gesteuert und damit letztlich – bei aller Komplexität – naturgesetzlich determiniert ist, *regelgeleitet*. Das bedeutet zunächst einmal, dass den Handelnden von den ihr Handeln bestimmenden – nicht determinierenden – Regeln Handlungs*möglichkeiten eröffnet* werden. Regeln im Allgemeinen verknüpfen Handlungssequenzen miteinander, indem sie zum einen Anschlussoptionen eröffnen und zum anderen die Konsequenzen festlegen, die eine jeweilige Auswahl aus diesen Optionen bedeutet. Dies lässt sich am einfachsten am Beispiel der Begrüßung[23] zeigen. Ein Reisender in einem Zugabteil etwa, der von einem zugestiegenen Passagier begrüßt wird, hat nur zwei Möglichkeiten: entweder (a) zurückzugrüßen oder (b) die Grußerwiderung zu unterlassen. Bevor der Begrüßte noch seine Wahl trifft, also bevor er noch im handelnden Vollzug eine der Optionen praktisch realisiert, liegt bereits deren Konsequenz fest – insofern kann er diese Konsequenz in seiner Entscheidung für eine der Optionen berücksichtigen; ob er sie sich aber bewusst macht oder nicht: sie liegt fest.

Wenn also nun etwa der Reisende, der von dem neuen Passagier begrüßt wird, zurückgrüßt, so nimmt er damit unweigerlich, ob er will oder nicht, das Angebot an, den Handlungsraum der Reise als gemeinsamen zu betrachten. Damit muss er, wenn er zum Beispiel gerade ein Buch liest, gewärtig sein, von dem Mitreisenden, durch ein Gespräch etwa, an der weiteren Lektüre gehindert zu werden, und es ist an ihm, dem ersten Reisenden, sich diesem Ansinnen aktiv zu entziehen, wenn er in Ruhe weiter lesen will. Sollte er aber nicht zurückgrüßen, so weist er damit das Angebot, den Handlungsraum der Reise praktisch als gemeinsamen zu realisieren, zurück. In diesem Falle müsste der Zugestiegene, sollte er ein Interesse an einem gemeinsamen Gespräch haben, seinerseits aktiv werden und einen neuen Versuch starten, um doch noch die Reise beider zu einer gemeinsamen werden zu lassen.

---

[21] Wir ziehen hier Ausführungen einer früheren Veröffentlichung heran (Loer 2008 [Norm], S. 165–168).

[22] Die Äquivokation im Wort ‚Verhalten' nötigt zu einer Klarstellung: Hier ist *Verhalten im engeren Sinne* gemeint, das eben durch genetische Programmierung und erlernte „patterns of [...] behavior" (Count 1970/1973, S. 4) hervorgebracht wird; dieses unterscheidet sich von *Handeln*. *Beide* sind aber *Verhalten im weiteren Sinne*, worunter generell das (Re-) Agieren eines Lebewesens überhaupt in einer Situation gemeint ist. Insofern ist Handeln regelgeleitetes Verhalten (i. w. S.).

[23] Zur ausführlichen Analyse der Begrüßung als solcher s. Oevermann 1983 [Sache] u. Loer 2021 [Reziprozität], S. 6–31.

Man sieht an diesem Beispiel, wie Regeln Optionen eröffnen und zugleich festlegen, was diese Optionen *bedeuten*, indem sie verbindlich Folgen mit diesen Optionen verknüpfen.[24] Darüber hinaus können wir uns hier noch einmal die Bedeutung des Epithetons ‚objektiv' im Namen der Methode deutlich machen, da man sieht, dass die eröffneten Optionen und ihre Bedeutungen von der Absicht der Handelnden, also von ihren subjektiven Intentionen unabhängig sind und vielmehr *objektiv* durch die Regeln konstituiert werden. So verhält es sich mit allem Handeln.

Veranschaulichen wir dies vorgreifend auf unsere Photoanalysen an dort vorfindlichen Handlungen: Ob ich etwa auf einem öffentlichen Platz in etwa gleichen Abstand zu anderen dort anwesenden Personen halte oder ob ich mich einer Person besonders annähere hat unabhängig von meiner Absicht eine andere Bedeutung; in einem Fall signalisiere ich, gewollt oder ungewollt, inhaltliche Neutralität, im anderen sinne ich eine inhaltlich positive oder negative Beziehung an. – Ob ich ein Photo engen Freunden zeige oder durch ungeschützte Publikation im Internet der Welt präsentiere bedeutet einen Unterschied im Hinblick auf den Relevanzanspruch, den ich damit objektiv erhebe. – Wenn ich schließlich mit in die Hüfte gestützen Händen da stehe, bedeutet dies eher den Vollzug einer Arbeitspause als wenn ich mit hängenden Schultern und geneigtem Kopf verharre.

Auswahl- bzw. Entscheidungsparameter: Fallstruktur

An dem Beispiel der Begrüßung sieht man zugleich, dass der

> „tatsächliche Ablauf der Praxis-Sequenz [...] durch einen weiteren Parameter bestimmt [ist], der die tatsächliche *Auswahl aus den durch Sequenzregeln eröffneten Möglichkeiten, also die ‚Entscheidung' trifft*. Dieser Parameter besteht aus dem Ensemble von Dispositionsfaktoren, die die Entscheidung einer konkreten Lebenspraxis, sei es einer Person, Gemeinschaft, Gruppe, Organisation, Regierung oder was auch immer beeinflussen: also aus den Faktoren, die die traditionelle handlungs- oder systemtheoretisch argumentierende Sozialwissenschaft als Motivationen, Wertorientierungen, Einstellungen, Weltbilder, Habitusformationen, Normen, Mentalitäten, Charakterstrukturen, Bewußtseinsstrukturen, unbewußte Wünsche u. a. schon immer thematisiert hat. Ich fasse das Ensemble dieser Faktoren, das in einer bestimmten Valenz die Entscheidungen einer konkreten Lebenspraxis auf wiedererkennbare,

---

[24] Ulrich Oevermann spricht diesbezüglich von dem „Parameter I von Erzeugungsregeln" (2000 [Fallrek], S. 90, Fn. 18) oder auch vom ‚algorithmischen Erzeugungsparameter' (2003 [Normativität], S. 192).

prägnante Weise systematisch strukturiert, als *Fallstruktur* zusammen." (Oevermann 2000 [Fallrek], S. 65; kursiv i. Orig.)

In diesen „Auswahlparameter" (Oevermann 2003 [Normativität], S. 198)[25] gehen in unserem Beispiel der Begrüßung etwa Höflichkeitsnormen ein, denen der Begrüßte folgt, aber auch vielleicht eine habituelle Zugewandtheit zu anderen oder eine habituelle Neugier auf andere Personen u. ä.

Um nun die Fallstruktur, die „die Entscheidungen einer konkreten Lebenspraxis auf wiedererkennbare, prägnante Weise systematisch strukturiert", methodisch rekonstruieren zu können, müssen, wie oben bereits erwähnt, diese Entscheidungen, also das Handeln der Lebenspraxis sich objektivieren; wir bedürfen der Protokolle des Handelns:

„Die Grenze der methodisch kontrollierten Erkenntnis in der sinnstrukturierten Welt ist prinzipiell abgesteckt durch das Kriterium der Protokollierung. Ausschließlich über Protokolle ist uns *methodisch* die soziale Wirklichkeit zugänglich." (Oevermann 1991 [GenetStrukturalism], S. 302; kursiv i. Orig.)

In Protokollen drückt sich das Handeln der Lebenspraxis, also der reale Prozess des Entscheidens der Lebenspraxis angesicht der ihr eröffneten Handlungsoptionen, aus. Angesichts eröffneter Optionen – und solche liegen stets vor – können wir nicht umhin, uns zu entscheiden; mit Paul Watzlawick[26] können wir formulieren: wir können uns nicht *nicht* entscheiden, also: wir können nicht *nicht* handeln.

Sequenzanalyse

Die Sequenzanalyse[27] stellt nun die methodische Inanspruchnahme der konstitutionstheoretisch entfalteten Begriffe des Erzeugungsparameters und des Auswahlparameters dar. Die Sequenzanalyse hat die – durch in der zu untersuchenden Praxis geltende Regeln konstituierten – Optionen zu entwerfen und die

---

[25] Ulrich Oevermann spricht diesbezüglich auch von dem „Parameter II von Auswahlprinzipien" (Oevermann 2000 [Fallrek], S. 90, Fn. 18).
[26] Vgl. das „metacommunicational axiom of the pragmatics of communication [...]: *one cannot* not *communicate.*" (Watzlawick et al. 1967, S. 51; kursiv i. Orig.)
[27] Vgl. Oevermann 2000 [Fallrek], S. 64–79, 89–97, Loer 2018 [Sqa] – In der interpretativen Sozialforschung ist der Terminus mittlerweile weit verbreitet (vgl. Maiwald 2005); er meint dort allerdings häufig schlicht ein Nacheinander in der Betrachtung von Protokollsegmenten, ohne dass diese in eine entsprechend methodologisch begründete Analyse mündete.

realisierte Option zu diesen in Relation zu setzen, um die Bedeutung dieser Auswahl bestimmen zu können. Die Sequenzanalyse ist also konstitutionstheoretisch und methodologisch begründet, und zwar in der Explikation des Gegenstandskonstitutivums der durch das Zusammenspiel von Erzeugungsparameter und Auswahlparameter gestifteten Sequentialität. Die Sequenzanalyse bildet das in der Sequentialität konstituierte Aufeinanderfolgen ab, indem sie auf der Folie der eröffneten Handlungsoptionen die *Systematik der von der untersuchten Praxis getroffenen Auswahlen* von Optionen: die *Fallstrukturgesetzlichkeit*, rekonstruiert. Hierzu werden an der im Fokus der Analyse stehenden Sequenzstelle, unter in Anspruchnahme der für die untersuchte Praxis geltenden Regeln, gedankenexperimentell die möglichen Anschlüsse entworfen – retrospektiv: auf welche mögliche vorhergehende Handlung kann die in Rede stehende Handlung antworten? – und prospektiv: welche Handlungsoptionen werden durch die in Rede stehende Handlung eröffnet? Auf der Folie der möglichen Anschlüsse werden die vom Fall gewählten Anschlüsse abgebildet und in ihrer Bedeutung festgehalten.[28] Ebenso wird mit den anschließenden Sequenzstellen verfahren. In der Systematik der aufeinanderfolgenden Auswahlen tritt eine bestimmbare Systematik der Auswahlen hervor, eben die Fallstrukturgesetzlichkeit. In den unten dargestellten Analysen wird dieses abstrakte Modell konkretisiert werden.

Eine Handlungssituation ist, wie angedeutet, für eine bestimmte Lebenspraxis immer auch ein Handlungsproblem, für das eine Lösung, eine Frage auf die eine Antwort gefunden werden muss – minimal muss eine Antwort auf die Frage gefunden werden, welche der eröffneten Optionen ergriffen werden soll. Methodisch bedeutet dies, dass jede Handlung die Lösung eines Handlungsproblems darstellt und man folglich in der Analyse einer Handlung das Handlungsproblem rekonstruieren muss, zu dem sie als eine Lösung ergriffen bzw. entworfen und ergriffen wurde. Im amerikanischen ‚Bible Belt', also in den vom evangelikalen Protestantismus geprägten südöstlichen Staaten der U.S.A., findet man häufig große Plakate, die den Slogan propagieren: „Jesus is the Answer!" Die Frage,

---

[28] Ohne hier näher auf das Problem der Erklärung der Entstehung des Neuen eingehen zu können (vgl. Oevermann 1991 [GenetStrukturalism]), sei darauf verwiesen, dass die Sequenzanalyse auch diejenigen Handlungsoptionen berücksichtigt und objektiv herausarbeiten kann, die in der Situation neu entstehen. Wenn nämlich die von der Lebenspraxis gewählte Option aufgrund der geltenden Regeln nicht vorab eröffnet wurde und folglich in der Analyse nicht vorab entworfen werden kann, so kann es sein, dass die gewählte Option im Zuge ihrer Wahl als neue Option überhaupt erst hervorgebracht wurde. Dieses Neue ist aus der Perspektive des Alten zunächst nur negativ zu bestimmen: als Abweichung. Es muss sich erst bewähren und wenn es sich bewährt, erweist es sich u. U. als Überwindung des Alten (s. hierzu am Beispiel der politischen Innovation der Volkssouveränität in der französischen Revolution: Loer 2010 [HomoOec]: min. 24–32; dazu von Kleist 1878/1982, S. 320 f.).

die Scherzbolde des öfteren zu diesem Slogan hinzufügten: „What was the Question?", stellt in diesem Sinne die Grundfrage allen soziologischen Forschens dar. Wenn der Forscher sich diese Frage stellt – „If Jesus is the answer – what was the question?" – darf er sich dabei nicht mit den manifesten Antworten begnügen: „Temporarily ignoring the [...] explicit purposes, [...] directs attention toward another range of consequences" (Merton 1948/1968, S. 118) und erlaubt es zu erkennen, dass die untersuchte Handlung u. U. die Antwort auf eine latente Frage darstellt.

Genauso stellt jede Handlung ihrerseits eine Frage dar, auf die eine Antwort gefunden werden muss, weshalb der Entwurf der möglichen Antworten im Sinne der regeleröffneten Anschlussoptionen ein entscheidender sequenzanalytischer Schritt ist für die Rekonstruktion des objektiven Sinns der untersuchten Handlungskette.

Entscheidung und Selbstrechtfertigung

Wie ist nun der Gegenstand soziologischer Forschung: Handeln, das oben als Auswahl aus durch Regeln eröffneten Handlungsoptionen konzipiert wurde, konstituiert? Handeln ist menschliches Verhalten und unterscheidet sich von nicht-menschlichem Verhalten dadurch, dass Letzteres durch genetische Programmierung einerseits, Parameterbelegung durch Umwelteinflüsse andererseits determiniert ist – auch wenn es in dieser Determination bei eingen Tieren – etwa bei Rabenvögeln oder bei Menschenaffen – ein hohes Maß an Flexibilität gibt. Menschliches Verhalten hingegen ist von dieser biologischen Determination weitgehend befreit. Menschliches Verhalten ist Handeln einer Lebenspraxis. Der Begriff der Lebenspraxis als Handlungsinstanz mit Entscheidungsmitte, die in dem oben dargelegten Sinne aus regeleröffneten Optionen wählt (vgl. Oevermann 2000 [Fallrek], S. 68-83), ist Grundlage für ein angemessenes Verständnis des Handelns und der Emergenz sozialer Strukturen und ist somit zugleich methodologische Grundlage für die rekonstruktive Methode der Sequenzanalyse. Oevermann hat nun als ein entscheidendes Kennzeichen dieser Lebenspraxis die Dialektik von *Entscheidungszwang und Begründungsverpflichtung* hervorgehoben (Oevermann 1993 [Subjektivität], S. 178 ff.; 2000 [Fallrek], S. 130 ff.). Diese Dialektik muss der Sache nach angenommen werden, wenn anders Handeln angemessen verstanden und erklärt werden soll. Die Termini, in denen Oevermann diese Dialektik fasst, erscheinen allerdings als unzureichend, zumindest missverständlich.[29] Mit der Instinktreduktion (Gehlen 1940/1986, S. 26, passim) als einer evolutionsbiologischen Ursache der Menschwerdung[30] und der damit verbundenen abstrakten *Notwendigkeit* der Konstruktion hypothetischer Welten einerseits (vgl. Loer 2021 [Reziprozität], S. 152–159), mit der Evolution der Sprache und der damit in die Natur eintretenden *Möglichkeit* der Konstruktion hypothetischer Welten als positivem Komplement hierzu andererseits (vgl. Oevermann 1986 [Kontroversen], S. 46 f. u. 2000 [TheoriePraxis], S. 411 f.), ist eine kulturbildende Kraft in der Welt, eben jene, die in der Objektiven Hermeneutik meist[31] als die Dialektik von Entscheidungszwang und Begründungsverpflichtung (Oevermann 2000 [Fallrek], S. 131 ff.) diskutiert wurde. Die Notwendigkeit der Entscheidung stellt nun aber nur aus der Perspektive der Praxis – und zwar nur dann, wenn sie sich ihrer selbst krisenhaft bewusst wird – einen Zwang dar; analytisch betrachtet entscheidet der Handelnde schlicht. Oevermann selbst begründet seine Rede vom Zwang damit, dass es keine Möglichkeit gebe, sich nicht zu entscheiden. Zu einem erzwungenen wird aber ein Handeln ja erst dadurch, dass man sich im Prinzip für eine Alternative entscheiden könnte, die man wegen des Zwangs dann nicht wählt. Das Wasser ist nicht gezwungen, bergab zu fließen; es folgt gemäß naturgesetzlichen Zusammenhängen schlicht dem Gefälle. Das in die Welt Treten der Entscheidungsmöglichkeit per se geht mit dem in die Welt Treten der Unmöglichkeit, sich nicht zu entscheiden, mit der Unumgänglichkeit der Entscheidung einher. Die Rede von ‚Entscheidungszwang' suggeriert aber die

---

[29] In einer einführenden Publikation zur Objektiven Hermeneutik (Garz und Raven 2015) haben sie auch zu einem naheliegenden Missverständnis geführt: Dort wird es so dargestellt, als sei der Entscheidungszwang etwas äußerlich zum Handeln Hinzutretendes – so dort in dem Beispiel einer ungewollten Schwangerschaft, bei dem die Autoren davon ausgehen, dass diese nicht per se einen Entscheidungszwang ausübt; dieser tritt für sie vielmehr erst durch die äußeren Bedingungen der Fristenregelung hinzu (Garz und Raven 2015, S. 29). Obwohl sie von einer Entscheidungskrise sprechen, in der man nun klarerweise bereits nicht umhin kann, sich zu entscheiden, da auch ein Nicht-Entscheiden eine Entscheidung darstellt, verorten sie die Unumgänglichkeit der Entscheidung (in Oevermanns Terminologie: den Entscheidungszwang) nicht bereits hier. Daran zeigt sich, dass sie den konstitutiven Charakter der Unumgänglichkeit der Entscheidung verkennen und sie als etwas kulturell Hinzutretendes konzipieren – dies wird, wie gesagt, von Oevermanns *Terminus* ‚Entscheidungszwang' nahegelegt.

[30] Nietzsche führte dies zu der Bestimmung, der Mensch sei „das noch nicht festgestellte Tier" (Nietzsche 1886/1981, S. 69; vgl. 1887/1981, S. 308).

[31] Meinem bereits vor Jahren gemachten (s. Loer 2007 [Region], S. 32–35), hier wiederholten Vorschlag ist, soweit ich sehe, bisher niemand gefolgt; die Dringlichkeit, die Terminologie zu präzisieren zeigt sich aber deutlich an solchen naheliegenden Missverständnissen wie dem von Garz und Raven.

Alternative einer glücklicheren Welt, in der man sich nicht entscheiden muss.[32] Da wir diese Welt aber *nicht wählen können*, stellt sie eine Utopie im Wortsinn dar, wie das Paradies, in das zurückzukehren unmöglich ist, wobei eine Rückkehr zugleich bedeuten würde, die Freiheit aufzugeben (vgl. Oevermann 1995 [Religiosität], S. 73 f.). Da Entscheidung konstitutiv ist für die Gattung Homo, hatte ich vorgeschlagen, sie in dem Begriff ‚animal decernens' zu fassen. Der Terminus eignet sich für diesen Begriff deswegen so gut, weil ‚decerno' sowohl die Seite des Entscheidens[33] trifft als auch in gewissem Maße die Seite des Begründens[34] mit umfasst.

Als ‚Begründungsverpflichtung' wird von Oevermann nun das Komplement des ‚Entscheidungszwangs' bezeichnet. Was hat es damit auf sich? Keineswegs kann damit eine normative Verpflichtung gemeint sein; falls eine solche auftritt, ist sie immer die normative Kodifizierung von etwas ihr Zugrundeliegendem. Oben wurde angedeutet, dass der Charakter des Menschen als animal decernens mit der durch die Sprache gegebenen Möglichkeit, hypothetische Welten zu konstruieren, verbunden ist. Erst wenn ich im Prinzip für mein Handeln hypothetische Alternativen entwerfen kann, bin ich in der Lage, mich zu entscheiden. Dies ist nur eine andere Formulierung dafür, dass ich im Prinzip bei jeder Entscheidung mich hätte auch anders entscheiden können – auch wenn die Entscheidung nicht eine freie war, sondern ich in ihr einem Zwang, ja vielleicht roher Gewalt mich beugte.[35] Was bedeutet das für das grundlegend in Reziprozität fundierte (vgl. Loer 2021 [Reziprozität], S. 141–159; s. u. den Exkurs zur strukturellen Reziprozität), immer schon soziale Handeln? Wenn – sprachlich konstituiert – hypothetische Welten konstruierbar sind, stellt sich sofort die Frage: *Warum* hat der Handelnde so und nicht anders gehandelt? Und damit in einem für sich selbst:

---

[32] In Garz und Ravens Beispiel hieße dies: Gäbe es keine Fristenlösung, müsste man sich nicht entscheiden...

[33] Decerno: „1.a) entscheiden", „2.a) als Schiedsrichter entscheiden; b) (v. öffentlichen Körperschaften u. Magistraten) bestimmen; nordnen, beschließen, stimmen für; zuerkennen, bewilligen", „3. sich entscheiden für, sich entschließen" (Menge 1978, S. 152); „I) 1) gütlich entscheiden, ausmachen, entscheidend bestimmen, beschließen, für etw. stimmen" (Georges 1913–18/2002, S. 16.243).

[34] „1.b) der Meinung sein", (Menge 1978, S. 152), „sich dafür entscheiden od. erklären, dafür stimmen, die feste Ansicht gewinnen od. aussprechen, als Grundsatz aufstellen, daß usw., Perf. decrevi oft = ich habe die feste Ansicht gewonnen, ich bin od. lebe der festen Meinung" (Georges 1913–18/2002, S. 16.243); „4.b) mit Worten kämpfen" (Menge 1978, S. 152; vgl. Georges 1913–18/2002, S. 16.248 ff.).

[35] Die Bedingung der Möglichkeit von Zwang ist, das wurde oben ausgeführt, das prinzipielle Vorliegen einer Alternative. Zwang setzt also das bereits konstituierte animal decernens voraus, ist eben von daher ungeeignet, dieses konstitutive Moment zu bezeichnen.

Wer bin ich, der ich ja auch hätte ein Anderer sein können? – Diese Fragen stellen sich mit jeder Handlung, mit jeder Entscheidung. Damit kann ich nicht umhin, mir Rechenschaft abzugeben über mein Tun – unabhängig davon, wie diese Rechenschaft inhaltlich gefüllt ist[36] –, wenn nämlich hypothetisch entworfen werden kann, dass ich auch anders hätte entscheiden können, so ist, was mir durch die Antworten der anderen entgegentritt: dass ich mich so und nicht anders entschieden habe, Ausdruck meiner selbst. In diesem Ausdruck werde ich als dieser bestimmte Handelnde praktisch begriffen und in diesem Ausdruck begreife ich mich dann ebenfalls als dieser bestimmte Handelnde und ich erweise mich darin als bewährt – oder eben nicht. – Max Weber erfasst dieses Moment, wenn er von dem „allgemeinen Tabestand des Bedürfnisses [...] jeder Lebenschance überhaupt[..] nach Selbstrechtfertigung" spricht (1922/1985, S. 549). Auch wenn ‚Bedürfnis' als psychologischer Terminus für das Moment der Begründung als konstitutives nicht angemessen ist, so trifft „Selbstrechtfertigung" dieses Moment doch sehr genau, da es zum einen (qua genitivus subiectivus) deutlich werden lässt, dass derjenige, dessen Entscheidung zu rechtfertigen ist, selbst diese Rechtfertigung vollzieht; zum anderen, ist (qua genitivus obiectivus) zum Ausdruck gebracht, dass mit der Rechtfertigung der Entscheidung die Entscheidungsinstanz als ganze selbst gerechtfertigt wird: jede Entscheidung begründet letztlich die Identität des Handelnden und gründet in ihr.

Dieses Moment der *Selbstrechtfertigung* alles Tuns ist ebenso *konstitutiv für die Gattung Homo* wie das Moment des *Entscheidens*. Der Terminus ‚*Begründungsverpflichtung*' ist aber erst dann angemessen und unmissverständlich, wenn dieses konstitutive Moment in einer *spezifischen Kultur* eine *spezifische normative Form* angenommen hat. Dabei ist natürlich dieses „erst" nicht zeitlich, sondern im Sinne eines Konstitutionsverhältnisses zu verstehen. Das Moment der Begründung als Konstituens des animal decernens tritt empirisch überhaupt nur auf in einer je spezifischen Form einer je spezifischen Kultur. Analytisch sind diese beiden Ebenen aber zu trennen. Terminologisch kann dem Rechnung getragen werden, indem auf die Termini ‚Entscheidungszwang' und ‚Begründungsverpflichtung' verzichtet und stattdessen von *Entscheidung* (oder auch: *Unumgänglichkeit der Entscheidung*) und *Selbstrechtfertigung* als Konstituentien des animal decernens gesprochen wird. Wir müssen bzgl. Letzterem von einem Zugleich von *konstitutiver struktureller Selbstrechtfertigung* und sich in *bestimmten inhaltlichen* Erwartungen ausdrückender *kulturspezifischer*

---

[36] Im Grenzfall – der historisch zumindest in nicht wenigen Gesellschaften den Normalfall bildete – kann ich mich begreifen als jemanden, der nicht entscheidet, sondern Stimmen folgt, Verkörperung eines Totems oder Griffel Gottes ist; diese inhaltliche Ablehnung einer Begründung stellt aber strukturell eine Begründung für mein Tun dar.

Begründungsverpflichtung ausgehen (s. hierzu auch u., S. 121, den Exkurs zu Normalisierung).

Gültigkeit (Validität), Zuverlässigkeit (Reliabilität), Objektivität

Gültigkeit (Validität), Zuverlässigkeit (Reliabilität) und Objektivität gelten als die entscheidenden Gütekriterien wissenschaftlicher Forschung. Sie spielen vor allem in den standardisierten Methoden eine große Rolle, können aber cum grano salis durchaus als allgemeine wissenschaftliche Gütekriterien gelten.[37] Allerdings bedarf es im Rahmen einer fallrekonstruktiven Forschung, die als sachangemessene Methode von ihrem Gegenstand ihren Ausgang nimmt, eines besonderen Verständnis' dieser Kriterien.

„G[ültigkeit]" (engl. validity) ist das Ausmaß, in dem die Schlussfolgerungen aus einer wissenschaftlichen Beobachtung zutreffend (gültig) sind." (Leutner 2002 [G], S. 209) – Was bedeutet das für ein fallrekonstruktives Verfahren wie die Objektive Hermeneutik? Ulrich Oevermann hält hierzu fest, dass das „Problem der objektiven Gültigkeit der Interpretation von Sequenzstellen mit Bezug auf das gegebene Protokoll" „in Wirklichkeit entgegen verbreiteten Auffassungen immer ganz einfach zu lösen[..]" ist (Oevermann 2013 [Erfahrungswiss], S. 78). Dies werden wir im Laufe unserer konkreten Erforschung von Datenmaterial sehen. Warum ist das so? Wir beziehen uns bei der Bedeutungsrekonstruktion auf die geltenden Regeln, die die Bedeutung des Handelns, das wir untersuchen, konstituieren. Diese Regeln werden in einfachen Operationen in Anschlag gebracht, die etwaige Abweichungen von ihnen unmittelbar deutlich werden lassen. Ziehen wir unser oben erwähntes Beispiel des Veröffentlichens eines Photos heran und überlegen nun einmal, in welchen Kontext diese Handlung nicht passen würde. Wenn etwa eine Familie bei einem privaten Zusammentreffen anlässlich eines Geburtstags oder einer Trauerfeier ein Photo von sich anfertigt oder anfertigen lässt, so würde hier eine Publikation in einem über die Familie hinausgehenden Rahmen nicht passen; erst recht wäre, wenn es sich um eine intime Situation handelte, eine Veröffentlichung für andere als die Beteiligten unpassend. In anderer Weise sind etwa Photos eines belanglosen Blicks auf einen Gegenstand auf

---

[37] Übergreifende „Gütekriterien qualitativer Sozialforschung" zu formulieren, wie es einige ethnomethodologisch argumentierende Forscher versucht haben (Strübing et al. 2018), ist, worauf Frank Schröder und Oliver Schmidtke (2021) hingewiesen haben, argumentativ unterkomplex und begrifflich nicht tragfähig. Sich stattdessen auf allgemeine wissenschaftliche Gütekriterien zu beziehen und des Weiteren das spezifische methodische Vorgehen explizit und transparent zu kommunizieren, erscheint uns angemessener.

dem eigenen Balkontisch – etwa einen halbvollen Aschenbecher – nicht zur Publikation geeignet.[38] Zur Veröffentlichung eines Photos gehört also sowohl die Erfüllungsbedingung der Relevanz[39] für das Publikum wie auch die Würdigung der Intimität, also die Beschränkung auf den inneren Kreis.[40] Auf diese Weise lösen wir das „Problem der objektiven Gültigkeit der Interpretation". – Geht es bei den „Schlussfolgerungen" (Leutner) nicht lediglich um die Rekonstruktion der Bedeutung einer Handlung, sondern um die Rekonstruktion einer Fallstruktur, so haben wir drei Dimensionen der Gültigkeit zu berücksichtigen. (a) Einerseits stellt sich die Frage, *ob in dem Datenmaterial,* dass wir heranziehen, tatsächlich ein Fall von X, also *ein Fall unseres Gegenstandes zum Ausdruck kommt.* Wenn unser Gegenstand etwa die Praxis der „civil inattention" (Goffman 1963/1966, S. 83–88) ist, so stellt sich die Frage, ob diese Praxis in einem Photo einer Straßenszene überhaupt zum Ausdruck kommt. Insofern muss im Vorfeld des Heranziehens von Datenmaterial diese Frage möglichst sorgfältig erwogen werden – auch wenn sie endgültig erst im Laufe der Analyse beantwortet werden kann. – (b) Sodann stellt sich die Frage, *ob der Fall in der untersuchten Ausdrucksgestalt gültig zum Ausdruck* kommt. Hierzu lässt sich mit Oevermann festhalten:

> „Jede Ausdrucksgestalt, d. h. auch: jedes Protokoll weist eine objektive Gültigkeitsrelation bzw. eine objektive Relation der Authentizität zur protokollierten Wirklichkeit in mindestens einer Hinsicht notwendig auf. Wäre es in jeder Hinsicht ungültig, dann stünden wir vor der Aporie, über eine Kontrastfolie der Gültigkeit nicht mehr verfügen zu können und mithin das Ungültigkeitsurteil nicht mehr fundieren zu können. Zwar kann [es sein, dass] eine Ausdrucksgestalt in formaler Hinsicht nicht wohlgeformt […] [ist], wie eine falsche Gleichung, aber selbst dann stellt sich noch die Frage, was sich gültig in der Motiviertheit dieser Nicht-Wohlgeformtheit ausdrückt. Eine Ausdrucksgestalt drückt also zumindest objektiv gültig das Scheitern oder Misslingen aus. Anders wären wir ja nicht in der Lage, das Scheitern als Scheitern zu erkennen" (Oevermann 2004 [Objektivität], S. 332 f.).

Schließlich (c) stellt sich die Frage, *ob eine durchgeführte Rekonstruktion die Fallstruktur gültig auf den Begriff gebracht hat.* In diesem Sinne bemisst sich

---

[38] Wenn diese allerdings mit künstlerischem Anspruch auftreten, ist eine Bedingung zur Publikation erfüllt – vgl. etwa die „Fixierten Augenblicke" von Horst Janssen (1982). – Interessant wäre es, zu untersuchen, was dem Phänomen habituell zugrunde liegt, dass auf den massenhaft im Internet zu findenden belanglosen Photos das Triviale zum Außergewöhnlichen stilisiert wird – in genauem Kontrast zum Dandy, der, so Baudelaire, das Verlangen hat, „de combattre et de détruire la trivialité." (1863/1976, S. 711).

[39] In diese Annahme geht die Relevanzregel ein – s. dazu den entsprechenden Exkurs in Loer 2021 [OHWP Interviews], S. 64.

[40] Intimität bedeutet ja genau dies – intimus = der innerste.

die Gültigkeit der Rekonstruktion der Fallstruktur an der Möglichkeit der Falsifikation und am Scheitern der gezielten Falsifikationsversuche. Als ein Aspekt dieser Dimension der Gültigkeit stellt sich die Frage, *ob in diesem besonderen Fall* unseres Gegenstandes, der also die Gültigkeit im Sinne von (a) erfüllt, *die Totalität unseres Gegenstandes zum Ausdruck kommt.* Da „jede rekonstruierte Fallstruktur eine je konkrete Variante einer einbettenden, übergeordneten Fallstrukturgesetzlichkeit dar[stellt] und [...] über sie eine allgemeine Erkenntnis" liefert (Oevermann 1996/2002 [Manifest], S. 16), bringt eine genügend genaue und explizite Analyse des besonderen Falles den Gegenstand in seiner Allgemeinheit auf den Begriff. Da es kein standardisiertes Kriterium dafür gibt, ob die Analyse genügend genau und explizit ist, ist hier, um eine größere Sicherheit zu erlangen, eine Auswahl von Fällen, die in gegenstandsrelevanten Dimensionen kontrastieren, sehr hilfreich (s. u. zur kontrastiven Fallauswahl).

„Die Z[uverlässigkeit] (engl. reliability) ist das Ausmaß, in dem ein wissenschaftliches Ergebnis reproduzierbar ist, und zwar unter Konstanthaltung theoretisch relevanter und unter Variation theoretisch irrelevanter Bedingungen" (Leutner 2002 [Z], S. 720) Zuverlässig ist ein Ergebnis in der rekonstruktiven Forschung dann, wenn es unabhängig von dem konkreten Forscher reproduzierbar ist – also wenn etwa verschiedene Forscher, die denselben Gegenstand erforschen, in ihren Analysen zu denselben Ergebnissen gelangen; man könnte auch sagen: in ihren Interpretationen zu denselben Ergebnissen gelangen. Hier ist aber bezüglich des Begriffs der Interpretation eine wichtige Kärung angebracht. In der Objektiven Hermeneutik spielt dieser ja, wie wir in Zitaten schon sehen konnten, durchaus eine Rolle. Unseres Erachtens wäre es sinnvoll, den Terminus ‚Interpretation' zu vermeiden.[41]

> **Exkurs zu Begriff und Terminus der Interpretation**
> Mit dem Terminus ‚Interpretation' würde der Begriff einer wissenschaftlichen Untersuchung verfehlt, wenn jener etwa im Sinne einer praktischen Rezeption von Kunst und Literatur oder gar im Sinne einer musikalischen Interpretation verstanden würde. In der Musik ist mit dem Begriff der Interpretation gefasst, was aufgrund des spezifischen Ausdrucksmaterials dieser Kunst für diese ebenso erforderlich ist, wie es aufgrund ihres jeweils spezifischen Ausdrucksmaterials für andere darstellende Künste (Drama;

---

[41] Dessen ungeachtet werden wir den Terminus in Zitaten beibehalten und nicht jedesmal auf die nötige Vorsicht hinweisen.

Tanz; Film bei verschiedenen filmischen Realisierungen desselben Stoffes; Lyrik dort, wo sie als mündliche Rezitationskunst antritt) konstitutiv ist. Die Werke dieser Künste können nur angemessen rezipiert werden, wenn sie in der Zeit sich entfalten, wozu es eben der Darstellung bedarf. Jede Aufführung stellt eine spezifische Interpretation dar, die durch ihre je spezifische Sichtweise je spezifische objektive Möglichkeiten des Werks realisiert und so das Werk in je spezifischer Weise erfahrbar macht. Verschiedene Interpretationen können einander ausschließen und gleichwohl jeweils dem Werk auf angemessene Weise zu seiner Realisierung verhelfen. Man könnte mit einer Formulierung Ferdinand Zehentreiters sagen: Das „Werk existiert" in den darstellenden Künsten erst „in der unendlichen Totalität seiner interpretatorischen Durchquerungen" (2019, S. 250). – Auch bei der praktischen Rezeption von Kunst und Literatur mag der jeweilige Rezipient praktisch unterschiedliche Lektüren vollziehen; dies ist allerdings nicht vom Werk sondern von der Auffassung des Lesers abhängig: *Pro captu lectoris habent sua fata libelli* (Terentianus Maurus). Insofern sollte man u. E. den Terminus ‚Interpretation' für den erstgenannten Begriff der „interpretatorischen Durchquerungen" mittels verschiedener Aufführungen in den darstellenden Künsten reservieren.[42]

Wissenschaftliche Untersuchungen sind qua Wissenschaft zukunftsoffen, da stets falsifizierbar. Die Falsifikation des Ergebnisses einer wissenschaftlichen Untersuchung aber ist nicht eine weitere ‚interpretatorische Durchquerung' des Datenmaterials, die der ersten Untersuchung hinzugefügt wird und der alle weiteren wissenschaftlichen Untersuchungen sich anfügen, um so die „unendliche Totalität" des Gegenstands in einem unabschließbaren Prozess zu realisieren. Wissenschaft hat vielmehr zur Aufgabe, den Gegenstand auf den Begriff zu bringen, und Falsifikationen müssen das Falsifizierte als Falsches und in seiner Falschheit Erklärbares aufnehmen – man könnte sagen, die falsifizierende Untersuchung muss die falsifizierte in sich hineinholen und überholen.[43] Die eine Interpretation (i. S. v. Aufführung) von Beethovens Appassionata muss aber die andere keineswegs in sich aufnehmen, geschweige denn, sie gar überholen – zugleich ist Interpretation hier aber eben unabdingbar für die Werkerfahrung.[44] Dass wir vorschlagen, beim methodischen Verstehen nicht von Interpretation, sondern von wissenschaftlicher Untersuchung oder auch von Analyse zu sprechen, heißt nicht, dass wir die Subjektivität des

Forschers ausblenden. Für den Zugang zum Gegenstand und für das Entdecken und Aufschließen von Lesarten ist diese ebenso unabdingbar (vgl. Franzmann 2008, Loer 2008 [Urszenen]) wie im Prozess der Überprüfung der Untersuchungsergebnisse, wo sie die „kühnen Hypothesen [...], die neue Beobachtungsgebiete aufschließen" (Popper 1972/1984, S. 369), hervorbringt. Es ist aber festzuhalten, dass diese neuen kühnen Hypothesen, an die Stelle der bisherigen Ergebnisse zu treten haben. Es geht eben nicht darum, den Gegenstand in einem unendlichen Prozess durch eine Vielzahl einander gleichrangiger im jeweiligen Forschersubjekt gründender Interpretationen zu entfalten, sondern darum, – notwendig in der Subjektivität gründende – „Erfahrungen zur Theorie zu sublimieren" (Adorno und von Haselberg 1965, S. 495), also den Gegenstand auf den Begriff zu bringen.

Der Anspruch ist also in der Objektiven Hermeneutik, in dem Sinne zuverlässig zu sein, dass unterschiedliche Forscher, die dasselbe Material analysieren, zu demselben Begriff ihres Gegenstands gelangen.

„Objektiv' bedeutet in *ontologischer* Hinsicht: zum Gegenstand, Sachverhalt oder Objekt (lat. Obiectum, Gegenstand) gehörig, vom Objekt herrührend; in *gnoseologischer* Hinsicht: das Objekt frei von subjektiven Vorurteilen und Wertungen darstellen (in diesem Sinne O[bjektivität] als *Gütekriterium*); in *wissenschaftsethischer* Hinsicht: eine Einstellung des Forschers, welche dazu führen soll, bloß

---

[42] Die Wortbestandteile „inter" und „pretation", welch Letzteres möglicherweise von der proto-indoeuropäischen Wurzel „*per" abstammt (s. https://www.etymonline.com/search?q=*per-, N° 5; zuletzt angesehen am 11. Apr. 2021), sprechen dafür: Es tritt jemand dazwischen (inter), der das Werk überreicht (*per). – Vgl. hierzu des näheren Loer 2021 [Zehentreiter], S. 442 f.

[43] Vgl. das kumulative Moment in dem gemäß Karl Raimund Popper für den wissenschaftlichen Fortschritt zentralen Prozess der „error-elimination" (1972/1989, S. 168, passim). Hierfür ist auch das Moment der *Desinteressiertheit* – das mit dem des subjektiv fundierten *Forschungsinteresses* zusammenzudenken ist – wichtig: „The demand for disinterestedness has a firm basis in the public and testable character of science" (Merton 1942/1973, S. 276); „scientific research is under the exacting scrutiny of fellow experts." (Merton 1942/1973, S. 276) – S. auch Fn. 45).

[44] Dies hob Gustav Mahler emphatisch hervor und schrieb der „Interpretensubjektivität" (Danuser 1997, S. 35) eine entscheidenden Rolle zu: „Das Werk bleibt ein Buch mit sieben Siegeln, wenn nicht, alle heiligen Zeiten einmal, ein Schaffender kommt, der es auftut." (Bauer-Lechner 1923/1984, S. 146; zit. n. Danuser 1997, S. 35) „Er beschwor damit eine nachschöpferische Potenz des Interpreten als Voraussetzung für ein ‚Leben' der Werke, das durch auktoriale Maßnahmen der Komponisten, wie sehr sie sich auch bemühten, nicht zu gewährleisten sei." (Danuser 1997, S. 35).

subjektive auf einen Gegenstand bezogene Vorstellungen als solche zu erkennen, um diesen in allgemeingültigen Urteilen darstellen zu können." (Acham 2002, S. 390; kursiv i. Orig.) Oben haben wir gesehen, dass die Objektive Hermeneutik aus der hier ‚ontologisch' genannten, besser aber als konstitutionstheoretisch zu bezeichnenden Hinsicht ihren Namen bezog: Es sind die durch Regeln konstituierten objektiven Bedeutungen, auf die ihre Analysen sich richten. In welchem Sinne aber wird in der Methode der Objektiven Hermeneutik das Gütekriterium der Objektivität erfüllt? Wir sehen dabei gleich, dass die gnoseologische, also erkenntnistheoretische Hinsicht mit der von Karl Acham ‚wissenschaftsethisch' genannten Hinsicht, die man besser als die des wissenschaftlichen Habitus bezeichnet, eng zusammenhängt. Denn da es sich bei der Annahme, man könne sich einem Gegenstand „frei von subjektiven Vorurteilen und Wertungen" nähern, selbst um ein Vorurteil handelt, bedarf es einer Haltung der Desinteressiertheit[45] die den Wissenschaftler dazu bringt, seine Vorurteile zu reflektieren und methodisch explizit am Datenmaterial zu kontrollieren. Andreas Wernet hat darauf hingewiesen, dass hiermit die forschungspsychologische Schwierigkeit einhergeht, der untersuchten Praxis gegenüber eine gewisse „Unverschämtheit" (2021, S. 36) aufzubringen. Wie dies zu realisieren ist, werden wir noch sehen; die Kunstlehre der Objektiven Hermeneutik hilft dabei.

Konstitutionstheorie und Methodologie, Methode, Kunstlehre

Wir haben bereits mehrfach davon gesprochen, dass objektiv-hermeneutisches Forschen sich auf die regelkonstituierte objektive Bedeutung richtet. Dies weiter zu klären und zu klären, wie der jeweilige Gegenstand der Forschung konstituiert ist, ist Aufgabe der *Konstitutionstheorie*. Dem Prinzip der Sachangemessenheit folgend werden wir diese hier nicht vorab abstrakt erläutern, sondern dann, wenn wir uns einem konkreten Gegenstand zuwenden. Im allgemeinen Sinne aber lässt sich eben festhalten, dass der Gegenstand der Sozialwissenschaften: menschliche Praxis, durch Regeln konstituiert ist und dass diese Regeln, wie oben bereits dargelegt, Handlungsoptionen eröffnen, zwischen denen sich zu entscheiden die Handelnden nicht umhin können, womit sie zugleich die nicht gewählten Optionen ausschließen, also eine Offenheit beschließen, und womit zugleich neue Handlungsoptionen regelgemäß eröffnet werden. Mit dem Zurückgrüßen in dem obigen Beispiel des Grüßens im Zug, wird die Option des Nicht-Zurückgrüßens

---

[45] Das hat etwa Robert King Merton deutlich herausgearbeitet: „Science […] includes disinterestedness as a basic institutional element." (Merton 1942/1973, S. 275; s. a. Fn. 42).

ausgeschlossen, wird also die Offenheit zwischen Zurückgrüßen und Nicht-Zurückgrüßen geschlossen, und werden neue Handlungsoptionen, wie etwa ein Gespräch über das Wetter oder andere Aktualitäten, ein Schweigen, ein sich Gebäck Anbieten u. ä., eröffnet.

In einer Karikatur hat Steven Appleby dieses Verhältnis von Schließung und Öffnung sehr anschaulich dargestellt, siehe Abb. 1.

Zu seiner Erforschung bedarf der Gegenstand ‚menschliche Praxis' nun einer Methode, die dieser Konstitution als Abfolge der Eröffnung und Beschließung von Handlungsoptionen Rechnung trägt. Diese Methode zu begründen, dient die *Methodologie*. Die Methodologie der Objektiven Hermeneutik arbeitet heraus, dass der Sequentialität, die in der genannten Abfolge gegeben ist, Rechnung getragen werden muss, und begründet von daher ein zentrales Moment der *Methode* der Objektiven Hermeneutik: die Sequenzanalyse. In dieser nämlich folgt man der realen Abfolge der Eröffnung und Beschließung von Handlungsoptionen und greift nicht etwa ans Ende eines Handlungsablaufs um seinen Beginn zu verstehen. Was dies genauer bedeutet, werden wir ebenfalls noch sehen.

Um der Methode nun in der konkreten Forschung forschungspraktisch zu folgen, bedarf es einer Forscherhaltung, zu der es, wie oben erwähnt, etwa gehört, die eigene Erfahrung für die Analyse fruchtbar zu machen, ohne jedoch die eigenen Vorurteile zu reproduzieren, und zu der es auch gehört, bei der Analyse eines Textes nur Lesarten gelten zu lassen, die bzgl. des Textes unabweisbar sind (s. nächster Abschnitt) und nicht Zusatzannahmen, an ihn heranzutragen.[46] Hierzu versammelt die *Kunstlehre* der Objektiven Hermeneutik[47] verschiedene Prinzipien, deren Befolgung die forschungspraktische Realisierung des methodischen Vorgehens erleichtert, indem sie forschungspsychologische Hemmnisse zu

---

[46] Dies zu vermeiden, dient etwa das (Kunstlehre-) Prinzip der Sparsamkeit; vgl.: Leber und Oevermann 1994 [Therapieverlauf], S. 228 f. (vgl. Glossar).

[47] Anschließend an das Verständnis „der vorkritischen Hermeneutik" als „ars interpretandi" (Frank 1977, S. 12) und an Schleiermachers Verständnis von Hermeneutik als Kunstlehre (1838/1977, S. 81, passim) oder Technik (vgl. Szondi 1962/1967, S. 9) findet sich da und dort in der Literatur das Missverständnis, die *Methode* der Objektiven Hermeneutik *sei* eine *Kunstlehre* (vgl. etwa Wagner 1999, S. 43; Wernet 2021, S. 37 – mit Verweis auf Oevermann et al. 1979 [Methodologie] 391 f.; dort allerdings ist die Rede von den „*praktischen Verfahren* der objektiven Hermeneutik *als Kunstlehre*" – a. a. O., S. 391; kursiv von mir, TL). – Allerdings ist die hier dargelegte Differenzierung in der Explizitheit auch bei Ulrich Oevermann nicht zu finden, so lässt er etwa die Ebene der Methode aus, wenn er festhält, es sei der „Anspruch der objektiven Hermeneutik, sowohl eine allgemeine Methodologie der Erfahrungswissenschaften von der sinnstrukturierten Welt zu sein als auch auf der Ebene der Kunstlehre forschungspraktische Auswertungsverfahren für die Gesamtheit von Datentypen in diesen Wissenschaften zu bieten." (2013 [Erfahrungswiss], S. 98).

Abb. 1 KARIKATUR APPLEBY „NORMALES LEBEN". (© Steven Appleby/Ruth Keen, zuerst erschienen in: F.A.Z., [2001])

überwinden und forschungsökonomische Herausforderungen zu meistern erlaubt. Die Kunstlehre dient also der forschungspraktischen Realisierung des methodischen Vorgehens. Auch hierfür werden wir in den konkreten Analysen weitere Ausführungen machen.

Lesart

Wenn wir eine Ausdrucksgestalt analysieren, beispielsweise eine sprachliche Äußerung, so fragen wir uns, in welche verschiedenen Kontexte sie regelgemäß passen könnte. Die verschiedenen Kontextbedingungen für die Äußerung, die wir den verschiedenen passenden Kontexten entnehmen, konstituieren verschiedene Lesarten.[48] Ziehen wir ein notorisches Beispiel aus der Literatur der Objektiven Hermeneutik heran (Oevermann 1981/2023 [Strukturgen], S. 51); jemand sagt:

„Mutti, wann krieg ich denn endlich mal was zu essen. Ich hab so Hunger."

Oevermann bestimmt drei zu dieser Äußerung passende Kontexte:

1. „Die Äußerung hätte ein kleines Kind zu einer Zeit machen können, zu der es normalerweise Essen gibt, oder nachdem es schon mehrere Male um Essen gebeten hatte.
2. Ein berufstätiger Ehemann, der – wie hierzulande in bestimmten Schichten [in den 1970er Jahren] sehr verbreitet – seine Frau mit ‚Mutti' adressiert, sitzt nach seiner Rückkehr von der Arbeit seit längerem am Küchentisch oder kommt aus der Wohnstube vom Fernsehen ins Eßzimmer.
3. Ein krankes, älteres Kind ruft aus seinem Schlafzimmer die Mutter." (Oevermann 1981/2023 [Strukturgen], S. 53).

Die drei Lesarten, die sich hier ergeben, sind eben die: (ad 1) Die Äußerung bedeutet, dass ein noch nicht selbständiges Kind die fällige Speisung anmahnt. – (ad 2) Die Äußerung bedeutet, dass eine eheliche Autorität einen qua Beziehungsdefinition legitimierten Anspruch auf Verköstigung erhebt. – (ad 3) Die Äußerung bedeutet, dass eine vorübergehend hilfsbedürftige Person um die fällige Hilfe bei der Versorgung bittet. Diese drei Lesarten sind mit

---

[48] Vgl.: „Wir betrachten die Verbindung zwischen Äußerung und einer die Äußerung pragmatisch erfüllenden Kontextbedingung als eine Lesart." (Oevermann et al. 1979 [Methodologie], S. 415).

dem Text kompatibel und sie sind naheliegend. Folgende andere Lesarten sind entweder nicht mit dem Text kompatibel: (*4) Die Mutter der mit ‚Mutti' adressierten Person wünscht höflich, eine Scheibe Wurst zu erhalten. Oder sie sind nicht naheliegend: (*5) Ein einen Migranten simulierender Kritiker ihrer Flüchtlingspolitik adressiert die ehemalige Bundeskanzlerin Angela Merkel auf einer Pressekonferenz.

Lesarten sind also u. a. danach zu unterscheiden, in welchem Verhältnis sie zur zu analysierenden Ausdrucksgestalt stehen. Eine der beiden wichtigen Unterscheidung bezieht sich darauf, ob eine Lesart mit der Ausdrucksgestalt *kompatibel* oder *nicht kompatibel* ist. Dabei können die Lesarten, die wie die Lesart *4 nicht mit der Ausdrucksgestalt kompatibel sind, relativ einfach ausgeschieden werden – wenn sie denn im Zuge der Analyse überhaupt auftauchen. Die zweite Unterscheidung bezieht sich darauf, ob die Lesart bzgl. der Ausdrucksgestalt *unabweisbar* ist[49] ist oder nicht. Dabei sind diejenigen Lesarten, die wie die Lesart *5 mit der Ausdrucksgestalt kompatibel, aber nicht unabweisbar sind, für die Analyse problematisch. „Diese Lesarten, für die gilt, dass sie der ‚Fall sein können, aber nicht sein müssen', sind im Sinne des […] Wörtlichkeitsprinzips unbedingt zu vermeiden" (Oevermann 2013 [Erfahrungswiss], S. 96). – Wir werden unten sehen, dass die Rede von Wörtlichkeit nicht wörtlich zu nehmen, sondern auch auf andere Ausdrucksmaterialitäten als die wörtliche Sprache anzuwenden ist.

Verschiedene Datentypen

Der Terminus ‚Lesart' scheint nahezulegen, dass die Objektive Hermeneutik v. a. oder gar nur sprachliche Daten zur Grundlage ihrer Rekonstruktionsarbeit macht. Nun ist zwar die „Sprache als das ausgezeichnete System von Regeln und Elementen der Symbolisierung und des Ausdrucks anzusehen, das überhaupt erst die Konstitution von Bedeutungsfunktionen naturgeschichtlich gesehen ermöglicht und damit die voll ausgebildete sinnstrukturierte soziale Handlung allererst in die Welt treten lässt" (Oevermann 1986 [Kontroversen], S. 46), aber gleichzeitig gilt: „Sprache ist […] eine Ausdrucksmaterialität unter mehreren." (Oevermann 1986 [Kontroversen], S. 46) Aus Letzterem folgt, dass auch in nicht-sprachlichem Ausdrucksmaterial Bedeutung objektiviert werden kann; aus ersterem das „principle

---

[49] Ulrich Oevermann spricht hier häufig von ‚erzwungenen Lesarten' (u. a. Oevermann 2013 [Erfahrungswiss], S. 96); dieser auch bei anderen Autoren der Objektiven Hermeneutik zu findende Terminus ist u. E. irreführend; unseren früheren terminologischen Vorschlag (vgl. Loer 2018 [Lesarten]) ersetzen wir nun durch einen u. E. treffenderen.

of expressibility":[50] „daß prinzipiell jeder vorsprachlich realisierte Ausdruck in seiner objektiven Bedeutungsstruktur versprachlicht werden kann." (Oevermann 1986 [Kontroversen], S. 46).

Entsprechend werden die Einzelbände unserer Reihe sich jeweils verschiedene Datentypen widmen; im Folgenden wird eine Unterscheidung der Datentypen vorgestellt, die allerdings keine eindeutige typologische Liste darstellt, da weder Datentypus und Gegenstandstypus ohne Weiteres zu trennen sind, noch die Zuordnung jeweils eineindeutig vorzunehmen ist.

(A) *nach dem Ausdruckmaterial* (hier nur eine unvollständige Nennung):
  (I) *Auditive Daten:* aufgezeichnete Gespräche (u. a.: Forschungsgespräche, journalistische Interviews, ...), musikalische Ausdrucksgestalten, Radiosendungen, ...
  (II) *Optische Daten:* Photographien (Forschungsphotos, Schnappschüsse, z. B.: Familienphotoalben, ...), Videographien (Forschungsvideos, Überwachungsvideos, z. B.: Hochzeitsvideos, ...), Kinderzeichnungen, Werke der bildenden Kunst (Gemälde, Skulpturen, ...), Protokolle gestalteter Räume (Architektur, Landkarten, Luftaufnahmen), Entwurfszeichnungen, technische Zeichnungen (Bauskizzen), Fernsehsendungen, ...
  (III) *Schriftsprachliche Daten:* testierbare Daten, literarische Texte (Gedichte, Narrationen, dramatische Dichtungen, ...), schriftliche Kommunikation (Briefe, elektronische Schriftstücke, ...), Dokumente organisationalen Handelns (Akten, Dienstanweisungen, Arbeitsverträge, ...), wissenschaftliche Texte, journalistische Texte, Pressetexte, Verlautbarungen, Fragebögen, ...
  (IV) *(Sonstige) zeichensprachliche Daten:* Partituren, Genogramme, Statistiken, Protokolle gestalteter Räume (Dokumentation von Arbeitsplatzgestaltung), Organigramme, ...
  (V) *Handlungssequenzen:* Notate von Handlungsabläufen (z. B. Dramenaufführung, ...)
  (VI) *Objektförmige Daten:* Artefakte des Alltags, Kleidung, Überreste, Unobtrusive Measures (Spuren im Sand, Spuren der Abnutzung an öffentlichen Orten, Tatortspuren, ...)
  (VII) *Haptische Daten:* körperliche Symptome, Skulpturen, ...
(B) *nach Protokollierungskontexten:*

---

[50] Vgl.: „The principle that whatever can be meant can be said, [...] I shall refer to as the ‚principle of expressibility'" (Searle 1969/1983, S. 19).

(I) *Vorgefundene Daten:*
(1) *natürliche Daten:*[51] Kinderzeichnungen, Artefakte des Alltags, Überreste, Videographien (z. B. verdeckt aufgezeichnete Überwachungsvideos), Photographien (z. B. Schnappschüsse), Unobtrusive Measures, körperliche Symptome
(2) *edierte Daten:*[52] musikalische Ausdrucksgestalten, literarische Texte, Videographien (z. B.: Hochzeitsvideos), schriftliche Kommunikation, Dokumente organisationalen Handelns, wissenschaftliche Texte, Kunstwerke, Protokolle gestalteter Räume, Photographien (z. B.: Familienphotoalben), journalistische Interviews, Fernsehsendungen, Radiosendungen, journalistische Texte, Pressetexte, Verlautbarungen, ...

---

[51] Manchmal wird hier auch von *naturwüchsigen Protokollen* gesprochen; es handelt sich um „ungewollte Spuren, Symptome und Indizien, die ein Dritter als Protokolle eines Verborgenen behandeln kann" (Oevermann 1997 [werkimmanent], S. 14); diese entsprechen den „Überresten" in der Historik Johann Gustav Droysens: „alles und jedes, was die Spur von Menschengeist und Menschenhand an sich trägt, [kann] von der Forschung als Material herangezogen werden" (1882/1960, S. 38). Es handelt sich um „unobtrusive measures" im weiteren Sinne, also physische Spuren (Bouchard 1976, S. 399, vgl. Oevermann 1997 [werkimmanent], S. 14) einer ‚*naturwüchsigen Wirklichkeit*' (Oevermann 2000 [Fallrek], S. 87). So können wir, wenn jemand etwa am Strand entlanggeht und im Sand dabei eine Spur hinterlässt, ohne sich dessen im geringsten bewusst zu sein, aus dieser Spur sein Handeln rekonstruieren, können sehen, dass er etwa den Spülsaum vermied oder dass er ihn aufsuchte etc.

[52] „Im Falle edierter Texte ist die protokollierende Handlung geplant und bewußt im Protokoll bzw. seiner Rahmung indiziert." (Oevermann 1997 [werkimmanent], S. 14) Sofern sie repräsentativen Charakters und an eine Öffentlichkeit und öffentliche Nachwelt gerichtet sind, entsprechen dem bei Droysen die „Denkmäler" (1882/1960, S. 50–61). „Texte werden zu sehr verschiedenen Zwecken und in sehr verschiedenen Funktionszusammenhängen ediert: u. a. [α] zur Archivierung wichtiger Ereignisse und Personen für künftige Generationen; [β] zur verbindlichen und rechtlich folgenreichen Beglaubigung von Entscheidungen und Sachverhalten; [γ] zur Vermittlung von Einsichten, Techniken, Problemlösungen, Überzeugungen, Nachrichten, etc.; [δ] zur Verehrung und Anbetung von sakralisierten Gegenständen und zum Gedenken an sinnstiftende Vorgänge und Sachverhalte; [ε] zur interpersonalen Kommunikation unter Bedingungen raumzeitlicher Trennung zwischen den Kommunikanten; [ζ] zur Unterhaltung und zum ästhetischen Genuß; [η] als Ausdruck um seiner selbst willen." (Oevermann 1997 [werkimmanent], S. 15; Literä hinzugefügt, TL).

(II) *erhobene Daten:*[53]
 (1) *von Forschern angefertigt:* Forschungsgespräche, Photographien (Forschungsphotos), Videographien (Forschungsvideos), Genogramme, testierbare Daten, Protokolle gestalteter Räume (z. B.: Dokumentation von Arbeitsplatzgestaltung)
 (2) *von der aufgezeichneten Praxis selbst angefertigt:*[54] Haushaltsbücher, Organigramme, Urlaubsphotos, Ernährungsdokumentation, …
 (3) *von Dritten angefertigt:* amtlich eingeholte Auskünfte, Zeugenbefragungen,[55] …

Bei all diesen Protokollen ist eine weitere Unterscheidung zu berücksichtigen: die zwischen *protokollierter Handlung* und *Protokollierung* bzw. *Protokollierungshandlung* (welche unvermeidlicherweise immer mitprotokolliert wird). Bei den natürlichen Daten oder naturwüchsigen Protokollen erfolgt die Protokollierung manchmal durch ein Protokollierungsereignis – so etwa ‚protokollierten' die Lava und die Asche des Vesuv das Handeln der flüchtenden oder schutzsuchenden Einwohner von Pompeji;[56] bei den edierten Protokollen fällt die Protokollierungshandlung mit der Editionshandlung zusammen und bei erhobenen Protokollen, die nicht von der aufgezeichneten Praxis selbst angefertigt wurden, ist das Protokollierungshandeln entweder Forscherhandeln oder etwa das Handeln eines beauftragten Photographen oder eines Kontrolleurs (z. B. mittels Überwachungskameras). Die Protokollierung ist Teil der Pragmatischen Rahmung des protokollierten Handens und als solche bei der Analyse entsprechend zu berücksichtigen; dies wird bei der Photoanalyse in diesem Band eine besondere Rolle spielen.

---

[53] Hier handelt es sich um „Protokolle auf der Basis technischer Aufzeichnungen einer protokollierten Handlungspraxis. Ohne solche Protokolle würde die protokollierte Wirklichkeit bestenfalls nur noch in der Erinnerung oder in unbeabsichtigten Spuren, Symptomen oder Indizien aufbewahrt sein." (Oevermann 1997 [werkimmanent], S. 14).

[54] Diese gehören in der Regel zu den edierten Protokollen (vgl. Oevermann 2000 [Fallrek], S. 83).

[55] Hier sieht man, dass die Zuordnung von der Fragestellung abhängig ist: untersucht man etwa die polizeiliche Ermittlungspraxis, ist die Zeugenbefragung ein vorgefundenes, ediertes Protokoll; untersucht man hingegen das Ereignis, zu dem ein Zeuge befragt wurde, handelt es sich um ein von dritten erhobenes Protokoll.

[56] S. etwa: http://de.zooverresources.com/images/E50816L2B2631297D0W900H675/Pompeji.jpg; zuletzt angesehen am 21. Juli 2021.

Sowohl der Unterscheidung A wie der Unterscheidung B muss Rechnung getragen werden – auch wenn beide Unterscheidungen interferieren und sich keine eindeutige typologische Liste erstellen lässt.

Besonderheit des Datentypus ‚Photographie'

In dem vorliegenden Band geht es um die Analyse von Photographien, bei denen noch zu bestimmen ist, zu welchen Kategorien der obigen Unterscheidung sie zählen; dies erfolgt jeweils bei den Fallanalysen.

Hier seien einige allgemeine Aspekte des Datentyus ‚Photographie' festgehalten. Photographien sind wie alle Bilder *Bilder von etwas;* spezifischer sind Photographien als gerätevermittelte Aufzeichnungen allerdings in der Regel *Bilder von etwas, das unabhängig von ihnen vorfindlich ist;*[57] dies können *alle visuell wahrnehmbaren Gegenstände*[58] der Welt sein. Darin unterscheiden Photographien sich von anderen Bildern wie Gemälden, Kinderzeichnungen o. ä., die eben nicht gerätevermittelte Aufzeichnungen sind. Auch diese können etwas festhalten, das unabhängig von ihnen vorfindlich ist, aber in der Regel bringen sie eine fiktive Welt hervor, die sie als Wirklichkeit erscheinen lassen. Für die Analyse von Photographien bedeutet dies, dass das Dargestellte als festgehaltene Wirklichkeit zu analysieren ist; dies wird in unseren Fallanalysen veranschaulicht werden. – Für weitere Ausführungen zur Besonderheit der Analyse von Photographien s. u. in dem Unterabschnitt zur Forschungsplanung.

---

[57] Von nicht-abbildenden Photographien, wie solchen Werken, die „Jenseits der Erscheinungswelt" (Baldassari 1997, S. 219–242) angesiedelt sind, wie sie etwa Picasso mit den Möglichkeiten der Photographie erzeugte (vgl. etwa „Gesicht", Cannes, Vallauris [1954–1961], abgebildet in Baldassari 1997, S. 223, Abb. 252), sehen wir hier ab. Bei diesen bringt wie auch bei Gemälden die protokollierende Praxis eine fiktive Welt hervor und lässt sie als protokollierte Wirklichkeit erscheinen. – S. hierzu: Loer 2023 [Gemälde] u. i. Vorber. [OHWP Gemälde].

[58] „Photographien sind Abbilder der in einem bestimmten Winkel gefaßten optisch wahrnehmbaren Realität." (Neumann 1966, S. 5) Es geht dabei um Objekte, die Licht in vom menschlichen Auge wahrnehmbarer Wellenlänge (380–780 nm) reflektieren; den Sonderfall, dass das Dunkel photographiert würde, lassen wir hier außer acht – „Wir machen im Dunkel große Augen und keiner kann sie brauchen." (von Arnim 1810/2000, S. 519).

Methodisches Vorgehen

Vorbemerkung

Das Datenmaterial, das in diesem Band der exemplarischen Einführung in die objektiv-hermeneutischen Analyse von Photographien dient, stammt aus verschiedenen Forschungszusammenhängen: (A) Im Rahmen von Analysen zur Reziprozität stieß ich auf das Phänomen der „neutralen Reziprozität" (s. Loer (2022 [Annahme], S. 167, 169), die sich in dem, was Erving Goffman „civil inattention" (1963/1966, S. 83–88) nennt, ausdrückt. Gerade aufgrund dieses Aspekts der Nicht-Aufmerksamkeit stellte sich die Frage, welche Protokolle geeignet sein könnten, solches Handeln zu analysieren; einige Photos von Philip-Lorca diCorcia, auf die ich aufmerksam wurde, schienen a prima vista für diese Frage aufschlussreiche Protokolle zu sein. (B) Einem eher zeitdiagnostischen Forschungsinteresse entstammt die Beschäftigung mit dem zweiten hier analysierten Photo, in dem das grassierende Phänomen der photographischen Selbstaufzeichnung und -präsentation zum Ausdruck kommt. (C) Schließlich verband sich ein lang anhaltendes Interesse an Grenzphänomenen von Handeln mit der Chance, anhand eines Photos, das an seine Analyse besondere methodische Herausforderungen stellt und dessen Analysierbarkeit schon vielfach kontrovers diskutiert wurde,[1] die Leistungsfähigkeit der Methode der Objektiven Hermeneutik zu prüfen und darzulegen.

---

[1] Vgl. die Auseinandersetzung, die Georges Didi-Huberman in einem Buch (2003, 2003/2007) darstellt und führt.

Forschungsplanung

Bei jeder Forschung drängt sich zunächst eine *Frage* in den Fokus des *Interesses*, die dann auf der Grundlage der *Kenntnisnahme von bereits bestehenden Erkenntnissen*[2] zu dieser Frage zu einer *vorläufigen Fragestellung* entfaltet wird.[3] Häufig ist es auch ein äußerer *Anlass*, der den Forscher bewegt,[4] einer ihn schon länger – latent oder immer wieder auch manifest – beschäftigenden Frage systematisch nachzugehen. Bei den hier vorliegenden Fällen war es (A) eine *theoretische Frage*, die sich bei der Ausarbeitung des Begriffs der strukturellen Reziprozität ergab. Wenn dieser Begriff angemessen das Moment erfasst, dass Kultur überhaupt dadurch konstitutiert ist (s. u. den Exkurs und des näheren Loer 2021 [Reziprozität], S. 141–159), dass Angehörige der Gattung Mensch, wenn sie sich, wo und wie auch immer, in einer Situation wechselseitiger Wahrnehmbarkeit befinden, sich objektiv aufeinander beziehen, so stellt sich die Frage, wie das Phänomen zu verstehen und zu erklären ist,[5] dass in modernen Gesellschaften Menschen

---

[2] Zu diesen bestehenden Erkenntnissen gehören selbstverständlich auch theoretische: „Die Theoriebildung, die sich an einem Fall vollzieht, ist immer schon eingebunden und vorstrukturiert durch vorangegangene Theoriebildungen, ohne die ein Zugriff auf den Fall unmöglich wäre. Die Vorstellung eines atheoretischen Zugangs ist naiv. Und sie wäre angesichts des Anspruchs auf eine theoriebildende Forschung insofern auch absurd, als ein ‚erster‘, ‚theoriefreier‘ Zugriff zu Theorien führen würde, die, wollte man weiter atheoretisch forschen, vergessen oder entsorgt werden müssten. Umgekehrt müsste der Anspruch eines atheoretischen empirischen Zugriffs logisch den Verzicht auf Theoriebildung in Kauf nehmen. Theoriebildung kann also nur verstanden werden als Theorie*weiter*- oder *um*bildung." (Wernet 2019, S. 80; kursiv i. Orig.) – Allerdings hält Wernet auch zu Recht fest: „Die vorhandenen Theorien sind umso hilfreicher, umso besser, je weniger ein Fallverständnis auf sie angewiesen ist; je unabhängiger dieses Verständnis gewonnen werden kann." (Wernet 2019, S. 69).

[3] Andreas Wernet verweist zwar zu Recht darauf, dass „die Methode der Objektiven Hermeneutik […] ‚Fingerübungen' ermöglicht", die „an x-beliebigen Sequenzen, die man irgendwo aufschnappt […][,] versuchs- und ‚spaßeshalber' kontextfrei" durchgeführt werden können (2021, S. 53), aber er schränkt zu Recht auch ein: „Allerdings lösen solche Fingerübungen nicht das Problem eines sinnvollen Gebrauchs der Methode." (A. a. O., S. 54) – Vgl.: „Gerade eine konsequent hermeneutische Behandlung des Textes als primäres Datenmaterial setzt aber die Explikation einer […] Untersuchungsfrage voraus" (Oevermann/Allert/Konau 1980 [Logik Interpretation], S. 16).

[4] Dass an dieser Stelle die Subjektivität des Forschers eine systematische Rolle spielt, liegt auf der Hand, wenn auch die systematische Klärung dieser Frage noch aussteht. Ansätze hierzu finden sich in Franzmann 2008 u. 2012 und in Loer 2008 [Urszenen]; s. auch die Beiträge zu der Tagung „Ursprungskonstellationen und Urszenen von Wissenschaftlerbiographien", die am 19. und 20. Febr. 2022 in Frankfurt am Main stattfand.

[5] Zum vermeintlichen Gegensatz von verstehen und erklären s. o. den Abschnitt „Zum Problem des Verstehens".

gruß- und blicklos aneinander vorbeigehen können, ohne dass dies a prima vista Folgen hat. Wie gesagt, hat Erving Goffman diese Beobachtung zu dem Begriff der „civil inattention" geführt. – Des weiteren (B) grassiert seit Jahren das Phänomen der photographischen Selbstaufzeichnung und -präsentation, ohne dass bisher eine befriedigende Deutung dieser sogenannten Selfies[6] vorgelegt worden wäre; dass Studien, die sich damit beschäftigen (etwa Altmeyer 2019), selbst solche, die mit durchaus plausiblen Argumenten eine „Generation Selfie" (Oer/Cohrs 2016) ausrufen, meinen, ohne die Analyse eines als Selfie bezeichneten Photos auszukommen, erscheint uns jedenfalls als unzureichend. Deshalb soll hier ein aktuelles, öffentlich verbreitetes Selfie untersucht werden. – Schließlich (C) ist es nach wie vor eine der größten Herausforderungen der Wissenschaften vom Menschen, der Soziologie im besonderen, zu verstehen und zu erklären, wie möglich war, was Hannah Arendt „das wirklich Böse" nennt, „das, was bei uns sprachloses Entsetzen verursacht, wenn wir nichts anderes mehr sagen können als: Dies hätte nie geschehen dürfen." (1965/2007, S. 45)[7] Die Untersuchung der Verbrechen, die in vom nationalsozialistischen Deutschland errichteten und betriebenen Konzentrationslagern geschahen, insbesondere der Vernichtung der europäischen Juden (Hilberg 1961/1990) ist nicht nur wegen der Schwierigkeit, dieses Handeln zu verstehen und zu erklären, eine Herausforderung, sondern auch, weil die „Differenzierung von praktischem und methodischem Verstehen – das erste vollzieht sich [...] notwendigerweise immer unter den Bedingungen einer praktischen Bindung an eine Wertprämisse, das zweite genau umgekehrt unter der Bedingung des unvoreingenommenen Blicks und der Distanzierung von einer solchen Wertbindung –" (Oevermann 2008 [Feldforsch], S. 147), angesichts der Monstrosität

---

[6] Der Ausdruck hat mittlerweile auch in den Duden Eingang gefunden: „mit der Digitalkamera (des Smartphones oder Tablets) meist spontan aufgenommenes Selbstporträt einer oder mehrerer Personen" (https://www.duden.de/rechtschreibung/Selfie; zuletzt angesehen am 5. Jan. 2022) Im Oxford English and Spanish Dictionary heißt es: „A photograph that one has taken of oneself, typically one taken with a smartphone or webcam and shared via social media." (https://www.lexico.com/definition/selfie; zuletzt angesehen am 6. Jan. 2022) Wir werden sehen, dass die Hereinnahme der Verwendungsweise in die Definition, wie sie im Oxford Dictionary, nicht aber im Duden vorkommt, für die Analyse ein Problem darstellt. – Einen knappen Überblick gibt Klaus Neumann-Braun (2017), der allerdings auch die Tatsache, „dass das Foto ins Netz gestellt und über entsprechende Social Media Plattformen [...] distribuiert wird" für das „Eigene am Selfie" hält (Neumann-Braun 2017, S. 343): eine „kurze Geschichte des Selfies" findet sich in Oer und Cohrs 2016, S. 19 ff.

[7] „But the real evil is what causes us speechless horror, when all we can say is: This should never have happened." (Arendt 1965/2003, S. 84).

der Taten (Arendt 1968/2003, S. 144) kaum durchzuhalten ist.[8] Eine Steigerung der genannten Schwierigkeiten besteht darin, dass bei den sogenannten Sonderkommandos,[9] von deren Tun wir hier ein Protokoll zugrunde legen, die Frage von Verstrickung und Schuld der Opfer[10] eine Rolle spielt. Das hier ausgewählte Photo steht insofern in herausragender Weise für beide Schwierigkeiten, gehört es doch zu einer Folge von vier Photos, die einen „Extremfall, eine beunruhigende Singularität" (Didi-Huberman 2002-03/2007, S. 89; korr. Übers.) darstellen; aber: „Ein Bild der Shoah zu untersuchen, […] das heißt, *trotz allem* verstehen wollen, trotz der Komplexität des Phänomens". (2002-03/2007, S. 220; korr. Übers.; kursiv i. Orig.)[11]

Die *Fragen*, um die es in den hier verfolgten Forschungsinteressen geht, lassen sich (A) einerseits mit Georg Simmel als die nach der ‚wunderbaren Unzerreißbarkeit der Gesellschaft' bezeichnen,[12] begrifflich genauer formuliert, ist es

---

[8] S. auch die Bemerkung von Dan Stone: „In the face of full-frontal atrocity, the impulse to theorize seems almost offensive." (2001, S. 131) Auch Oevermann spricht in seiner Studie zu einem in Auschwitz tätigen Arzt davon, dass man seine Analyse, „so blasphemisch und moralisch unerträglich das zunächst für das konkrete sittliche Empfinden der Lebenspraxis auch sein mag, mit einer in künstlicher Naivität vorzunehmen[..]" hat (2000 [Fall Münch], S. 30). – Dass Primo Levi in seinem Bericht über die Erfahrungen im Konzentrationslager für „ein unaufgeregtes Studium einiger Aspekte der menschlichen Seele" („uno studio pacato di alcuni aspetti dell'animo umano" – 1947/o. J., S. 8) plädiert, mag die erforderliche Haltung durchaus als möglich erscheinen lassen.

[9] Zu den „Sonderkommandos" in Auschwitz s. Greif 1995, S. XXIV–XXX, Langbein 1972, S. 221–234.

[10] Die Problematik kommt etwa in folgender Äußerung eines überlebenden Mitglieds eines „Sonderkommandos", Abraham Dragon, zum Ausdruck: „Ich werde Ihnen einen Fall als Beispiel erzählen: Vor vier Jahren waren wir in Tiberias in Urlaub. Dort begann eine Überlebende aus Auschwitz in aller Öffentlichkeit von ihren Eindrücken aus ihrer Häftlingszeit im Lager zu erzählen. Unter anderem äußerte sie auch: ‚Die jüdischen *Sonderkommando*-Häftlinge waren große Mörder und sind zu bestrafen. Sie waren fast so schrecklich wie die Deutschen.' Derartige Ansichten hatte ich schon in der Vergangenheit gehört. Und sie sind heute noch in gewissem Maße verbreitet. Wir glauben zwar, daß die Mehrheit der Bevölkerung hier nicht mehr so denkt. Und wir können nur hoffen, daß unsere Arbeit in Birkenau richtig verstanden wird – nicht wir waren für die ‚Endlösung der Judenfrage' verantwortlich!!" (Greif 1995, S. 124; kursiv i. Orig.)

[11] „un cas extrême, une troublante singularité" (Didi-Huberman 2002-03/2003, S. 76) – „Étudier une image de la Shoah, […] c'est vouloir comprendre *malgré tout*" (Didi-Huberman 2002-03/2003, S. 194; kursiv i. Orig.).

[12] „Was fortwährend an physischen und seelischen Berührungen, an gegenseitiger Erregung von Lust und Leid, an Gesprächen und Schweigen, an gemeinsamen und antagonistischen Interessiertheiten vor sich geht – das erst macht die wunderbare Unzerreißbarkeit der Gesellschaft aus" (Simmel 1908/1992, S. 34).

die Frage nach der Konstitution und der Reproduktion der menschlichen Gesellschaft überhaupt. Hier soll von einem Aspekt dieser Frage ausgegangen werden: Trägt das anonyme Aneinandervorbeigehen von Menschen auf der Straße, auf öffentlichen Plätzen, wo es a prima vista gerade nicht zu „physischen und seelischen Berührungen" im Sinne Simmels zu kommen scheint, zur Konstitution und Reproduktion der Gesellschaft bei oder werden diese durch die Anonymität bedroht? – Des Weiteren (B) stellt sich die Frage, ob das Selfie tatsächliche „für eine neue Art und Weise, mit der Welt in Verbindung zu treten" steht (Oer und Cohrs 2016, S. 12) und, falls ja, worin diese besteht und was sich darin ausdrückt. – Schließlich (C) fragt sich, wie eine Praxis, die „sprachloses Entsetzen verursacht", begrifflich erschlossen werden kann, und ob anhand eines Protokolls, das unter extremen Bedingungen entstanden ist und das a prima vista eher ein Zufallsprodukt als eine Ausdrucksgestalt dieser Praxis darstellt, der Versuch, ‚zu sehen um besser zu wissen und zu verstehen' (Didi-Huberman 2002-03/2007, S. 88; erg. Über.)[13] erfolgreich sein kann. Das bedeutet auch, dass hier die infrage stehende Praxis nicht zunächst anhand von „verbindlich festgelegten Regelungen von bedingten Handlungssequenzen des formalisierten Systems, den ‚blueprint' des Systems also, bestehend aus gesetzlichen Vorschriften, Verordnungen, Erlassen, Geschäftsordnungen, vertraglichen Verpflichtungen nach außen" (Oevermann 1981/2023 [Strukturgen], S. 68) untersucht wird, um dies dann „um typische Interpretationen von Rollenträgern über ihren Aufgabenbereich zu ergänzen" (Oevermann 1981/2023 [Strukturgen], S. 68), sondern sogleich ein Protokoll eines vermutlich „typischen institutionenspezifischen Handungsablaufs herangezogen wird" (Oevermann 1981/2023 [Strukturgen], S. 68–69), dessen Analyse unter methodischen Gesichtspunkten im Fokus steht.

Als *bereits bestehende Erkenntnisse*, die zur Beantwortung dieser Fragen beitragen können, dürfen (A) vor allem die Beobachtungen und Beschreibungen gelten, die Erving Goffman festgehalten hat.[14] Dabei ist zunächst zu bestimmen, um was für eine Situation es sich überhaupt handelt, wenn zwei Angehörige der Gattung Mensch in einer Situation wechselseitig wahrnehmbarer Ko-Präsenz[15] sich befinden. Goffman bezeichnet eine solche Situation als „social situation",

---

[13] Die Formulierung Didi-Hubermans („J'ai [...] tenté de *voir* pour *mieux savoir*" – 2002-03/2003, S. 75; kursiv i. Orig.) spielt mit dem Gleichklang der der Verben; ‚savoir' hat aber eine andere Ethymologie als ‚voir' und bedeutet ein Wissen, das Verständnis umfasst (s. Robert 1973, S. 978).
[14] S. hierzu Goffman (1963/1966), (1964), (1971/1972).
[15] Anders als Erving Goffman gehen wir hier von wechselseitiger *Wahrnehmbar*keit aus; dass die Personen *tatsächlich spüren*, „that they are close enough to be perceived in whatever they are doing", ist nicht gefordert (Goffman hingegen zählt dies zur „full condition

die er bestimmt „as an environment of mutual monitoring possiblities anywhere within which an individual will find himself accessible to the naked senses of all others who are ‚present', and similarly find them accessible to him. According to this definition, a social situation arises whenever two or more individuals find themselves in one another's immediate presence, and it lasts until the next-to-last person leaves." (Goffman 1964, S. 135) Bei dieser Bestimmung ist anzumerken, dass die Bezeichnung ‚soziale Situation' nicht hinreichend genau ist,[16] müssen wir doch einerseits auch bei den nicht-humanen Gattungen von sozialen Situationen ausgehen,[17] und andererseits umfasst der Begriff der sozialen Situation auch Situationen ohne wechselseitig wahrnehmbare Ko-Präsenz, etwa, wenn der Empfänger eines Briefes diesen liest, was in der Regel ohne physische Anwesenheit des Senders geschieht.[18] In Situationen nun, in denen das Problem der wechselseitig wahrnehmbaren Ko-Präsenz[19] nicht durch Grüßen (vgl. Loer 2021 [Reziprozität], S. 6–31) oder vergleichbaren Austausch von Gaben[20] gelöst wird und auch nicht zu gewaltsamer Auseinandersetzung führt (vgl. Lévi-Strauss 1948,

---

of *copresence* [...]: persons must sense that they are close enough to be perceived in whatever they are doing, including their experiencing of others, and close enough to be perceived in this sensing of being perceived." – 1963/1966, S. 17; kursv i. Orig.). Wenn die Situation wechselseitig *wahrnehmbarer* Ko-Präsenz gegeben ist und die Personen es nicht tatsächlich spüren (was wir ja nur an ihrem Handeln ablesen können), so haben wir ein Erklärungsproblem; dieses würde eskamotiert, wenn wir das objektive Vorliegen der Situation von deren subjektiver Wahrnehmung abhängig machen würden – so wie es in der Wissenssoziologie in einem falschen Verständnis des sogenannten Thomas-Theorems geschieht (vgl. Loer 2006 [Streit], S. 367–370).

[16] Wenn Erving Goffman solche Situationen einer durch die betreffenden Personen selbst wahrnehmbaren Ko-Präsenz „gathering" nennt, so trifft zwar seine Bestimmung in etwa das, was hier gemeint ist: „any set of two or more individuals whose members include all and only those who are at the moment in one another's immediate presence" (1963/1966, S. 18), aber sowohl der Ausdruck ‚gathering', der etymologisch eine Vergemeinschaftung aufruft – dafür sei hier nur auf seine Verwandtschaft mit ‚Gatte' hingewiesen (https://www.etymonline.com/word/gather?ref=etymonline_crossreference#etymonline_v_1311; zuletzt angesehen am 19. Nov. 2019) –, als auch die Rede von ‚members of a set' sind zu voraussetzungsvoll. Sie gehen schon von einer etablierten kulturellen Regelung aus.

[17] Vgl. etwa die Situation der Begegnung zweier Hunde, die George Herbert Mead beschreibt, um seinen Begriff der Gestenkonversation einzuführen (1934/1983, S. 42 f.).

[18] Bei der Analyse des Selfies werden wir uns die Frage stellen müssen, ob Goffmans Bestimmung angesichts der Entwicklung der Kommunikationsmedien nicht erweitert werden muss (s. u.).

[19] Wie dieses Problem sich den Betroffenen stellen kann, zeigt anschaulich die Erzählung „Where to Look" von Cornelia Otis Skinner (1955).

[20] S. hierzu etwa die Situation in einem Restaurant in Südfrankreich, die Claude Lévi-Strauss instruktiv beschreibt (1949/2002, S. 69 f.).

S. 90–95), finden wir eine Verhaltensform, die, wie bereits zitiert, Goffman „civil inattention" (1963/1966, S. 83–88) nennt und folgendermaßen beschreibt: „What seems to be involved is that one gives to another enough visual notice to demonstrate that one appreciates that the other is present (and that one admits openly to having seen him), while at the next moment withdrawing one's attention from him, so as to express that he does not constitute a target of special curiosity or design." (Goffman 1963/1966, S. 84) Wenn wir uns aber Situationen vergegenwärtigen, in denen wir diejenigen, die mit uns wahrnehmbar ko-präsent sind, mit „ziviler Unaufmerksamkeit" bedenken, so erscheint die intentionalistisch gefärbte Beschreibung, die Goffman hier gibt, nicht angemessen. Wenn wir etwa über die Frankfurter Zeil gehen, so gehen wir dort oftmals an ko-präsenten Personen vorbei, die für uns ebenso wahrnehmbar sind wie wir für sie, ohne dass wir uns dessen bewusst sind. Die Frage stellt sich also, ob hier überhaupt sinnvoll von „ziviler Unaufmerksamkeit" gesprochen werden kann – selbst wenn wir, anders als Goffman, die Konstitutionstheorie der Objektiven Hermeneutik voraussetzen, die von regelgeleitetem Handeln auch dann spricht, wenn dieses Handeln nichtintentional erfolgt. Goffmans deskriptive Herangehensweise hilft also, den Blick zu schärfen, gibt aber keine Antwort auf unsere Forschungsfrage. – Was (B) die Frage angeht, ob und falls ja, welche „neue Art und Weise, mit der Welt in Verbindung zu treten" sich in der grassierenden Praxis des Anfertigens und Verbreitens von Selfies ausdrückt, so haben insbesondere die hier zitierten Autoren, Eva Oer und Christian Cohrs, aufschlussreiche Überlegungen angestellt und dabei auch die vielfältige Literatur berücksichtigt, die häufig kulturkritisch-skeptisch auf das Phänomen blickt und „eine Verbindung zwischen dem Aufkommen der Selfies und dem Untergang des Abendlandes [..]wittert" (2016, S. 12). Angesichts der Ausrichtung des vorliegenden Buches können wir nicht allen drei Forschungsinteressen hier gleichen Raum einräumen und auf alle Forschungsfragen in gleich ausführlicher Weise eingehen, weshalb wir uns hier v. a. auf die genannten Autoren stützen werden. – Das zuletzt Gesagte betrifft auch und besonders (C) die dritte Frage, und so können wir die hier überbordende Literatur, die u. E. keine wirklich befriedigenden Ergebnisse gezeitigt hat, nicht annähernd berücksichtigen und werden uns auf die auf unser Datenmaterial bezogene, bereits herangezogene Darstellung der entsprechenden Diskussion durch Georges Didi-Huberman stützen, der sie zum Teil selbst ausgelöst hat und der deren Moment ist. – Es ist allerdings hier festzuhalten, dass es bei der Berücksichtigung vorliegender Erkenntnisse nicht etwa um die exhaustive Darlegung des Stands der Forschung geht, um einen bloßen Überblick zu geben oder unsere Untersuchung zu legitimieren. Vielmehr geht es um Beiziehung von Erkenntnissen, die für die Beantwortung der Forschungsfrage hilfreich sein können; die Forschungsfrage ist also das Selektionskriterium für die heranzuziehende Literatur und weitere Kenntnisse.

Wir können nun folgende *vorläufige Fragestellungen* formulieren: (A.i) Handelt es sich beim als anonymes Aneinandervorbeigehen erscheinenden Verhalten von Angehörigen der Gattung Mensch, die sich in einer Situation wechselseitig wahrnehmbarer Ko-Präsenz befinden, um eine wechselseitige Bezugnahmen aufeinander – also um Reziprozität[21] –, und wenn ja: (A.ii) handelt es sich um so etwas wie „zivile Unaufmerksamkeit", und schließlich: (A.iii) in welcher Form und inwiefern trägt dieses Handeln zu Konstitution und Reproduktion der menschlichen Gesellschaft bei? – (B.i) Handelt es sich bei der Kommunikation via Selfies um einen eigenen Typus der Kommunikation und wenn ja, welchen? Und: (B.ii) Kommt darin ggf. eine besondere kulturelle Formation der Gegenwartsgesellschaft zum Ausdruck und welche? – Die Fragestellung bezüglich unseres dritten Photos hat – auch angesichts der Ausrichtung des vorliegenden Buches – einen eher methodischen Akzent: (C) Lässt sich anhand eines Photos eine Praxis erschließen, die „jedes existierende politische Denken, ja sogar alle Anthropologie" übersteigt (Didi-Huberman 2000-01/2007, S. 45)? Hintergrund ist der Status des Datenmaterials, der die Photos so bedeutsam macht: „The Sonderkommando photographs, however, are so important precisely because they are not recollections." (Stone 2001, S. 131) Denn die meisten Dokumente, die für entsprechende Analysen herangezogen werden, sind „retrospective reconstructions or responses" (Stone 2001, S. 131), stellen also eine „sprachliche Vergegenwärtigung eines abgelaufenen Geschehens" (Bergmann 1985, S. 305) dar, die „für den methodischen Zugriff auf die protokollierte Wirklichkeit gerade deswegen viel weniger geeignet [sind], weil sie in sich schon mehrfach gestuft diese Wirklichkeit umgeformt und in eine Wirklichkeit des Protokollierenden verwandelt haben." (Oevermann 2000 [Fallrek], S. 84).

In einem nächsten Schritt wären nun die für die Bearbeitung dieser Fragestellungen a prima vista *relevanten Dimensionen* des aus dieser Fragestellung

---

[21] Der Terminus ‚Reziprozität' wird in der Literatur sehr uneinheitlich gebraucht. So bestimmt in einer einflussreichen Weise Karl Polanyi bei seiner Unterscheidung von vier grundlegenden Formen wirtschaftlicher Integration Reziprozität als Austausch von Gaben – und nur dies (vgl. Polanyi 1944, S. 54 f. u. 270, mit Bezug auf Malinowski 1926/1962, S. 40 f.). Hier verwenden wir den Terminus ‚Reziprozität' hingegen für den Grundbegriff der Sozial- und Kulturwissenschaften (s. Loer 2021 [Reziprozität] und 2022 [Annahme]), der sowohl das fundamentale Aufeinander-bezogen-Sein von Angehörigen der Gattung Mensch in Situationen wechselseitig wahrnehmbarer Ko-Präsenz (strukturelle Reziprozität) als auch die kulturspezifischen Antworten auf dieses Handlungsproblem (kulturspezifische Formen inhaltlicher Reziprozität) umfasst. – Dies wird im Gang der Darstellung weiter erläutert werden; s. auch u. den entsprechenden Exkurs.

sich ergebenden *Forschungsgegenstands* zu bestimmen und auf deren Grundlage ein *dimensionaler Auswahlrahmen* zu entwerfen, mithilfe dessen mögliche Fälle von solchem hier im Fokus stehenden Handeln ausgewählt werden können. Hierbei empfiehlt es sich in Form einer *kontrastiven* – und idealiter *sequenziellen* – *Fallauswahl*, die Pole der relevanten Dimensionen mit Untersuchungsfällen zu belegen, um so den Raum der möglichen Typen abzudecken. Da im Zentrum dieses Artikels die Analyse von Photographien steht, seien diese Schritte hier nur abgekürzt angedeutet.

Unser *Forschungsgegenstand* im ersten Falle (A) ist die Praxis, die sich in und aus einer Situation wechselseitig wahrnehmbarer Ko-Präsenz ergibt, in der Angehörige der Gattung Mensch sich befinden. Dabei haben wir schon eine Einschränkung vorgenommen, denn wir wollen diejenigen Situationen wechselseitig wahrnehmbarer Ko-Präsenz untersuchen, die nicht durch Gruß oder Kampf (s. o.) aufgelöst werden – und zwar, weil diese besonderen Aufschluss über den Forschungsgegenstand im weiteren Sinne versprechen. – Der *Forschungsgegenstand* im zweiten Falle (B) ist eine spezifische Praxis der Selbstdarstellung. – Im dritten Falle (C) ist es schwieriger, den *Forschungsgegenstand* vorab zu bestimmen. Im weitesten Sinne könnte man ihn fassen als die Praxis der Vernichtung, die in den Konzentrationslagern des nationalsozialistischen Deutschlands sich vollzog, im engeren Sinne als eine Teilpraxis innerhalb dieser umfassenden Vernichtungspraxis, die die Besonderheit aufweist, dass die zu Ermordenden a prima vista aktives Moment dieser Praxis sind.

Für (A) den ersten Forschungsgegenstand lässt sich als erstes die Dimension der Anzahl (A.D1) als wichtig bestimmen, die durch die Pole (A.D1.1) *zwei* vs. (A.D1.2) *viele ko-präsente Individuen* bestimmt ist; sodann spielt die räumliche Dimension (A.D2) eine Rolle: ob es sich um (A.D2.1) einen *geschlossenen* (z. B.: Aufzug)[22] oder (A.D2.2) einen *offenen Raum* (z. B.: Straße, Platz)[23] handelt. Auch die Dimension privat/öffentlich (A.D3), also ob es sich um (A.D3.1) einen *privaten* oder um (A.D3.2) einen *öffentlichen Raum* handelt, ist sicher relevant; ebenso wie diejenige Dimension des Nutzungscharakters, den der betreffende Raum anbietet (A.D4), die zwischen den Polen (A.D4.1) eines Raums zum *Verweilen* (z. B.: Warteraum, kleiner Platz) und (A.D4.2) eines Raums nahegelegter *transitorischer* Nutzung (z. B.: Flur, Bürgersteig an einer Straße) aufgespannt ist. Wenn wir es bei diesen Dimensionen zunächst belassen – den dimensionalen Auswahlrahmen muss man natürlich im Prinzip im Laufe der Forschung modifizieren

---

[22] S. neben der Schilderung bei Skinner (1955, S. 29 f.) auch den – im Deskriptiven verbleibenden – Aufsatz von Stefan Hirschauer (1999).
[23] Vgl. hierzu die Ausführungen in Loer (2018) [Gedicht], S. 196 f., 212 ff.

und erweitern können – so können wir die Vermutung anstellen, dass ein Fall, der in allen vier bisher benannten Dimensionen am jeweils mit (2) bezeichneten Pol liegt, für die Beantwortung unserer Frage am meisten Aufschluss verspricht: Am ehesten kann man einander ignorieren, wenn *viele* Personen in einem *offenen* und *öffentlichen* Raum mit nahegelegter *transitorischer* Nutzung ko-präsent sind. Das heißt, dass ein solcher Fall am ehesten ein Verbleiben in der Anonymität und – wenn anders dies denn überhaupt möglich ist – ein Vermeiden[24] der wechselseitigen Bezugnahme erlaubt.

Einen solchen Fall zu erheben, ist aber gerade aufgrund der Fragestellung besonders schwierig. So würde eine Audioaufzeichnung von vornherein eine mögliche Bezugnahme nicht dokumentieren können, da diese kaum verbal erfolgen wird. Es bieten sich also einzig Erhebungen der visuell wahrnehmbaren Aspekte des Handelns an. Da zudem bei jeder offenen, gar verabredeten Erhebung der stets zu gewärtigende Beobachtereffekt (vgl. Adler und Adler 1994, S. 382, McKechnie 2008) hier geradezu provoziert würde, würde eine solche Erhebung das zu erhebende Handeln nicht lediglich umrahmen,[25] sondern vermutlich in seiner Struktur verändern. Insofern benötigen wir als Erhebungsinstrument die Video- oder die Photographie. In diesem Band wollen wir uns auf Letztere konzentrieren.

Für (B) den zweiten Forschungsgegenstand (durch die Fragestellung haben wir uns dabei ja bereits auf Selfies, also auf Photos als Datenmaterial festgelegt) lässt sich – wenn auch nicht als erstes – durchaus auch die Dimension der Anzahl (B.D1) als wichtig bestimmen, die durch die Pole (B.D1.1) *eine* vs. (B.D1.2) *mehrere Personen* bestimmt ist; sodann spielt die Dimension privat/öffentlich (B.D2) ebenfalls eine Rolle: ob es sich um (B.D2.1) einen *privaten* oder um (B.D2.2) einen *öffentlichen Raum* handelt, in dem die Selbstaufnahme

---

[24] Wir sehen hier bereits eine gewisse Schwierigkeit, das Problem überhaupt angemessen zu formulieren, denn von einer *Vermeidung* einer Bezugnahme kann man ja nur vor dem Hintergrund einer Wahrnehmung – und damit in einem gewissen Sinne eben doch einer Bezugnahme – sprechen. Selbst das Ignorieren des Anderen ist ja ein auf ihn Bezugnehmen, wie Paul Watzlawick bezüglich der Kommunikation gezeigt hat: Er formulierte dazu ein entsprechendes „metacommunicational axiom of the pragmatics of communication […]: *one cannot not communicate.*" (Watzlawick et al. 1967, S. 51; kursiv i. Orig.) Das genau macht die Absurdität des Versuchs aus, sich auf den „bekannten Wiener Standpunkt [zu] stellen […]: ‚Gar ned ignorieren!'" (Kraus 1911, S. 12). – Wir werden sehen, dass die Regel, die Watzlawick negativ formuliert und als „Axiom" bezeichnet, durchaus positiv formuliert und auch abgeleitet werden kann.

[25] Dies wäre für die Methode der Objektiven Hermeneutik kein Problem, erlaubt sie es doch grundsätzlich, jede Reaktivität methodisch zu bewältigen, da sie vor jeder Fallanalyse des Datenmaterials die Pragmatische Rahmung analysiert (s. dazu u.).

gemacht wurde; ebenso ist dann relevant, (B.D3) wofür das angefertigten Photo verwendet wird; ziehen wird hier die oben erwähnten ‚Zwecke und Funktionszusammenhängen' heran, für die Protokolle ediert werden, so können wir den einen Pol dieser Dimension (B.D3.1) kennzeichnen als Anfertigung „als Ausdruck um seiner selbst willen" für das Selbstverständnis und seine Überprüfung[26] und den andere Pol dieser Dimension (B.D3.2) als Anfertigung „zur Archivierung wichtiger Ereignisse und Personen für künftige Generationen" oder auch „zur Unterhaltung und zum ästhetischen Genuß" für andere (die Zitate: Oevermann 1997 [werkimmanent], S. 15). Auch hier wollen wir es bei diesen Dimensionen zunächst belassen. Wir werden hier einen Fall auswählen, der a prima vista in allen drei bisher benannten Dimensionen am jeweils mit (2) bezeichneten Pol liegt; allerdings wäre eine Kontrastierung mit anderen Fällen, die wir hier, wo es vorrangig um die methodische Seite der Analyse geht, nicht vornehmen können, sehr angeraten.

An Datenmaterial für kontrastierende Fälle zu gelangen, ist nicht besonders schwierig, da entsprechende Photos aufgrund der Ansiedlung am Pol 2 der Dimension B.D3 meist öffentlich zugänglich sein (für Photos am Pol B.D3.1 wäre zu überlegen, wie sie gewonnen werden können).

Für (C) den dritten Forschungsgegenstand, die Praxis der Vernichtung, ein Protokoll zu finden, ist ein große Herausforderung. Angesichts der Tatsache „dass unsere Sprache keine Worte hat, diese Schmach zu äußern, dies Vernichten eines Menschen" (Levi 1947/2020: min. 44:23–31),[27] erscheinen Beschreibungen, die wir Berichten von überlebenden Opfern oder Aussagen von Tätern entnehmen können, wenig geeignet. Auch hier haben wir deshalb im Vorfeld bereits Photos als Datenmaterial ausgewählt. Die Bestimmung der Dimensionen, die hier eine Rolle spielen könnten, fällt uns sehr schwer und scheint an Zynismus zu grenzen. Aber auch hier, angesichts des Grauens, ist es die Aufgabe des Wissenschaftlers, die Welt mit einem „entfernten Blick" (Lévi-Strauss 1983) zu betrachtet, um an ihr neue Erkenntnisse gewinnen zu können. Da es neutrale Beobachter bei den

---

[26] Dies entspräche etwa der Habitusformation des Dandys, wie Baudelaire sie bestimmte: „Le Dandy doit aspirer à être sublime sans interruption; il doit vivre et dormir devant un miroir." (Baudelaire 1887/1975, S. 678) – Die genau gegenteilige Haltung findet sich in einer Erzählung von J. D. Salinger bei dem Titelprotagonisten Zooey, der, während er sich rasiert, „looked directly into his own eyes, as though his eyes were neutral territory, a no man's land in a private war against narcissism he had been fighting [...]. Nonetheless, a few minutes earlier, when he had combed his hair, he had done so with the very minimum amount of help from the mirror. And before that he had managed to dry himself in front of a full-length mirror without so much as glancing into it." (1957/1972, S. 92).

[27] „Allora per la prima volta ci siamo accorti che la nostra lingua manca di parole per esprimere questa offesa, la demolizione di un uomo." (Levi 1947/o. J., S. 41 f.)

Verbrechen nicht geben kann, ist als erstes die Dimension des Urhebers (C.D1) relevant: ob es sich (C.D1.1) um einen Täter oder (C.D1.2) um ein Opfer handelt.[28] Des Weiteren wäre sicherlich die Dimension der Offensichtlichkeit (C.D2) aufschlussreich, also, ob es sich bei dem Photographierten (C.D2.1) um einen offensichtlichen Akt der Vernichtung handelt oder (C.D2.2) um eine Handlung im Umfeld der Tötung, die diese selbst möglicherweise verbirgt. Schließlich wäre noch wie bei B wichtig zu unterscheiden, (C.D3) wofür das angefertigten Photo verwendet wird, ob es also (C.D3.1) offiziell „zur Archivierung [...] für künftige Generationen" angefertigt wurde oder (C.D3.2) verborgen zur Dokumentation des Grauens. Wir haben hier einen Fall auswählen, bei dem, wie wir sehen werden, die Zuordnung in den Dimensionen C.D1 und C.D2 nicht so ohne Weiteres möglich ist und der in der Dimension C.D3 am mit (2) bezeichneten Pol liegt. – Es liegt auf der Hand, dass es sich bei dem Photo um vorliegendes Datenmaterial handelt.

Photographien stellen bekanntermaßen einen weit verbreiteten Datentypus dar. Wie bei allen Protokollen unterscheiden wir auch hier die protokollierende von der protokollierten Praxis. Erstere, der *Photograph,* kann einerseits ein Laie, ein professioneller Photograph oder auch ein Photographiekünstler sein, andererseits kann ein Forscher die Photographie als Erhebungsinstrument nutzen. Letztere, die *photographierte Praxis,* kann jede visuell wahrnehmbare Praxis sein.

Gemäß der Unterscheidung von photographierender und photographierter Praxis können wir verschieden Verwendungsweisen dieses Datentypus festhalten. Einerseits kann uns die *photographierte Praxis* interessieren – wenn wir etwa eine Untersuchung über traditionelle Feiern in dörflichem Kontext machen, unser Gegenstand also eine dörfliche Gemeinschaft ist, so können alle Photos, die von dieser Feier gemacht wurden, als Datengrundlage dienen, gleich ob die Photographen Laien, professionelle Photographen, Künstler oder Ethnographen des Alltags[29] sind.

Andererseits kann uns die *photographierende Praxis* interessieren – wenn wir etwa die Ausbreitung des Mediums der Photographie angesichts der technischen Entwicklung und Verbreitung der Multifunktionsgeräte, die ein einfach zu handhabendes und nahezu kostenneutrales Photographieren ermöglichen, untersuchen wollen (dies kann etwa bei der Analyse von Selfies eine Rolle spielen) oder wenn die zu untersuchende photographierte Praxis zugleich die photographierende Praxis ist (wie es bei dem oben angeführten Beispiel des Fests ja oftmals der Fall

---

[28] Dieser Aspekt wird bei der vorgängigen Analyse der Pragmatischen Rahmung eine Rolle spielen (s. u.).

[29] Vgl. den Titel einer von Brigitta Schmidt-Lauber (Wien) herausgegebenen Buchreihe.

ist); oder wenn wir – z. B. im Hinblick auf professionalisierungstheoretische Fragen – den Beruf des Photographen untersuchen; schließlich kann uns ein Photograph als dieser spezifische Künstler oder generell Photographie als Kunstform interessieren.

Insbesondere eignen Photographien sich natürlich für Fragestellungen, in denen die sichtbare Gestalt der Praxis eine besondere Rolle spielt – etwa, wenn es um die Spannung zwischen modischer Erscheinung und religiöser Vorschrift geht, wie sie sich in muslimischen Ländern im Umgang mit dem Verhüllungsgebot zeigt (vgl. Hassanzadeh 2015); wenn Räumlichkeiten als Ausdrucksgestalt einer Praxis untersucht werden sollen; oder, wenn die zu untersuchende Praxis so flüchtig ist, dass sie anders kaum protokolliert werden kann – zum Beispiel wenn es, wie in der ersten hier bearbeiteten Fragestellung, um Mimik oder Gestik geht, insbesondere um solche, die der Handelnde eher „ausschwitzt"[30] als kontrolliert gestaltet.

Feldzugang

Da wir nun wissen, welche Dimensionen unseres Forschungsfeldes wir im ersten Schritt abdecken möchten und dass wir relevante Daten mittels eines zu diesen Forschungszwecken angefertigten bzw. herangezogenen Photos erheben möchten, so ergibt sich als nächstes die Frage, wie wir Zugang zu der zu untersuchenden Praxis[31] erlangen. Bei (A) dem Thema der ‚zivilen Unaufmerksamkeit' wäre es a prima vista relativ einfach, könnten wir doch Photographien von öffentlichen Räumen anfertigen. Die forschungspraktischen und -ethischen Erfordernisse wie etwa die Einhaltung des Prinzips der informierten Einwilligung bzw. das nachträgliche Einholen als andere Möglichkeit der informierten Einwilligung[32]

---

[30] Erving Goffman verwendet in diesem Zusammenhang treffend das Verb ‚to exude' (1963/1966, S. 14 f.), was etymologisch auf ‚suadare = schwitzen' zurückgeht.
[31] Da der Terminus ‚Proband' fachsprachlich v. a. als Versuchs- o. Testperson verwendet wird, obwohl er ja schlicht ‚der zu Untersuchende' bedeutet (vgl. Duden 2001 [UWB]: Lemma ‚Proband'), nutzen wir ihn hier nicht.
[32] S. die entsprechende Passage im Ethik-Kodex der Deutschen Gesellschaft für Soziologie: „Nicht immer kann das Prinzip der informierten Einwilligung in die Praxis umgesetzt werden, z. B. wenn durch eine umfassende Vorabinformation die Forschungsergebnisse in nicht vertretbarer Weise verzerrt würden. In solchen Fällen muss versucht werden, andere Möglichkeiten der informierten Einwilligung zu nutzen." (https://soziologie.de/dgs/ethik/ethikkodex; zuletzt angesehen am 18. Jan. 2022).

wären nur schwer einzuhalten, weshalb es sich empfiehlt, auf bereits vorliegendes Datenmaterial zurückzugreifen. – Bei (B) dem Thema der Selbstdarstellung wäre, da es ja um die Praxis der Selbstdarstellung geht, ein erhobenes Protokoll ebenfalls nicht opportun, würden wir ja dadurch die Praxis initiieren und hätten so eine Ausdrucksgestalt einer veranstalteten statt einer ‚naturwüchsigen Wirklichkeit' (Oevermann 2000 [Fallrek], S. 87) vorliegen. – Beim (C) letzten Thema, wo es um einen historischen Gegenstand geht, liegt es, wie gesagt, auf der Hand, dass wir auf ein überliefertes Protokoll zurückgreifen.

Datenerhebung

Alle drei Photos, die wir hier analysieren, haben wir nicht selbst erhoben, sondern aus Katalogen, publizistischen Publikationen oder Archiven entnommen. Gleichwohl seien einige allgemeine Bemerkungen zur Frage der Datenerhebung eingeschoben.

Die „Verfahren der Datenerhebung" lassen sich „nach dem sozialen Arrangement, das sich mit ihnen verbindet, und den Techniken der Protokollierung (einschließlich der Notation) unterscheiden" (Oevermann 2004 [Objektivität], S. 334).

Bei der Erhebung eines Photo-Protokolls ist, wie bei jeder Datenerhebung, die *technische Qualität* sehr wichtig. Insbesondere ist darauf zu achten, dass die Ausleuchtung gut und die Kameraführung (ggf. durch ein Stativ unterstützt) sicher ist. Technik zu verwenden, die eine digitale Verfügbarkeit des Materials erlaubt, vereinfacht die spätere Verwendung in Analyse und Darstellung.

Das *soziale Arrangement der Erhebung* ist nicht minder wichtig: Es muss einerseits das Interesse an der ausgewählten Praxis als dieser besonderen deutlich werden, andererseits zugleich die Neutralität gegenüber dem Forschungsthema und die Anonymität der zu untersuchenden Praxis glaubwürdig vermittelt werden. Der Forscher handelt also in glaubwürdig bekundetem Interesse an dem, was er von der zu untersuchenden Praxis zu erfahren vermutet, dies aber rollenförmig und nicht als ganze Person. Dies bedeutet auch, dass unabhängig von der realen eigenen Einstellung des Forschers in der Interaktion mit der zu untersuchenden Praxis ein freundliches Interesse an deren Einstellung deutlich vermittelt werden muss; zugleich muss die Legitimität der Ansprache und Forschung durch Erläuterung der Forschungseinbettung deutlich werden. Dies Letztere bedeutet nicht, der zu untersuchenden Praxis die eigene Forschungsfrage plausibel zu machen und sie – was einen typischen Anfängerfehler darstellt – gewissermaßen als Forscherkollegen zu behandeln. Vielmehr geht es hier um die Einbettung der Forschung in die Bemühungen um wissenschaftliche Erkenntnisgewinnung; am einfachsten ist dies, wenn der Forscher sich als Mitglied einer Forschungseinrichtung zu erkennen geben kann. Zur Neutralität und Anonymität gehört des Weiteren, dass Forscher und Forschungssubjekt nicht persönlich miteinander bekannt sind, da nur so sichtbar gewährleistet ist, dass aus den Erkenntnissen keine praktischen Folgen für das Forschungssubjekt entstehen. Auch hier findet sich häufig ein Anfängerfehler: dass man – sei es aus Bequemlichkeit, sei es um einen besseren Rapport zum Gesprächspartner zu haben – Bekannte, gar Freunde und Verwandte darum bittet, ihre Praxis beforschen zu dürfen. Dies wird in vielen Methodeneinführungen nicht problematisiert, führt aber zu erheblichen Verwerfungen – auch in der Erhebung, wird doch häufig dann nur zum Zwecke der Aufzeichnung etwas vorgeführt, was der Forscher bereits kennt, womit die aufgezeichnete Praxis eine zu Unergiebigkeit führende Künstlichkeit erhält.

Für die Erhebung nun muss man sich die *Handlungsprobleme,* mit denen die zu beforschende Praxis im Hinblick auf die Fragestellung konfrontiert ist, vorab klarmachen. Handeln ist Problemlösen und in der Betrachtung der Probleme, die man in seinem Handeln löst, in der Art und Weise, in der man es tut, bringen sich in ihrer Systematik Deutungsmuster und Habitus zum Ausdruck, welche wir ggf. erforschen wollen. Insofern ist es aufschlussreich, Handlungen zu erheben, die eine Auseinandersetzung mit für die Forschungsfrage relevanten Handlungsproblemen darstellen. Wenn es gelingt, eine möglichst naturwüchsige und nicht (zu Erhebungszwecken) veranstaltete Praxis zu protokollieren, ist die Deutlichkeit, mit der die verkörperte Haltung zum Ausdruck kommt, sehr viel höher als eben bei einer veranstalteten Praxis, wo inszenierte (Selst-) Deutungen im Vordergrund stehen.

Datenaufbereitung

Für die Analyse hat eine Photographie – im Gegensatz etwa zu Audioaufzeichnungen – den Vorteil, dass sie als Photographie bleibend präsent und verfügbar ist. Bei analoger Photographie muss das auf einem lichtempfindlichen Träger erzeugte Bild zunächst in ein dauerhaftes Lichtbild transformiert werden; Photos, die uns in digitalisierter Form bereits vorliegen, müssen in der Regel nicht weiter aufbereitet werden. Das dauerhafte Lichtbild selbst bedarf aber darüber hinaus keiner Notation, die das Sichtbare erst für die Analyse verfügbar machte. Davon unbenommen ist die Tatsache, dass jede methodische Analyse, die ja auf begriffliche Erkenntnis zielt, sprachlich verfährt und die sichtbaren Phänomene dabei auch benennen muss (s. folgenden Exkurs). Bei der Analyse ist natürlich zu berücksichtigen, dass u. U. erforderliche Veränderungen der Größe, die auf jeden Fall proportional erfolgen müssen, die Wahrnehmbarkeit von Details verändern und je nach Auflösung deren Erkennbarkeit beeinträchtigen können; dies ist aber, da ja in der Regel das Original konsultiert werden kann, kontrollierbar. Wenn wir allerdings die Photographie als Photographie analysieren wollten, so wäre zu berücksichtigen, ob es sich um eine in der Größe veränderte Reproduktion handelt, auch wenn die Proportionen erhalten bleiben. Zudem wäre man dann gut beraten, die Reproduktion bezüglich ihrer Farbwerte am Original auf Zuverlässigkeit zu prüfen, da „im Falle farblicher Reproduktion notgedrungen farbliche Abweichungen vom Original in Kauf genommen werden müssen." (Becker 2011, S. 39; vgl. hierzu des Näheren Loer i. Vorber. [OHWP Gemälde]) Auch bei der Darstellung der Analyse ist zu beachten und wenn eben möglich darauf zu bestehen, dass die Abbildungen in einer angemessenen Größe, Qualität und farblich getreu wiedergegeben werden.

Exkurs zur Frage von Sichtbarkeit, Notation und Beschreibung
Die oben vertretene Position, dass Photos (und visuelle Daten generell) keiner Notation bedürfen, ist – auch unter Vertretern der Objektiven Hermeneutik[33] – nicht unumstritten; u. E. liegt dies daran, dass nicht immer klar zwischen (a) der *Notwendigkeit, Wahrnehmungsurteile zu explizieren und auf den Begriff zu bringen*, (b) einer *Beschreibung* und (c) einer *Notation* unterschieden wird.

Ad a) Zunächst gilt es zu bestimmen, was ein *Wahrnehmungsurteil* ist. Die „Wahrnehmung oder das Wahrnehmen [ist] zunächst einmal immer nur ein Teil, eine Komponente oder besser: eine Phase" des Handelns (Oevermann 1996 [Krise&Muße], S. 1). D. h. ausgehend von der Wahrnehmung reagieren wir praktisch auf das Wahrgenommene – auch wenn dieses praktische Reagieren sich nur als ein latent bleibendes, inneres Handeln, als eine Imagination vollzieht. Wenn etwa ein auf der Straße liegednes zerknülltes Papier in den Fokus unserer Aufmerksamkeit[34] tritt, so zwingt sich uns die Wahrnehmung seiner Qualitäten auf, mit Peirce (1903/1973, S. 146–155) können wir sagen: es zwingt sich uns das Perzept seiner Qualitäten – etwa Farbe, Form, Härte, räumliche Lage – auf, und wir bilden ein Wahrnehmungsurteil, das „icons" als Prädikate hat; in diesen „icons" werden die Qualitäten unmittelbar präsentiert (Peirce 1903/1973, S. 152). Auf der Grundlage der Wahrnehmungsurteile als einer Phase des Handelns imaginieren wir nun ein mögliches Aufheben dieses Papiers, ein mögliches Wegschießen des Papiers oder wir imaginieren – vor dem Hintergrund des möglichen Aufhebens – ein mögliches Liegenlassen desselben. In diese Imagination geht einerseits das Wahrnehmungsurteil als eine Prämisse (Peirce 1903/1973, S. 152) ein, die die sinnliche Wahrnehmung des Papiers in seiner Farbe,[35] seiner Form, seiner Härte und seiner räumlichen Lage enthält, und andererseits unsere Antwort auf diese uns begegnenden Qualitäten, die deren praktische synthetisierende Prädikation darstellt und wie alle Prädikationen hypothetisch ist.[36] Ein Wahrnehmungsurteil kann man dann wie folgt beschreiben: „Vom unmittelbaren Sinneseindruck und der parallel dazu laufenden Empfindung wird das Überdauernde, Musterhafte, also die Struktur abgehoben und [...] fixiert" (Oevermann 1996 [Krise&Muße], S. 3) – und zwar als sich aufzwingende Hypothese, die als Prämisse in die Antwort auf die Begegnung mit diesen in das Aufmerksamkeitsbewusstsein tretenden sinnlichen Eindrücken eingeht, die im praktischen Normalfall[37] „ein schon je vorgegebenes Wissen oder Schema aktivieren und neu beleben." (Oevermann 1996 [Krise&Muße], S. 4) Diese urteilende Prädizierung der Eindrücke und ihre Synthesis geschieht also zunächst nicht sprachlich;[38] wenn wir oben die konkreten Antwortmöglichkeiten formuliert haben, stellt dies schon eine sprachliche Explikation des Wahrnehmungsurteils und der (imaginierten) praktischen Antwort auf die Wahrnehmung dar, was sprachlich formuliert wie folgt lauten könnte: „Dort liegt ein zerknülltes blaues Papier auf dem Gehweg." Wenn wir nun auf einem Photo einen Geheweg sehen, auf dem ein zerknülltes blaues Papier liegt, und zudem Personen, die an diesem Papier vorbeigehen, ohne es eines Blickes zu würdigen, so nehmen wir vor dem Hintergrund des oben Explizierten wahr, dass das Papier der Aufmerksamkeit der genannten Personen entgeht, oder aber, dass sie einer Regel folgen, die sie von der Besorgung des öffentlichen Raums entlastet (etwa, weil sie in der Zuständigkeit einer öffentlichen Straßenreinigung liegt). In diese Formulierung ginge nun bereits die Explikation des entsprechenden Wahrnehmungsurteils ein, die wir in der Analyse des Photos (s. u., Fallanalyse A) zur Grundlage einer Deutung machen – etwa: „Für die abgebildeten Personen ist die Umgebung offensichtlich ein vertrauter Hintergrund routinierten Handelns, was sich (u. a.) daran zeigt, dass sie einem auf dem Boden liegenden zerknüllten Papier keine Aufmerksamkeit schenken." Da wir uns bei der Analyse jederzeit auf das sichtbare Photo beziehen können, können wir anhand dessen auch die Wahrnehmungsurteile, die als sprachlich formulierte in die

Bedeutungsrekonstruktion eingehen, im Falle ihrer Strittigkeit jederzeit am Sichtbaren überprüfen. Wir müssen also nicht in einem gesonderten Schritt vor der Analyse unsere Wahrnehmungsurteile versprachlichen.[39]

Ad b) Eine vorgängige *Beschreibung* des Sichtbaren kann forschungspragmatisch hilfreich sein – etwa um bei der Analyse von Kinderzeichnungen „Darstellungsentscheide zu fokussieren und sie damit zugleich auf Distanz zu bringen" (Scheid und Ritter 2014, S. 185). Wenn aber behauptet wird, es sei erforderlich, mit „dieser vorweg gegebenen Deskription [...] sozusagen das Bild aus seiner sinnlichen Präsenz zu heben und es als Gegenstand soziologischer Analyse zu etablieren" (Scheid und Ritter 2014, S. 185) und es könne so erst „einer wissenschaftlichen Operation zugänglich" gemacht werden (Scheid und Ritter 2014, S. 186), so ist dem zu widersprechen,[40] da wir uns angesichts der Präsenz des Sichtbaren in der Analyse auf dieses, wie oben dargestellt, mittels unserer Wahrnehmungsurteile beziehen, die wir daran auch jederzeit kontrollieren können. Eine der Analyse vorgängige Beschreibung ist also methodisch nicht erforderlich, ja sie wäre von der Analyse auch nicht zu trennen, da jede Beschreibung selektiv verfahren muss[41] und folglich Deutungen vornimmt, die expliziert werden müssen.[42]

Ad c) Ulrich Oevermann unterscheidet nun nochmals und hält zwar nicht Beschreibungen,[43] dafür aber *Notationen* für erforderlich: „Notationen sind nicht Beschreibungen, sondern 1 zu 1 Übertragungen. Im Unterschied zu Beschreibungen sollen sie der Interpretation möglichst wenig Spielraum lassen." (Oevermann 2009 [Arbeitsbündnis], S. 135) Was aber genau „1 zu 1 Übertragungen" eines Bildes sein könnten bleibt fraglich;[44] zudem wird am Superlativ im zweiten Satz deutlich, dass auch hier die Unterscheidung von Datum der Analyse (die „1 zu 1 Übertragungen") und dieser selbst („Interpretation") zumindest klärungsbedürftig bleibt.[45]

Die Diskussion um Notation und Beschreibung von Bildern scheint auf eine unbestrittene Schwierigkeit zu antworten: auf die Schwierigkeit, angesichts der Fülle des Sichtbaren eines Bildes – insbesondere eines Gemäldes oder einer Zeichnung – das methodische Totalitätsprinzip[46] angemessen zur Geltung zu bringen. Insofern könnte man sagen, dass die vorgängige Anfertigung von Notationen eines Bildes als „1 zu 1 Übertragungen" (Oevermann 2009 [Arbeitsbündnis], S. 135) oder auch die vorgängige Anfertigung einer „extensive[n] Deskription der Bildelemente" (Scheid und Ritter 2014, S. 183) als eine Maxime der *Kunstlehre* gelten kann, die hilft, im Prozess der

Analyse dem Totalitätsprinzip gerecht zu werden. *Methodisch* sind allerdings eine *Notation* nicht möglich und eine *Beschreibung nicht erforderlich*, da man am als Datenmaterial integral und dauerhaft vorliegenden Bild ja jederzeit überprüfen kann, ob alle Details berücksichtigt wurden.

---

[33] Zu einer Diskussion entsprechender Ausführungen von Claudia Scheid, Bertram Ritter und Boris Zizek s. Loer 2023 [Gemälde].

[34] „Ein X nämlich, das ins Aufmerksamkeitsbewußtsein getreten und insofern für einen erkennenden Geist präsent, aber noch unbestimmt und deshalb krisenhaft ist, kann als solches nicht einfach wieder zum Verschwinden gebracht werden, sondern muß bestimmt werden. […] Krisenhaft ist also das X auch dadurch, das es nicht rückgängig gemacht werden kann, sondern zu seiner Bestimmung drängt. Ähnlich wie man sich nicht nicht entscheiden kann, kann man auf ein X auch nicht nicht reagieren." (Oevermann 2000 [Farbe], S. 431 – s. die oben zitierte notorische Formulierung von Paul Watzlawick).

[35] Dass der „erkennende Geist […] sich die über die Wahrnehmungsorganisation auf ihn einwirkende erfahrbare Welt zunächst ähnlich wie die subhumanen Gattungen, nur differenzierter und komplexer, über die unbewußt verlaufende neuronale Prädizierung" erschließt, wie Ulrich Oevermann bzgl. der Farbe formuliert (Oevermann 2000 [Farbe], S. 440), ist u. E. eine uneigentliche Redeweise – was Oevermann einige Zeilen später auch dadurch indiziert, dass er von „neuronaler Kodierung beziehungsweise ‚Prädizierung'" (Oevermann 2000 [Farbe], S. 440) spricht. Gleichwohl bleibt die Stelle in dieser Hinsicht ambigue. Eine „Unbestimmtheitskrise" (Oevermann 2000 [Farbe], S. 440) wird nämlich erst dann ausgelöst, wenn für die neuronal kodierte Farbwahrnehmung und das sich aufzwingende Perzept (dass dies letztere auch nicht auf ersteres reduziert werden kann, wie es hier bei Oevermann anklingt, kann hier nicht ausgeführt werden – vgl. dazu Loer i. Vorber. [Facetten1]) eine biogrammtisch vorgegebene Reaktion ausbleibt, was beim Menschen aufgrund der „Instinktreduktion" (Gehlen 1956/1986, S. 21, passim; s. dazu Loer 2021 [Reziprozität], S. 146–152) der Fall ist. Diese „Unbestimmtheitskrise" wird dann mit der hier im Text als praktische Prädikation bezeichneten Antwort gelöst.

[36] Den hypothetischen Charakter aller Prädikation zu berücksichtigen, heißt nicht, „die Realität des Begriffsinhalts, auf den die Prädikate als Wortzeichen verweisen[, zu leugnen]. Sie ist als ein Begriffsallgemeines, bezogen auf die im Hier und Jetzt unmittelbar gegebene Wirklichkeit, eine hypothetische, konstruierte Welt, die sich jedoch in der Erfahrungssättigung durch die Xe der Wirklichkeit, die sie erst bestimmt, als Realität erweist." (Oevermann 2001 [Peirce], S. 221) Wenn wir also etwa die Handlung des Aufhebens erfolgreich vollziehen, so erweist sich die aus der Prämisse unseres Wahrnehmungsurteils und unserer synthetisierenden Antwort darauf entworfene hypothetische Welt als real; wenn wir aber das Papier nicht aufheben können, etwa, weil es sich um einen einen harten, scharfkantigen und schweren Stein handelt, so scheitert unsere Hypothese, wir geraten in eine Wahrnehmungskrise und müssen angesichts der neuen sich aufdrängenden Qualitäten unser Wahrnehmungsurteil revidieren.

Datenauswertung

Pragmatische Rahmung und Fallbestimmung

Bevor die Daten, welche auch immer, analysiert werden können, ist zu bestimmen, in welchem pragmatischen Rahmen sie erhoben wurden. Dieser Rahmen hat – ob gewollt oder ungewollt, ob bewusst oder unbewusst – Einfluss auf das

---

[37] „Davon ist ein Handeln scharf abzutrennen, das in nichts als Wahrnehmen besteht, dessen Zielgerichtetheit sich in der Wahrnehmung von etwas schon erschöpft." (Oevermann 1996 [Krise&Muße], S. 1) In diesem praktischen Grenzfall der „bloßen Wahrnehmung [...] lassen wir ein gegenüberstehendes Anderes, eine Welt ganz auf uns wirken, nehmen wir sie neugierig ganz in uns auf, schmiegen wir uns dem anderen ganz an, öffnen wir uns für Neues, für bis dahin Undenkbares, Unvorstellbares, selbst dann, wenn es sich um ganz vertraute Gegenstände handelt." (Oevermann 1996 [Krise&Muße], S. 2).

[38] Unbenommen ist – was hier nicht weiter behandelt werden kann –, dass Handeln als regelgeleitetes Verhalten ein Regelbewusstsein und damit Sprache überhaupt voraussetzt (s. Oevermann 1986 [Kontroversen], S. 45–48).

[39] Ihrer Überprüfung geht die Analyse natürlich voraus – und damit auch die in sie eingehende sprachliche Formulierung der Wahrnehmungsurteile.

[40] Hierbei unterstellen wir, wie oben (S. 7) festgehalten, dass „eine konsequent hermeneutische Behandlung des Textes als primäres Datenmaterial [...] die Explikation einer [...] Untersuchungsfrage voraus[setzt]" (Oevermann et al. 1980 [Logik Interpretation], S. 16). Fehlt eine solche, so fehlt auch ein Selektionskriterium für die zu betrachtenden Aspekte des Bildes und eine Beschreibung erscheint zur Orientierung im Bild unabdingbar.

[41] „Für eine vollständige, erschöpfende Beschreibung eines Einzelgegenstandes läßt sich kein Kriterium angeben, die Anzahl der beschreibaren Aspekte ist im Prinzip infinit." (Oevermann 1998 [Abduktion2], S. 44).

[42] Claudia Scheid und Bertram Ritter halten deshalb auch fest, dass „die Deskription von bildlichen Daten ein Moment der Interpretation ist" (Scheid und Ritter 2014, S. 186).

[43] Scheid und Ritter beziehen sich trotz dieser Unterscheidung bei ihrer Verteidigung von Beschreibungen auf diese Stelle.

[44] An anderer Stelle hielt Oevermann außerdem fest: „Du coup le problème de la description disparait: une description ne pourrait être que la paraphrase d'un texte, dont on ne voit pas la nécessité." (1984/1985 [décrire], S. 15; „Ein Problem der Beschreibung entfällt dann, weil eine Beschreibung nur in einer Paraphrase eines Textes bestehen könnte, von der jedoch nicht zu sehen ist, wozu sie benötigt wird." – 1984 [description], S. 3 f.)

[45] Peter Münte hielt in einer E-Mail an den Autor zu Recht fest, dass eine „Notation [...] ‚Zeichen' für etwas Diskretes voraus[setzt]: Töne, Laute, Worte ... Es erfolgt dann eine Übertragung des Notierten in die Notation." (8. Mai 2022).

[46] Dieses methodische Prinzip ist der „Grundsatz, für jedes im Protokoll enthaltene Element des Textes eine Motivierung zu explizieren, Textelemente nie als Produkte des Zufalls anzusehen." (Oevermann et al. 1979 [Methodologie], S. 394 – s. u., Glossar).

Handeln, das er rahmt und das sich in den Daten ausdrückt. Die Vorstellung, man könne Daten sammeln, die durch die Erhebung unbeeinflusst bleiben, ist illusionär; sie erinnert ein wenig an das vergebliche Bemühen, den weißen Hirsch zu erjagen (vgl. Uhland 1815/2002). Insofern ist, wie oben bereits dargelegt, die Protokollierung, meist als Protokollierungshandlung,[47] immer Teil der Pragmatischen Rahmung des Protokolls. Zwar kann man gedankenexperimentell den „complete observer"[48] entwerfen: „The complete observer role is illustrated by systematic eavesdropping" (Gold 1958, S. 222), aber diese Situation ist eine Ausnahme von der Normalsituation;[49] bei dem ersten Photo, das wir analysieren, liegt allerdings, wie wir sehen werden, eine solche Ausnahme vor; beim dritten ist die Situation im Hinblick auf das Photographierte ähnlich, zugleich aber komplizierter, wie wir sehen werden. Sicherlich ist es hilfreich, den Effekt der Erhebung auf die Handlung und das von ihr anzufertigenden Protokoll zu minimieren (vgl. Adler und Adler 1994, S. 382) und auch eine vorgängige Reflexion auf das eigene Auftreten (vgl. Fontana und Frey 1994, S. 367), die Geschlechterbeziehung (Fontana und Frey 1994, S. 369 f.), Statusrelation etc. ist, wenn der Forscher selbst in Erscheinung tritt, grundsätzlich durchaus empfehlenswert; entscheidend ist es aber, die *Pragmatische Rahmung* und damit die Effekte, die sie auf die zu protokollierende Handlung haben kann, *vor der Analyse zu explizieren* und *in der Analyse zu berücksichtigen*.[50] Dabei ist der objektive Einfluss zu explizieren, denn auch wenn sich im Handeln dieser Einfluss nicht zeigt oder wenn die Pragmatische Rahmung durch die Handelnden umgedeutet wird, ist dies eine jeweils zu erklärende Antwort auf die Rahmung. – Insofern stellt sich für uns die Frage, was für eine Pragmatische Rahmung die Handlung des Photographierens generell bzw. in

---

[47] Manchmal handelt es sich um ein Protokollierungsereignis (s. o.).

[48] Vgl. die von Raymond L. Gold diskutierten vier Forscherrollen: „These range from the complete participant at one extreme to the complete observer at the other. Between these, but nearer the former, is the participant-as-observer; nearer the latter is the observer-as-participant." (1958, S. 217).

[49] „Es ist heute die allgemein akzeptierte Meinung, daß die Gegenwart des Anthropologen" – oder eben generell des Sozialforschers – „einen mehr oder weniger störenden Faktor darstellt, der die existierende Situation modifiziert." (Chiozzi 1984, S. 506) Diese „Meinung" stellt eine begründete Annahme dar.

[50] Dass die *vorgängige* Analyse der Pragmatischen Rahmung sinnvoll ist, kann der Leser von Ulrich Oevermanns Analyse der notorischen Photographie aus dem Situation Room anlässlich der staatlich verfügten Ermordung Usāma bin Lādins feststellen (2014 [Pressefoto]). Oevermann berücksichtigt die Pragmatische Rahmung in der Analyse zwar, führt sie aber nicht vorgängig, sondern im Laufe der Analyse ein, was es erschwert, die Geltung seiner Rekonstruktion nachzuvollziehen.

unseren spezifischen Fällen darstellt, was für ein Typus von Datenmaterial also eine Photographie auch in dieser Hinsicht ist.

Wann und wozu macht man ein Photo und was bedeutet dies für die photographiert Praxis? „Was ist die pragmatische Erfüllungsbedingung eines Fotos? Derjenige, der ein Foto macht, hat dabei immer einen künftigen Betrachter im Auge, und sei es im Grenzfall nur den Autor des Fotos selbst. Für diesen [sc.: jenen, den künftigen Betrachter] muss er also die Relevanz des Fotos, d. h. des fotografischen Protokolls und damit des auf ihm Protokollierten unterstellen. Bezüglich dieser Relevanz ergeben sich dann die bekannten typologischen Unterschiede von Fotos: Erinnerungsfotos für das private Album, Dokumentationen eines institutionell wichtigen Geschehens oder Umstandes, Veröffentlichungen von Ereignissen oder Tatsachen von allgemeinem Interesse, künstlerische Gestaltungen als Selbstzweck. Für diese verschiedenen Typen gelten jeweils eigene Kriterien dafür, ob ein Foto ‚etwas geworden' ist." (Oevermann 2014 [Pressefoto], S. 39).

Eine Photographie also ist „eine gerätevermittelte technische Aufzeichnung […], bei der eigentlich nur der Ausschnitt der aufgezeichneten Realität und die Tiefenschärfe der Aufzeichnung gestaltet werden kann, es sei denn, diese Realität sei selbst gestaltet worden für die fotografische Abbildung, wie das […] bei gestellten Fotos etwa zu einer Hochzeit […] der Fall ist." (Oevermann 2014 [Pressefoto], S. 35) Zur Bestimmung der Pragmatischen Rahmung ist demgemäß wichtig, ob es sich bei der Photographie um einen Schnappschuss handelt, der etwas festhält, was auch ohne seine Aufzeichnung geschehen wäre, oder um eine ‚gestellte' Photographie, bei der das Geschehen, das sie festhält, für das Festhalten inszeniert wurde.[51] Darüber hinaus ist bei ‚gestellten' Aufnahmen noch die Dimension relevant, die sich zwischen dem Pol der repräsentativen, an eine Öffentlichkeit und öffentliche Nachwelt gerichteten ‚Denkmäler' (vgl. Droysen 1882/1960, S. 50–61) und dem Pol des privaten Photographiealbums, das Szenen für die Familienerinnerung[52] versammelt, aufspannt; auch bei Schnappschüssen ist aber stets gleichwohl immer die „Face-to-Lense-Beziehung", wie Kai-Olaf Maiwald das nennt (2019, S. 229), zu berücksichtigen, die nur in dem oben bezeichneten Ausnahmefall, nämlich wenn durch entsprechende Vorkehrungen die Photographierten das Photographiert-Werden nicht bemerken *können*, keine

---

[51] Dabei bleibt festzuhalten, dass dann das inszenierte Geschehen als inszeniertes Geschehen festgehalten und rekonstruierbar ist.

[52] „Onkel Alex und Tante Riekchen, Trudchen wie sie noch klein war, Papa im ersten Semester", wie es anschaulich bei Walter Benjamin heißt (1931/1980, 375). – Oder gegen die Familienerinnerung, wie Charles Trenet in einer „chanson d'automne" singt: „Que reste-t-il de nos amours? – Une photo, vieille photo de ma jeunesse".

Reaktivität (vgl. hierzu Lück 2002) erzeugen *kann;* es geht also, wie gesagt, nicht lediglich darum, ob faktisch keine Reaktivität vorliegt. – Diese Unterscheidung kann man sich folgendermaßen klarmachen: Erst wenn man etwa ausgelegt hat, was es bedeutet, in einem Kaufhaus von Überwachungskameras – die ja entweder sichtbar sind oder auf die hingewiesen wird – aufgezeichnet zu werden, wenn man also bestimmt hat, welche Handlungsoptionen damit eröffnet, welche ausgeschlossen sind, und man somit die mit der überwachenden Aufzeichnung gesetzte Pragmatische Rahmung rekonstruiert hat, sieht man, dass auch das inhaltliche Nichtreagieren auf die Aufzeichnung eine Handlung darstellt, deren Bedeutung in Bezug auf die Aufzeichnung rekonstruiert werden muss.[53]

Spezifizieren wir diese Überlegungen nun für die drei ausgewählten Photos: (A) Beim ersten haben wir es mit dem oben erwähnten Ausnahmefall zu tun. Das Photo stammt von dem amerikanischen Photographen Philip-Lorca diCorcia (*1951) und wurde von ihm im Rahmen einer Photoserie aufgenommen, die unter dem Titel „Streetwork" in verschiedenen Museen und Ausstellungshallen gezeigt und als Buch (diCorcia 1998) publiziert wurde. Die Photos wurden auf Straßen und öffentlichen Plätzen aufgenommen; dabei gibt es sowohl Photos, die lediglich zwei Personen, als auch solche, die viele Personen zeigen. Wir haben es hier mit einem Schnappschuss zu tun (Auskunft der den Photographen vertretenden Galerie) – zumindest wenn wir, wie oben gesagt, darunter ein Photo verstehen, das etwas festhält, was auch ohne seine Aufzeichnung geschehen wäre. In diesem Fall geht es noch darüber hinaus, da die Photographierten aufgrund der technischen Vorkehrungen vom Photographiert-Werden nichts bemerken konnten.[54] Wir müssen also davon ausgehen, dass das Photographiert-Werden das Handeln der Photographierten in keiner Weise beeinflusste.[55] Die Tatsache der Veröffentlichung des Photos können wir hier aufgrund unserer Falbestimmung

---

[53] Methoden, die die Bedeutung einer Handlung, einer Situation oder eines Gegenstands von der empirisch vorfindlichen Reaktion her – also subjektiv – zu bestimmen versuchen, entgeht dieser zentrale Aspekt des Handelns.
[54] „In *Streetwork* (1993–1999), diCorcia photographed unsuspecting pedestrians in the streets of various cities around the globe, using a powerful strobe that was placed outside of the stationary camera's visual field. The shutter of the camera and the strobe were controlled by a radio signal. Since diCorcia worked in broad daylight, his subjects did not notice the strobe's flash. / Please also see Heads (2000–2001) [vgl.: https://www.schirn.de/magazin/kontext/philip_lorca_dicorcia_heads/; zuletzt angesehen am 3. Febr. 2022]. In this series pedestrians were photographed in the same way on Time Square in New York." (Marie Krauss, Sprüth Magers/London, E-Mail an den Autor v. 3. Dez. 2019; kursiv i. Orig.)
[55] Aufgrund der Tiefenschärfe kann man erkennen, dass diCorcia ein Teleobjektiv verwendet hat, was es erlaubt, die Kamera in einer Entfernung von etwa sieben bis zehn Metern zu plazieren (mündl. Auskunft des Photographen Bisdorf, Kamen, im Dez. 2019).

vernachlässigen, geht es doch um die photographierte und nicht um die photographierende Praxis. – (B) Beim zweiten hier analysierte Photo fallen die photographierte und die photographierende Praxis zusammen, es handelt sich um ein sogenanntes Selfie. Wir gehen aber nicht von dessen Bestimmung aus,[56] sondern fragen uns, wie das Photo auf uns gekommen ist. „Kurz vor Mitternacht hatten es die vier Politiker zeitgleich auf ihren Instagram-Accounts gepostet." (Driessen 2021)[57] Instagram ist „a popular network that makes it easy to add special effects to photographs taken with mobile phones and to share the photos" (Encyclopædiea Britannica 2014, Lemma ‚Dates of 2012, April 9'). „Die meisten Inhalte sind ohne eigenen Account nicht verfügbar."[58] Daraus können wir schließen, dass das Photo von den vier Abgebildeten denjenigen gezeigt werden sollte, die Zugang zu ihrem jeweiligen Instagram-Konto haben. Dies sind laut Angaben von Instagram vom 3. Febr. 2022 mehrere hunderttausend Personen.[59] Insofern können wir davon ausgehen, dass das betreffende Photo einer zwar zunächst ausgewählten, aber sehr großen Öffentlichkeit präsentiert wurde, die letztlich nicht

---

[56] Zur Orientierung verweisen wir auf Eva Oer und Christian Cohrs, die auch eine „kurze Geschichte des Selfies" geben (Oer und Cohrs 2016, S. 19 ff.). Allerdings gehen wir hier, wie gesagt, nicht von der Bestimmung aus, die die Autoren geben und in die sie bereits eine Deutung einfließen lassen: „Ein wesentliches Merkmal des Selfies ist es, dass das Bild mit anderen über soziale Medien geteilt wird – sei es öffentlich oder nur mit einer bestimmten Gruppe oder gar nur einer einzelnen Person. Theoretisch ist es natürlich schon ein Selfie, ehe man es für andere sichtbar veröffentlicht. Aber grundsätzlich gilt, ein Selfie soll gesehen werden – sonst würden die meisten gar nicht erst gemacht. Erst durch das Teilen wird ein Selbstporträt zum Medium der Kommunikation. […] Selfies sind Fotos, die es nur gibt, weil wir anderen etwas über uns mitteilen – und vielleicht auch etwas Aufmerksamkeit erhalten – möchten" (Oer und Cohrs 2016, S. 16) Wenn wir dies bei der Analyse bereits voraussetzen würden, könnten wir das Phänomen selbst nicht mehr aufschließen.

[57] Die Information, dass es sich bei den abgebildeten Personen um Politiker handelt, wird hier und zu Beginn unserer Analyse gemäß dem Prinzip der künstlichen Naivetät ausgeblendet.

[58] https://de.wikipedia.org/wiki/Instagram; zuletzt angesehen am 3. Febr. 2021. Verbindlich lektorierte und editierte Quellen sind Wikipedia-Einträgen grundsätzlich vorzuziehen; die im Internet verfügbare sich selbst so bezeichnende ‚freie Internet-Enzyklopädie' (https://de.wikipedia.org/wiki/Wikipedia; zuletzt angesehen am 3. Febr. 2021) wird von uns nur herangezogen, wenn erstere nicht verfügbar sind.

[59] Annalena Baerbock, S. 378 000 (https://duckduckgo.com/?t=ffsb&q=annalena+baerbock+instagram+follower&ia=web; Baerbock behält den Zugang auch zur Startseite ihres Kontos angemeldeten Nutzern vor), Robert Habeck, S. 197 000 (https://duckduckgo.com/?q=robert+habeck+instagram+follower&t=ffsb&ia=web; Habeck wie Baerbock), Christian Linder, S. 361 000 (https://www.instagram.com/christianlindner/), Volker Wissing, S. 19 700 (https://www.instagram.com/volkerwissing/).

zu begrenzen war.[60] Was bedeutet dies für die Pragmatische Rahmung des Photos? Die Präsentation von etwas vor einem Publikum präsupponiert eine Relevanz für dieses Publikum. Wir müssen also angesichts des adressierten und erreichten Publikums festhalten, dass es sich um ein repräsentatives, an eine Öffentlichkeit und öffentliche Nachwelt gerichtetes ‚Denkmal' (vgl. Droysen 1882/1960, S. 50–61) handelt, was bedeutet, dass das, was auf dem Photo festgehalten ist, objektiv beansprucht, von allgemeiner öffentlicher Relevanz zu sein. Des Weiteren ist zu berücksichtigen, dass das Photo von einem der Photographierten selbst aufgenommen wurde – und zwar nicht mit einer hochwertigen Kamera, Stativ und Selbstauslöser, sondern mit einem Smartphone, wodurch die Aufnahme den Charakter eines spontanen Aktes bekommt. Dies steigert noch den Relevanzanspruch, muss doch unterstellt werden, dass das festgehaltene Ereignis trotz seiner Flüchtigkeit, die eine spontane Aufnahme erforderlich macht und eine professionelle Aufnahme verhindert, so bedeutsam ist, dass es gleichwohl für die Öffentlichkeit festgehalten werden muss. – (C) Das dritte Photo gehört zu einer Folge von vier Aufnahmen, die uns historisch überliefert sind. Die Geschichte seiner Entstehung und Überlieferung wird von Georges Didi-Huberman beschrieben (2000-01/2007, S. 26–34) und sei hier im Hinblick auf die Bestimmung der Pragmatischen Rahmung zusammengefasst: Häftlingen des Konzentrationslagers Auschwitz, die Kontakt zum polnischen Widerstand gegen die deutsche Besatzung hatten, ist es gelungen, eine Kamera und Filmmaterial ins Lager hinein und eine Filmspule mit vier Aufnahmen wieder hinaus zu schmuggeln. Der „Sonderkommando"-Häftling Alberto Errera (genannt Aleksos bzw. Alex), der bei einem Fluchtversuch im August 1944 „während der Asche-Entsorgung an der Weichsel […] durch Schussverletzungen tödlich verwundet wurde", machte „im Juli 1944 geheime Fotografien von der Massenvernichtung im Hof von Krematorium V" (Müller 1979/2022, S. 283 f.). Daraus ergibt sich zum einen, dass den Bildern objektiv der Status von Denkmälern in Droysens Sinne zukommt, die auch in der Intention der Photographen[61] das Grauen dokumentieren sollten; zum anderen wurden sie verdeckt und unter Lebensgefahr angefertigt, was bedeutet, dass es sich im wörtlichen Sinne um Schnappschüsse handelte (vgl. Stone 2001, S. 137) und die Photographierten nicht realisierten, dass sie photographiert wurden. Zudem konnte der Photograph bei der Auswahl des geeigneten Augenblicks wegen der Lebensgefahr, in die er sich begab, nicht einen für das Motiv passenden Moment abwarten, sondern musste den Moment auswählen, der es

---

[60] „Das Bild war am Mittwoch einfach überall." (Driessen 2021).
[61] Die Anfertigung der Aufnahmen war eine gemeinsame Aktion mehrer Häftlinge; wobei nach gegenwärtigem Wissensstand einer von ihnen die Kamera bei den Aufnahmen bediente.

maximal erlaubte, beim Photographieren unentdeckt zu bleiben, was dem Motiv unter Umständen äußerlich ist.[62] Wie wir sehen werden, müssen wir bei der Analyse berücksichtigen, dass bestimmte Merkmale des Photos dieser Pragmatischen Rahmung seiner Entstehung und weder der Fallstruktur des Photographen noch der der photographieren Praxis zuzuschreiben sind. – Allerdings ist die Pragmatische Rahmung in diesem Fall selbst ein Moment des Forschungsgegenstands: der Praxis der Vernichtung, so dass wir sie bei der Analyse erst berücksichtigen, wenn es um die Frage der Zuschreibung der rekonstruierten Struktur geht.

Die *Fallbestimmung* nun, also die Beantwortung der Frage ‚*Im Hinblick auf einen Fall wovon will ich das Datenmaterial untersuchen?*',[63] ergibt sich aus der Forschungsfrage und ist einerseits (a) wichtig, um die Analyse zu fokussieren, andererseits – und das ist die methodisch wesentliche Funktion – (b) liefert sie das Kriterium dafür, was als fallspezifisches Kontextwissen zu gelten hat. In jedem Datenmaterial drücken sich Fälle unterschiedlichster Art aus; bleiben wir bei der Photographie, so lässt sie sich im Hinblick auf einen Fall von dokumentarischem Handeln untersuchen, als Fall von Selbstdarstellung, je nach abgebildeter Handlung als Fall von Nutzung eines öffentlichen Raumes, von Freizeitgestaltung, von beruflichem Handeln... und so weiter. Erst wenn man sich anhand der Fragestellung festlegt – bei den im folgenden analysierten Photos wäre dies (A) die Praxis einer spezifischen Nutzung eines öffentlichen Raumes (im Hinblick auf die Frage der Reziprozität); (B) die Praxis einer spezifischen Form der Selbstdarstellung; (C) eine Praxis der Vernichtung, die „sprachloses Entsetzen verursacht" (Arendt 1965/2007, S. 45), – läuft man (a) nicht Gefahr, in seiner Analyse auszufern, und (b) lediglich bekanntes Wissen über den Fall zu reproduzieren. Letzteres träte nämlich ein, wenn fallspezifisches Kontextwissen verwendet würde, um Lesarten, die mit dem Text kompatibel sind, auszuschließen. Argumente der Form: ‚Wir wissen doch (aus unserem vorgängigen fallspezifischem Wissen), dass die Lesart x, obwohl sie mit dem Text kompatibel und bzgl. seiner unabweisbar ist, nicht zutreffen kann' sind methodisch ausgeschlossen. Um solche Argumente aber zu identifizieren, müssen wir bestimmen können, was als fallspezifisches Wissen gelten muss; und das können wir nur, wenn wir als Kriterium den Fall

---

[62] Stone hält dazu fest: „we do not want to fall into the trap of seeing in the photographs privileged moments of time rescued from oblivion, making them stand metonymically for the genocide as a whole, as ‚Auschwitz' already does." (2001, S. 133) Zugleich aber wird hier wie bei jeder Fallanalyse eine Strukturgeneralisierung vorzunehmen sein, also herauszuarbeiten sein, welche allgemeinen Momente in diesem besonderen Fall zum Ausdruck kommen.

[63] Manchmal heißt in der objektiv-hermeneutischen Literatur an dieser Stelle mit einer vieldeutigen und von daher missverständlichen Formulierung „Was ist der Fall?"

Sequentialität der Datenauswertung

Sequentialität der Analyse

Bei Photos haben wir es, anders als bei vielen anderen Objektivationen von Handeln, mit einem Datenmaterial zu tun, das in sich nicht sequenziert ist; vielmehr stellt ein Photo wie jedes Bild das, wovon es ein Bild ist, in einem Nu und zeitlos[64] vor Augen: Ein Bild „bewirkt auf elementare Weise", das „Abgebildete aus dem Strom der erlebbaren Welt herauszunehmen und still zu stellen [sic!]. Das ist das Faszinierende an Bildern: dass sie einen Augenblick des Geschehens von Welt für alle Zeiten still stellen [sic!] und damit ein Heraustreten aus der Realzeit ermöglichen." (Oevermann 2014 [Pressefoto], S. 33). Wenn wir sagen, dass ein Bild ein Bild von etwas ist, das es vor Augen stellt, so ist damit nicht gesagt, dass Bilder grundsätzlich etwas abbilden; vielmehr sind sie dadurch bestimmt, „dass sie etwas zur Erscheinung bringen". (Oevermann 2014 [Pressefoto], S. 31)[65] Hier geht es uns um eine Praxis, die sie zur Erscheinung bringen, da Praxis im weitesten Sinne unser Gegenstand ist. Praxis vollzieht sich in je aktuellen Handlungsabläufen. Damit ist ein wesentlicher Aspekt des Gegenstandes implizit benannt: seine *Flüchtigkeit*.[66] Zum einen (a) ist Handlung als Vollzug wie jedes in der Zeit ablaufende Ereignis flüchtig; zum anderen (b) ist zu berücksichtigen, dass Handeln, anders als Verhalten im engeren Sinne des tierischen Verhaltens (vgl. Loer 2021 [Reziprozität], S. 143–159), nicht kausal durch Naturgesetze[67]

---

[64] Vgl.: „nû, daʒ begrîfet in sich alle zît. daʒ nû, dâ got die welt inne machte" (Meister Eckhart, zit. n.: Grimm und Grimm 1889/1984: Sp. 982).

[65] Mit dieser epistemologischen Bestimmung ist sichergestellt, dass auch ungegenständliche Bilder inbegriffen sind.

[66] Es gehören zwar auch die Ergebnisse des jeweiligen Handelns zur Praxis – so gehört etwa das niedergelegte Urteil zur Praxis eines Gerichtsverfahrens –, aber streng betrachtet ist das Ergebnis ohne den Vollzug, der sich in ihm objektiviert, nicht bestimmbar – das Urteil also nicht ohne das Verfahren, das in ihm resultiert. Wir müssen, wenn wir vom Ergebnis unseren Ausgang nehmen, den Vollzug als seine ratio essendi stets mitanalysieren (und sei es aus dem Urteil selbst).

[67] Hier sei zur Abkürzung ein einfaches Verständnis zugrundegelegt, das Erwin Schrödinger wie folgt formuliert: „Als Naturgesetz nun bezeichnen wir doch wohl nichts anderes als eine mit genügender Sicherheit festgestellte Regelmäßigkeit im Erscheinungsablauf, sofern sie als notwendig im Sinne des oben genannten Postulats [sc.: „daß ein jeder Naturvorgang absolut und quantitativ determiniert ist mindestens durch die Gesamtheit der Umstände

determiniert ist – somit ist Handeln, selbst ceteris paribus, auch nicht reproduzierbar. Deshalb können wir es nur anhand der Spuren, die es hinterlassen hat, anhand von Protokollen im weitesten Sinne methodisch untersuchen. „Bilder sind […] als […] Protokolle von Augenblicken etwas, was man auch erstarrte Lebendigkeit nennen kann. Sie stellen etwas in seiner Lebendigkeit besonders Auffälliges, sei es als unbeabsichtigte Abdrucke oder als beabsichtigt hergestellte Ausdrücke, still und fixieren bzw. objektivieren es für eine wiederholte Betrachtung." (Oevermann 2014 [Pressefoto], S. 34).[68]

Insofern Bilder also etwas in einem Nu und zeitlos vor Augen stellen, ist, anders als für die Analyse in sich sequenzieller Objektivationen von Praxis, wie etwa Tonband- oder Videoaufzeichnungen, bei denen wir in der Regel als erstes den Beginn der Aufzeichnung analysieren, im Datenmaterial selbst kein Beginn für die Analyse markiert. Damit kann das Problem des Anfangs der Analyse keine eindeutige Lösung haben; vielmehr muss je nach konkreter Bildgestalt, Fragestellung und Fallbestimmung entschieden werden. Wir werden in den Analysen sehen, wie dieses Problem jeweils gelöst werden kann.

Wir hatten oben auf die Schwierigkeit verwiesen, angesichts der Fülle des Sichtbaren eines Bildes das methodische Totalitätsprinzip angemessen zur Geltung zu bringen. Dieses Prinzip darf nicht als Auftrag zur vollständigen

---

oder physischen Bedingungen bei seinem Eintreten", was „wohl auch als Kausalitätsprinzip bezeichnet wird"] gedacht wird." (Schrödinger 1922/1997, S. 10) – Es sei darauf hingewiesen, dass Schrödinger in demselben Vortrag dieses einfache Verständnis des Naturgesetzes infrage stellt und mit dem statistischen Verständnis und einer „akausalen Auffassung des Weltgeschehens" (Schrödinger 1922/1997, S. 16) konfrontiert.

[68] In gewissem Sinne schreibt auch Pierre Bourdieu Photos diese Funktion zu: „Deshalb ist es gut, die Dinge zu sammeln, damit man sie später in Ruhe betrachten kann" (1991/2021). Durch die Digitalisierung seiner zahlreichen, vor allem in Algerien angefertigen Photos wird die Verwendung von Photographie durch Bourdieu nachvollziehbar gemacht (verfügbar unter: https://www.bourdieu-photo-archive.com; zuletzt angesehen am 10. Aug. 2022 – s. Schultheis 2021a: Fn. 1): Diese ist für ihn als Instrument der Erhebung sehr bedeutsam, dient sie ihm „als dokumentarisches Medium für eine ‚Spurensicherung' einer Gesellschaft im Umbruch" (Schultheis 2021b, S. 26), als Instrument für „die Kontaktaufnahme und den Aufbau eines Vertrauensverhältnisses mit den Bewohnern" (Schultheis 2021b, S. 26), als „Hilfsmittel zur Bewältigung ‚überwältigender' Eindrücke" und der „Möglichkeit, bei noch so dramatischen und bewegenden Situationen die Haltung eines distanzierten Betrachters zu wahren und trotz aller subjektiven Betroffenheit die Möglichkeit zum kühlen wissenschaftlichen Objektivieren zu sichern" (Schultheis 2021b, S. 27), „als Türöffner" (ebd.), zudem „fungierte das fotografische Archiv als eine Art ‚Notizbuch'" (Schultheis 2021b, S. 27.). Eine methodische Auswertung allerdings, die ja darüber hinausführen müsste, „sich Szenen […] immer wieder vor Augen" zu führen „und anhand von zuvor übersehenen oder nicht in Zusammenhang gebrachten Details neue Schlüsse [zu] ziehen" (Schultheis 2021b, S. 28), findet sich bei Bourdieu nicht.

Datenauswertung

Exhaustion des Datenmaterials missverstanden werden; es bezieht sich vielmehr auf die für die Analyse jeweils ausgewählten Aspekte des Datenmaterials.[69] Die Analyse verfährt also in umfangslogischem Sinne gegenüber dem Material selektiv. Das muss aber wohlbegründet geschehen. Über die Auswahl der zu analysierenden Stellen im Datenmaterial werden wir weiter unten während der exemplarischen Analysen weitere Ausführungen machen; hier zunächst nur ein Überblick über Schritte der Analyse – wobei darauf zu achten ist, dass die hier explizit aufgelisteten Schritte nicht immer streng voneinander geschieden werden können und müssen und insofern eher Momente der Analyse darstellen; sie bieten eine Art Merkpunkte dafür, auf die Vollständigkeit der Analyse zu achten:

(1) Wie bereits gesagt *beginnen wir die Analyse mit einem nach konkreter Bildgestalt, Fragestellung und Fallbestimmung spezifisch zu bestimmenden Aspekt*.[70] Häufig lässt sich in der Analyse dieses ersten Aspekts eine erste Fallstrukturhypothese[71] bilden.
(2) Sollte dies nicht möglich sein, wird ein weiterer *thematisch einschlägiger Aspekt* ausgewählt, dessen Analyse die Bildung einer ersten Fallstrukturhypothese erlaubt.
(3) Dann werden im nächsten Schritt Aspekte ausgewählt, die erwarten lassen, dass diese Fallstrukturhypothese *angereichert und präzisiert* werden kann; hierzu wird das komplette Bild auf solche Aspekte hin durchgesehen. Es ist klar, dass dies ausgehend von der ersten Fallstrukturhypothese abhängig von Bildgestalt, Fragestellung und Fallbestimmung zu geschehen hat.
(4) Nach der Anreicherung und Präzisierung der Fallstrukturhypothese wird dann nach Aspekten gesucht, die geeignet sind, *die Hypothese zu falsifizieren*;[72]

---

[69] „Welches Protokoll auch immer analysiert wird – für den zur Sequenzanalyse ausgewählten Protokollabschnitt gilt grundsätzlich, daß darin alles, das heißt jede noch so kleine und unscheinbare Partikel, in die Sequenzanalyse einbezogen und als sinnlogisch motiviert bestimmt werden muß." (Oevermann 2000 [Fallrek], S. 100).

[70] In der Bezeichnung ‚Aspekt' (statt etwa ‚Ausschnitt' oder ‚Abschnitt') wird deutlich, dass die Auswahl des betrachteten Datenaspekts sich aus einer bestimmten Hinsicht auf das Datenmaterial ergibt, die jeweils zu begründen ist.

[71] Andreas Wernet zeigt in einem Aufsatz anschaulich, wie man zu einer Fallstrukturhypothese kommt (2019).

[72] Andreas Wernet beschränkt Falsifikation auf die Frage der Bewährung von gesetzeswissenschaftlichen Theorien (2019, S. 82 f.); dies ist u. E. eine unnötige Einschränkung. Die Wissenschaftlichkeit objektiv-hermeneutischer Forschung bringt es mit sich, dass Fallstrukturhypothesen mit Gründen kritisiert werden können; dies aber bedeutet, dass diese Hypothesen auch falsifiziert werden können.

hierzu wird, wie im vorhergehenden Schritt, das komplette Bild durchgesehen, diesmal auf falsifikatorische Aspekte hin. Dabei ist festzuhalten, dass erst eine besonders prägnante sowie riskante und scheiterungsfähige Fallstrukturhypothese es erlaubt, diesen Schritt zu vollziehen: Erst wenn man weiß, was man mit guten, ja mit besten Gründen behauptet, ist man in der Lage zu formulieren, was diese Behauptung zu Fall bringen könnte.

Es ergibt sich hier das forschungspsychologische Problem, dass man von der Gültigkeit der Fallstrukturhypothese, die man ja in sorgfältiger Analyse gewonnen hat, *überzeugt* sein und *zugleich* nach der stärksten Möglichkeit suchen muss, sie zu *widerlegen*. Das aber ist Moment allen wissenschaftlichen Handelns, muss man darin doch stets begründet Behauptungen generieren, von denen man zutiefst überzeugt ist, da man sie ja sonst gar nicht aufstellen würde, und zugleich gerade diese, für gültig gehaltenen Behauptungen aufs Schärfste kritisieren – andere, für nicht gültig gehaltene Behauptungen zu kritisieren wäre, als würde man einen Strohmann aufbauen, den Abzufackeln dann ein leichtes; ist wie dieser keine andauernde Wärme bringt, so jenes keine gesicherte Erkenntnis.[73]

(a) Misslingt ein ernsthafter Falsifikationsversuch, so kann man mit großer Sicherheit von der Gültigkeit der Hypothese ausgehen – natürlich immer im Rahmen des Fallibilismus, der besagt, dass jegliche wissenschaftliche Erkenntnis vorläufig ist.[74]

(b) Gelingt der Falsifikationsversuch, so muss die *Rekonstruktion der Fallstrukturhypothese überprüft* werden und

 (b.i) falls aufgedeckt werden kann, dass die Hypothese fälschlich aufgestellt wurde, muss die neue, der zunächst aufgestellten widersprechende Fallstrukturhypothese etabliert werden;

---

[73] Die Lösung dieses forschungspsychologischen Problems wird unterstützt durch eine Maxime der Kunstlehre (s. dazu den Eintrag im Glossar), nämlich diejenige, die Analyse in Gruppen von Forscher durchzuführen, da so die Rollen von Proponent und Opponent im Falsifikationsprozess von verschiedenen Personen eingenommen werden können.

[74] Vgl.: „Wissenschaftlich aber überholt zu werden, ist […] nicht nur unser aller Schicksal, sondern unser aller Zweck. Wir können nicht arbeiten, ohne zu hoffen, daß andere weiter kommen werden als wir." (Weber 1919/1985, S. 593).

(b.ii) falls hingegen gezeigt werden kann, dass die Hypothese zu Recht aufgestellt wurde, muss eine *übergreifende Fallstruktur rekonstruiert* werden, die die beiden widersprechenden Fallstrukturhypothesen argumentativ explizit und begrifflich prägnant zu integrieren vermag.[75]

(5) Je nach Fragestellung und Fall besteht ein weiterer Schritt darin, der *Genese der Fallstrukturgesetzlichkeit* nachzuspüren, die *Bildungsgeschichte des Falles* aufzudecken. Bei einem Photo muss dazu in der Regel weiteres Material erhoben werden: Da man die Fallstruktur rekonstruiert hat, kann man Hypothesen über ihre Genese aufstellen und diese gezielt an geeignetem Material überprüfen.

(6) Benennung, ggf. Explikation *weitergehender Fragen*.

Kontrastive und sequenzielle Rekrutierung von Fällen

Nachdem ein erster, voraussichtlich besonders aussagekräftiger Fall ausgewählt und analysiert wurde und eine tragfähige Fallstrukturhypothese entwickelt und überprüft werden konnte, muss, wie oben dargestellt, als nächster Fall einer ausgewählt werden, der a prima vista in einer Dimension, die entweder vorab als relevant entworfen wurde oder sich im Laufe der Analyse des ersten Falles als

---

[75] Da es sich bei einem Bild um eine nicht-zeitliche Ausdrucksgestalt handelt, ist die bei anderen, einen zeitlichen Verlauf zeitlich repräsentierenden Datenmaterial (etwa Forschungsgesprächen) sich stellende Frage, ob eine Transformation der Fallstruktur stattgefunden hat, hier nachrangig. – Um unverständigen Vorwürfen, mit dem Postulat einer übergreifenden Fallstruktur würde einem „Identitätszwang" das Wort geredet, zu begegnen, sei auf den unüberbrückbaren Hiatus zwischen Praxis und Begriff hingewiesen: „Daß der Begriff Begriff ist, auch wenn er von Seiendem handelt, ändert nichts daran, daß er seinerseits in ein nichtbegriffliches Ganzes verflochten ist, gegen das er durch seine Verdinglichung einzig sich abdichtet, die freilich als Begriff ihn stiftet. Der Begriff ist ein Moment wie ein jegliches in dialektischer Logik. In ihm überlebt sein Vermitteltsein durchs Nichtbegriffliche vermöge seiner Bedeutung, die ihrerseits sein Begriffsein begründet. Ihn charakterisiert ebenso, auf Nichtbegriffliches sich zu beziehen [...], wie konträr, als abstrakte Einheit der unter ihm befaßten Onta vom Ontischen sich zu entfernen. Diese Richtung der Begrifflichkeit zu ändern, sie dem Nichtidentischen zuzukehren, ist das Scharnier negativer Dialektik. Vor der Einsicht in den konstitutiven Charakter des Nichtbegrifflichen im Begriff zerginge der Identitätszwang, den der Begriff ohne solche aufhaltende Reflexion mit sich führt." (Adorno 1966/1982, S. 24) Wenn also eine übergreifende Fallstrukturhypothese die widersprechenden, gleichwohl als gültig erwiesenen Fallstrukturhypothesen konkret auf den Begriff bringt, so ist damit die Praxis nicht dem Begriff subsumiert, ist sie nicht identifiziert, vielmehr wird dergestalt gerade die Lebendigkeit der Praxis authentisch begrifflich zum Ausdruck gebracht.

relevant erwiesen hat, zum ersten in Kontrast steht. – Da hier nicht die Studien im Fokus stehen, sondern die Methode der Photoanalyse, werden wir das Heranziehen weiterer Fälle hier nur knapp skizzieren, nicht ausführlich darstellen.

Sequenzanalyse[76]

Theodor W. Adorno sagt mit Recht und wenig überraschend: „Im Bild ist alles gleichzeitig." (1965, S. 35) Wie kann dann, so muss man sich angesichts der Gleichzeitigkeit von allem fragen, ein Bild sequenzanalytisch untersucht werden? Wir haben oben bereits deutlich gemacht, dass Sequenzanalyse die methodische Inanspruchnahme der konstitutionstheoretischen Begriffe des Erzeugungsparameters und des Auswahlparameters darstellt und nicht schlicht ein Nacheinander in der Betrachtung von Protokollsegmenten. Die Sequenzanalyse hat die im Material gegebenen Optionen (das „Bildmögliche" – Imdahl 1994, S. 308) zu entwerfen und die realisierte Option („das Bildanschauliche" – Imdahl 1994, S. 308) zu diesen in Relation zu setzen, um die Bedeutung dieser Auswahl bestimmen zu können. Die Sequenzanalyse ist also konstitutionstheoretisch und methodologisch begründet, und zwar in der Explikation der durch das Zusammenspiel von Erzeugungsparameter und Auswahlparameter gestifteten Sequentialität. Die Sequenzanalyse bildet das in der Sequentialität konstituierte Aufeinanderfolgen ab, indem sie auf der Folie der eröffneten Handlungsoptionen die *Systematik der von der untersuchten Praxis getroffenen Auswahlen* von Optionen: die *Fallstrukturgesetzlichkeit*, rekonstruiert. – Wie das für Photographien zu denken und umzusetzen ist, wird in den dann folgenden Analysen exemplarisch deutlich werden.[77]

Da Handeln als regelgeleitetes Verhalten auf diese spezifische Weise sequenziell abläuft (und nicht lediglich trivialerweise im Sinne eines bloß temporalen

---

[76] Zu dem folgenden vgl. insbes. Oevermann 2013 [Erfahrungswiss], S. 74–79.

[77] Für Gemälde etwa oder andere nicht photographische Bilder oder auch für nichtabbildende Photographien kommt hinzu, was Adorno nach dem soeben zitierten Satz wie folgt fasst: „Seine Synthesis besteht darin, daß es das im Raum nebeneinander Seiende zusammenbringt, das formale Prinzip der Gleichzeitigkeit in die Struktur der bestimmenden Bildmomente umsetzt. Dieser Prozeß aber, als Prozeß in der Sache selbst und keineswegs bloß im Modus ihrer Hervorbringung, ist wesentlich einer von Spannungsverhältnissen. Fehlen diese, wollen nicht die Bildmomente auseinander, widersprechen sie sich gar nicht, so gibt es bloß vorkünstlerisches Zusammen, keine Synthesis. Spannung jedoch ist ohne das Moment des Zeitlichen schlechterdings nicht zu denken. Darum ist Zeit, jenseits der bei seiner Herstellung aufgewandten, dem Bild immanent. Nicht minder sind Objektivationen und Ausgleich der Spannung im Bild sedimentierte Zeit." (Adorno 1965, S. 35).

Nacheinanders), stellt es eine durch bedeutungserzeugende Regeln konstituierte *sinnlogische Abfolge* dar. In der Realität des Handelns entfaltet dieses sich zukunftsoffen in eine Folge von Handlungen, der wir in unserer Analyse so Rechnung tragen müssen, dass diese Offenheit erhalten bleibt. Dazu müssen wir berücksichtigen, dass im Handeln einerseits an jeder Sequenzstelle durch bedeutungserzeugende Regeln Anschlussoptionen eröffnet werden und andererseits die handelnde Praxis nun gemäß ihren lebensgeschichtlich gebildeten Dispositionen aus diesen Optionen eine bestimmte auswählt, sie somit realisiert; alle anderen Optionen hingegen werden dadurch ausgeschlossen. In der Sequenzanalyse wird dem nun Rechnung getragen, indem einerseits die jeweils eröffneten Optionen expliziert werden und andererseits auf deren Folie die tatsächlich vollzogenen, also realisierten Möglichkeiten, bestimmt werden. Im Fortschreiten erfolgt dann die Erschließung „einer wiedererkennbaren Fallstruktur, d. h. einer Art Identitätsformel der jeweiligen Lebenspraxis als Ergebnis ihres bisherigen Bildungsprozesses" (Oevermann 2013 [Erfahrungswiss], S. 75). „Zentral und eigentlicher Gegenstand der objektiv hermeneutischen Sequenzanalyse ist also im Sinne einer Fallrekonstruktion die Fallstruktur einer Lebenspraxis." (Oevermann 2013 [Erfahrungswiss], S. 75) Dabei folgen wir dem „Prinzip, nichts zu erschließen, was nicht im Material selbst klar nachweisbar markiert ist, also keine noch so ‚gebildeten' Zuschreibungen vorzunehmen, von denen gilt, dass sie der Fall sein können, aber nicht müssen." (Oevermann 2013 [Erfahrungswiss], S. 78) Die objektive Gültigkeit der methodischen Deutung von Bildaspekten ist dabei, wie wir sehen werden, kein ernstzunehmendes Problem, da die Geltung anhand von einfachen, von den in der analysierten Praxis geltenden Regeln und Prinzipien ausgehende Operationen wie etwa der Kontextvariation überprüft werden kann. Schwieriger ist es für den ungeübten Forscher diejenigen Lesarten zu vermeiden, „die zwar im Prinzip mit einem gegebenen Protokoll kompatibel sind, dabei aber nur das Kriterium erfüllen, dass sie die Fallstruktur treffen können, aber nicht müssen. [...] Davon sind die Lesarten bzw. Interpretationsketten scharf abzugrenzen, die im zu analysierenden Protokoll nachweisbar markiert sind und sich zwingend daraus ableiten lassen, so dass für sie das Kriterium erfüllt ist, dass sie entweder nicht der Fall sein können oder – noch viel besser – der Fall sein müssen" (Oevermann 2013 [Erfahrungswiss], S. 78).

Fallanalysen

(A) „Civil inattention" als neutrale Reziprozität[1]

(1) Analyse eines ersten Aspekts

Vorbemerkung
Wie oben erwähnt finden wir für den Beginn der Analyse eines Bildes, anders etwa als bei einem Forschungsgespräch, wo der Beginn des Gesprächs uns naturwüchsig gegeben ist (vgl. Loer 2021 [OHWP Interviews], S. 53 f., 59), keinen im Datenmaterial gegeben allgemeinen Anhaltspunkt vor. Insofern müssen wir, wie oben ausgeführt, die Analyse mit einem Aspekt beginnen, der nach konkreter Bildgestalt, Fragestellung und Fallbestimmung je spezifisch zu bestimmen ist.[2] – Auf dem Photo (Abb. 1) finden wir nun eine Situation abgebildet vor, die a prima vista genau dem von der Fragestellung her explizierten Fall entspricht, dass *viele* Personen in einem *offenen* und *öffentlichen* Raum mit nahegelegter *transitorischer* Nutzung ko-präsent sind (s. o.). Das heißt, dass hier ein Verbleiben in der Anonymität und ein Vermeiden von wechselseitiger Bezugnahme möglich, ja

---

[1] Eine erste Analyse dieses Photos wurde in dem Seminar „Die wunderbare Unzerreißbarkeit der Gesellschaft", das ich im Wintersemester 2019/20 an der Privaten Universität Witten/Herdecke abhielt, durchgeführt, den Studentinnen und Studenten des Seminars gilt mein Dank. – Eine gekürzte frühere Fassung der hier vorgelegten Analyse stellt Loer 2023 [Photos] dar.

[2] Aus diesem Grunde sind auch Bilder anders als etwa verbalsprachliche Äußerungen nicht dazu geeignet, „‚Fingerübungen' […] an x-beliebigen Sequenzen, die man irgendwo aufschnappt […][,] versuchs- und ‚spaßeshalber' kontextfrei" durchzuführen (Wernet 2021, S. 53).

Abb. 1 „Barcelona, 1995" von Philip-Lorca diCorcia; Ektacolor print, 25 1/2 × 37 1/2 inches, 64,8 × 95,6 cm. © Philip-Lorca diCorcia; Courtesy of the artist, Sprüth Magers and David Zwirner

wahrscheinlich ist. Insofern ist von Interesse ob und, falls ja, wie die zu erkennenden Personen aufeinander bezogen sind. Dafür ist es sinnvoll, als ersten Aspekt die Konstellation der Personen zueinander zu analysieren.

Analyse

Wir haben es in der auf der Photographie festgehaltenenen Situation offensichtlich mit einer Situation wechselseitig wahrnehmbarer Ko-Präsenz zu tun, in der zumindest fünf Personen – wir nehmen hier diejenigen heraus, deren Gesichter erkennbar sind, da so am ehesten die Frage des Aufeinander-Bezugnehmens zu beantworten ist – sich befinden. Die Situation ist, wie wir bereits im Abschnitt über die Pragmatische Rahmung ausführten, dadurch gekennzeichnet, dass sie an einem öffentlichen Ort in einem offenen, für transitorische Nutzung prädestinierten Raum stattfindet: dem Bürgersteig an einer städtischen Straße.

Gemäß unserer Fragestellung betrachten wir die Personen nun also daraufhin, ob und, falls ja, wie sie aufeinander bezogen sind. Dafür ist es von Interesse, die Abstände der Personen in den Blick zu nehmen, da, wie wir aus der Alltagserfahrung wie auch aus entsprechenden Studien[3] wissen, die Distanz zwischen Personen für Beziehungen zwischen ihnen bedeutsam sind. Es fällt zunächst auf dass die Abstände der hintereinander laufenden Personen – wenn wir nun alle erkennbaren Personen einbeziehen – relativ ähnlich bzw. parallel sind. Da auf dem Photo keine entsprechende Wegführung erkennbar ist, muss man annehmen, dass die Passanten unausgesprochenen Regeln der Nähe/Distanz-Gestaltung folgen. Dies würde allerdings schon eine positive Antwort auf eine unserer Teilfragen vermuten und sich als erste Fallstrukturhypothese formulieren lassen: *dass Personen in einer Situation wechselseitig wahrnehmbarer Ko-Präsenz sich aufeinander beziehen, hier eben, indem sie die räumliche Relation zueinander aktiv herstellen.* Die Frage ist, ob es hier lediglich um die Einrichtung einer bestimmten räumlichen Distanz geht, wie sie etwa auch zu (anderen) bloß physischen Objekten im Raum eingenommen wird – etwa um ein berührungsloses Vorbeigehen zu ermöglichen –, oder ob die räumliche Distanz zugleich eine inhaltlich spezifische Gestaltung einer strukturellen Reziprozität im Sinne eines vorgängigen Aufeinader-bezogen-Seins darstellt. Wird also dieses vorgängige Aufeinander-bezogen-Sein durch die räumliche Distanzhaltung so gestaltet, dass ein inhaltlicher Nicht-Bezug markiert ist?

Diesen Beobachtungen liegt die Frage zugrunde, was uns dazu bringt Distanz (im räumlichen und zugleich im sozialen Sinn) zu markieren. Wenn man auf dem Photo die Verteilung der Figuren im Raum gedankenexperimentell verändert, wird deutlich, dass eine jede solcher Veränderungen als Annäherung gedeutet werden müsste. Die Verteilung im Raum folgt also – wenn man berücksichtigt, dass durch die verschiedenen Bewegungsrichtungen und -geschwindigkeiten vorübergehende Abweichungen vorkommen – der Regel der Herstellung maximaler und gleichmäßiger Abstände zueinander unter Wahrung ihres jeweiligen Interesse an der eigenen Dislozierung bzw. Plazierung. In der Abstandsgestaltung liegt folglich ein räumlicher Ausdruck von *inhaltlicher Nicht-Bezugnahme* vor, von der wir annehmen können, dass es sich um eine unwillkürliche Handlung handelt – was allerdings dem ja nur einen eingefrorenen Moment festhaltenden Photo nicht zu entnehmen ist und deshalb hier zunächst eingeklammert werden soll.

Außer der Regelmäßigkeit des Abstands der Figuren zueinander fällt auf, dass die Blicke sämtlicher Personen nicht aufeinander bezogen sind, dass es außer

---

[3] Insbesondere der US-amerikanischer Anthropologe und Ethnologe Edward Twitchell Hall hat in seinen kulturvergleichenden Forschungen zur Proxemik die kulturell unterschiedliche geregelte Nähe/Distanz-Gestaltung untersucht (s. etwa 1969).

Körperkontakt also auch keinen Blickkontakt gibt. Für den Betrachter des Photos sind die Personen nur formal, durch ihre räumliche Anordnung aufeinander bezogen.

(2) Analyse thematisch einschlägiger Aspekte zur Bildung einer ersten Fallstrukturhypothese

Diesen Schritt kann man als Entfaltung des vorherigen sehen, da dort bereits eine erste, noch präzisierungsbedürftige Fallstrukturhypothese formuliert werden konnte.

Für die nähere Bestimmung einer etwaigen Bezugnahme empfiehlt es sich, zunächst die einzelnen Personen zu analysieren. Hierfür ist eine Auswahl zu treffen. Dabei können wir uns die Tiefenschärfe des Photos zunutze machen und zunächst die beiden Personen betrachten, die am schärfsten erfasst sind: die junge Frau rechts[4] und der Mann in Anzug und Krawatte unmittelbar links der Bildmitte. Die Selektion orientiert sich an diesen pragmatischen Kriterien, da die Fragestellung diesbezüglich keine vorgibt. Im Laufe einer Analyse kann es sich herausstellen, dass eine andere Reihenfolge sinnvoll wäre; dies lässt sich stets korrigieren, da die Analyse gemäß den Verfahren der Objektiven Hermeneutik kontextfrei verfährt, so dass die Analysen der einzelnen Personen hier unabhängig voneinander erfolgen und erst nachträglich aufeinander bezogen werden.

Welche Aspekte der Personen sind nun für die Beantwortung der Frage ihrer Bezugnahme aufeinander relevant? Hier sollen die *Gesamterscheinung*, insbes. *Kleidung*, die *Bewegung* – die ja aufeinander zu- oder voneinander wegführen könnte –, sowie die *Gestik* bzw. *Körperhaltung*, die *Mimik* und der *Blick*, die alle eine Bezugnahme ausdrücken könnten, betrachtet werden. Dies geschieht zunächst, wie gesagt, unabhängig vom real vorliegenden Kontext.

Die *die junge Frau rechts* ist mit einer längeren Jacke mit Fellkragen *bekleidet*, wie sie in unseren Breiten zu den Übergangsjahreszeiten Frühling und Herbst passen würde; darunter trägt sie einen Strickpullover mit Rollkragen.

---

[4] Für die Orientierung im Bild muss immer klar sein, was der Bezugspunkt von Angaben der Verortung ist; es empfiehlt sich, vom Betrachter auszugehen und bei anderen Bezugspunkten – etwa den Figuren im Bild – diese explizit zu nennen. So halten wir es hier auch.

▶ Bei dem gedankenexperimentellen Entwurf von pragmatischen Erfüllungsbedingungen, hier der Überlegung, ob die Kleidung der Witterung angemessen ist, bringen wir hier Regeln der Praktikabilität in Anschlag.

Als Beinkleid trägt sie entweder eine enganliegende Hose mit glänzendem Stoff oder eine – dann allerdings dickere – Strumpfhose und an den Füßen eine Art Halbstiefel mir umkragendem Innenfell, so dass sich schließen lässt, dass sie nicht lediglich kurz vor die Tür gegangen ist – von einer großen Kälte oder besonders schlechtem Wetter ist nicht auszugehen, da sie keine Kopfbedeckung trägt –, sondern sich auf einem Weg mit längerem Aufenthalt im Freien bei frühlingshafter oder herbstlicher Wetterlage befindet, etwa dem Nachhauseweg von der Arbeit. Wenn wir anhand der weiteren Bildelemente prüfen, ob diese pragmatischen Erfüllungsbedingungen gegeben sind, so können wir dies bezogen auf die Wetterlage aufgrund der herbstliches Laub und zum Teil bereits kahle Äste aufweisenden Bäume im Hintergrund bestätigen. – Zu einem Kontext wie dem Nachhauseweg von der Arbeit passt auch die Schrittstellung der Beine der jungen Frau, die zeigt, dass sie sich offensichtlich in einer zügigen, wenn auch nicht eiligen Vorwärts*bewegung* – auf den Betrachter zu – befindet. Auch ihre Arm*haltung* fügt sich diesem Gesamtbild ein, da ihr[5] linker Arm sich, passend zum menschlichen Kreuzgangschema, wie ihr rechtes Bein hinter der Körperachse befindet; ihr rechter Arm ist angewinkelt und scheint eine mit Riemen über ihrer rechten Schulter getragene Tasche zu halten – locker, aber sicher durch Einfädeln des Riemens zwischen Hand und Daumen.[6]

Haben wir bisher die einzelnen Aspekte der Gesamterscheinung der Person bereits kumulativ analysiert, also gewissermaßen den *inneren Kontext* berücksichtigt, so soll nun der *Blick* wieder auch von diesem und nicht nur vom äußeren Kontext unabhängig analysiert werden, denn der Blick könnte sich als für

---

[5] Nun ist die Person der Bezugspunkt.
[6] Dies ist sehr schwer zu erkennen, zumal der Riemen dann unter dem Kragen verlaufen muss – was aber gut denkbar ist und für eine Achtsamkeit der Person gegenüber ihrer Erscheinung spricht. Wichtig aber ist, dass vom Bild her keine sparsamere Lesart indiziert, geschweige denn unabweisbar ist. Die Objektive Hermeneutik befolgt die methodische Sparsamkeitsregel, welche besagt, „daß bei allen Erklärungsprozessen diejenigen Ansätze zu bevorzugen sind, die mit einem Minimum von Faktoren, Hypothesen und Entitäten auskommen." (Cloeren 1995: Sp. 1300) – Zur Sparsamkeitsregel s. auch Wernet 2000/2009, S. 91, der von Sparsamkeitsprinzip spricht; wie im Glossar erläutert, unterscheiden wir begrifflich zwischen der methodischen Sparsamkeitsregel und dem Sparsamkeitsprinzip der Kunstlehre, was wir mit den Termini ‚Regel' (der Methode) und ‚Prinzip' (der Kunstlehre) auch sprachlich deutlich zu machen suchen.

unsere Fragestellung entscheidend erweisen, ist er doch zentral für diejenigen der „leibgebundenen Expressionen" (Habermas 1970/1982, S. 352), über die gegebenenfalls ein Bezug zu anderen Personen hergestellt werden kann. Wir fragen uns also, zu welchen Situationen der Blick der jungen Frau passen könnte, und damit, was die pragmatischen Erfüllungsbedingungen für einen solchen Blick sind.

Der Blick ist ziemlich ausdruckslos und, obwohl relativ (s. u.) geradeaus gerichtet, nicht fokussiert. Solch ein Blick würde sich einstellen, wenn man sich, wie etwa beim Tagträumen, in einem entspannten Wachzustand befindet und die Umgebung nicht wahrnehmen muss oder möchte. Sich einer solche Geistesabwesenheit hinzugeben, die ja das Gegenteil zu Geistesgegenwärtigkeit darstellt, bedeutet, dass man sich in der gegebenen Situation zumindest relativ sicher fühlen können muss. In einer Situation drohender äußerer Gefahr würde ein solcher Blick sich nicht einstellen. Auch die geradeaus gerichtete und leicht nach unten verlaufende Blickachse verweist darauf, dass die Umgebung, in der die Frau sich bewegt, ihr einigermaßen bekannt sein muss, so dass sie keine überraschenden Hindernisse o. ä. zu gewärtigen hat. Die Augen sind relativ weit geöffnet, aber, wie bereits festgehalten, nicht fokussiert; folglich kann es sich bei der Tätigkeit, der sie nachgeht, nicht um eine handeln, die Konzentration auf etwas Äußeres erforderte. Gleichzeitig wirkt ihr Gesicht insgesamt, vor allem, wenn man die Haltung der Lippen hinzuzieht, etwas angespannt, was auf eine innere Konzentration schließen lässt, auf ein Nachdenken über etwas, das in vertrauter Umgebung mit vertrauten Personen möglicherweise einen Austausch darüber nahelegen würde.

In einem zweiten Schritt nehmen wir nun die Konfrontation der gefundenen pragmatischen Erfüllungsbedingungen für Blick und Mimik mit dem realen Kontext vor und stellen die Frage, ob die pragmatischen Erfüllungsbedingungen vorliegen. Der Ort, an dem die junge Frau sich befindet, wurde oben ja bereits beschrieben; es handelt sich um den Bürgersteig einer Straße in einer Großstadt und zwar in Barcelona – dass es sich um Barcelona handelt, ist nicht nur dem Titel zu entnehmen, sondern, wenn man die Stadt kennt, auch dem Straßenbild. Barcelona ist nun eine Stadt, in der Straßenkriminalität, insbesondere Taschendiebstahl durchaus verbreitet ist. Dass die Frau sich dort gleichwohl verhält, als sei sie sicher – das Halten der Tasche verweist allerdings auch auf eine Routine der Vorkehrung –, zeigt an, dass die Umgebung ihr tatsächlich bekannt bzw. vertraut ist, es könnte sich z. B. um einen routiniert gegangenen, täglichen Weg handeln. Die anderen ko-präsenten Personen sind offensichtlich nicht Vertraute, zu denen sie einen persönlichen Kontakt hätte, so dass sie ihnen ihre Gedanken mitteilen würde. – Bedeutet dies nun, dass sie gar keine Beziehung zu ihnen hat?

Aus unserer Explikation der pragmatischen Erfüllungsbedingungen ihrer Erscheinungsweise müssen wir schließen, dass die junge Frau sich zu den ko-präsenten Personen verhält, als sei von ihnen keine Störung ihres Handelns zu erwarten. Da wir gemäß der Sparsamkeitsregel nicht unterstellen, dass sie pathologischerweise die ko-präsenten Personen sinnlich gar nicht wahrnimmt, müssen wir schließen, dass sie zu ihnen in einer Beziehung steht, die eine – wechselseitige – Störung ausschließt; für diese Beziehung können wir – etwas anders als Goffman selbst ihn gebrauchte (s. u.) – den bereits zitierten Terminus „civil inattention" (1963/1966, S. 83–88) verwenden.

▶ Bei dem gedankenexperimentellen Entwurf von pragmatischen Erfüllungsbedingungen, hier der Überlegung, zu welchem kulturellen Kontext die Kleidung passen würde, bringen wir hier Normen der Kultur (Bekleidung gemäß geltender Etikette) in Anschlag.

Wenden wir uns nun dem *Mann in Anzug und Krawatte unmittelbar links der Bildmitte* zu. Er geht in die gleiche Richtung wie die Frau, auf den Betrachter zu, wobei seine Gesamthaltung gelassener wirkt, er schlendert eher. Sein Anzug sitzt sehr gut am Körper, was auf eine gute Qualität und ein gehobeneres Preisniveau schließen lässt. Sowohl die farblich zum blauen Hemd abgestimmte, dezent gemusterte Krawatte als auch die schwarzen, gewichsten Halbschuhe passen zu der Kleidung, die die eines Geschäftsmanns oder Bankiers ist; insgesamt wirkt der Mann gepflegt – auch was seine Frisur und sein glattrasiertes Gesicht angeht. Seine rechte Hand befindet sich in der Hosentasche, was eher zu einer informellen als zu einer formellen Situation passen würde. Dies bedeutet dass er sich in einer Zwischensituation befindet.

An solchen Stellen der Analyse findet sich häufig ein typischer Einwand derart, dass jemand, der etwa eine formelle Situation auflockern wollte, genau so eine ‚lockere Haltung' einnehmen würde, so dass wir gar nicht sagen können, dass eine eher informelle als eine eher formelle Situation vorliege. Genaugenommen haben wir dies auch nicht gesagt. Es geht nämlich bei Analysen wie diesen nicht darum, zu „zeigen, wie es eigentlich gewesen" (von Ranke 1824/1957, S. 4). Das Analyseziel der Objektiven Hermeneutik besteht nicht darin, „den tatsächlichen Kontext zu erraten" (vgl. Wernet 2021, S. 50; kursiv i. Orig.). Vielmehr geht es darum, anhand der Bestimmung der pragmatischen Erfüllungsbedingungen der Handlung

> zunächst deren objektiven Bedeutung zu bestimmen. Wenn jemand eine formelle Situation zu einer weniger formellen umdeuten möchte oder faktisch umdeutet, so nimmt er für diese (subjektive) Umdeutung gerade die objektive Bedeutung der Geste ‚Hand in Anzugtasche' in Anspruch. Erst wenn wir die pragmatischen Erfüllungsbedingungen bestimmt haben, können wir prüfen, ob sie in der vorliegenden Situation tatsächlich erfüllt sind

Die Kleidung passt eher zu einem Aufenthalt in geschlossenen Räumen als zu einem längeren Aufenthalt im Freien, was ebenfalls auf eine Übergangssituation – etwa einen Gang zu einer kurzen Pause in ein Café – schließen lässt, wo dann auch – der Mann hält in seiner linken Hand ein Papier, das eine Aktenmappe, eine Zeitschrift oder auch eine Zeitung sein könnte – die Zeitung gelesen oder auch in einer Akte noch etwas zur Kenntnis genommen werden könnte. Der Blick des Mannes geht von ihm aus gesehen nach links unten, aber nicht so, als fixiere er dort etwas, sondern eher ins Leere. Auf der Stirn finden sich zwischen den Augenbrauen zwei senkrechte Falten, die ihn nachdenklich wirken lassen. Da es keinen Hinweis darauf gibt, dass der Gegenstand seines Nachdenkens aus der aktuellen Wahrnehmung stammt, muss er dem – näher oder ferner liegenden – Einst, sei es Vergangenheit, sei es Zukunft, entstammen. Dieser Gesichtsausdruck passt zu jemandem, der etwa von einer Sitzung kommt, in der ein berufliches Problem aufgetaucht oder ein vorhandenes berufliches Problem nicht gelöst worden ist; aber auch zu jemandem, der private Schwierigkeiten bedenkt. Bei diesem gedankenexperimentellen Vorgehen geht es darum, mögliche passende Situationen zu entwerfen, die die Mimik pragmatisch begründen würden.[7] Ähnlich wie bei der zuvor analysierten jungen Frau entsteht bei dem Mann der Eindruck, dass er sich gedanklich von der Außenwelt abschottet, was voraussetzt, dass diese für seine Tätigkeit keine Aufmerksamkeit erfordert. Auch er geht also routiniert einen ihm bekannten Weg. Ähnlich wie bei der Frau kann man festhalten, dass er sich bezüglich der ko-präsenten Menschen um ihn herum darauf verlässt, dass niemand ihn anspricht oder sonst stört. Für sein aktuelles Handeln geht er davon aus, dass er sich unbesorgt mit seinen Sorgen beschäftigen kann; auch für ihn gilt also, dass er von einer Situation wechselseitiger „civil inattention" ausgeht, der er sich vertrauensvoll überlassen kann.

---

[7] Um es nochmals zu betonen: Es geht also nicht, wie diese Operation manchmal missverstanden wird, darum zu erraten, was tatsächlich der Fall ist.

Wir können also die bereits oben formulierte erste Fallstrukturhypothese: *dass Personen in einer Situation wechselseitig wahrnehmbarer Ko-Präsenz sich aufeinander beziehen*, dahingehend erweitern, dass sie diese Bezugnahme so gestalten, *dass sie sich nicht gegenseitig stören und sich offensichtlich auch nicht von einem der anderen gestört fühlen.* Wir können also als Fallstrukur eine *Haltung der „civil inattention"* bestimmen.

(3) Anreicherung und Präzisierung der Fallstrukturhypothese

Die Anreicherung und Präzisierung der Fallstrukturhypothese hätte nun durch die Analyse der weiteren Personen zu erfolgen. Da die Analyse der Personen, die weniger gut ausgeleuchteten, aber doch gut erkennbar sind, dem bereits dargelegten methodischen Vorgehen nichts hinzufügt, werden wir die Analyse selbst hier nicht darstellen. Es lässt sich festhalten, dass alle Passanten, obwohl sie aufgrund ihrer sehr unterschiedlichen Kleidung als nicht zusammengehörig[8] bestimmt werden müssen, das gemeinsam haben, was wir soeben für die beiden zunächst analysierten Personen festhielten: Sie stören sich nicht gegenseitig und fühlen sich offensichtlich auch nicht von einem der anderen gestört. Auch wenn es hier keine inhaltliche Bezugnahme aufeinander zu geben scheint, orientieren sie sich offensichtlich an Regeln des Nicht-aufeinander-Bezugnehmens. Alle Personen verlassen sich darauf, dass sie nichts miteinander zu tun haben. Auch diese Form der Praxis, die wir mit Goffmans Ausdruck „civil inattention" kennzeichnen, stellt eine wechselseitige Verortung in einem geteilten Universum dar. Die pragmatischen Erfüllungsbedingungen für die Handlungen der einzelnen, von uns anhand ihrer Bewegung, ihrer Haltung, ihrer Gestik und Mimik analysierten Personen lassen sich zusammenfassend wie folgt kennzeichnen: *einerseits* eine *Nicht-Präsenz von vertrauten Personen* – denen man sonst die Gedanken, mit denen man sich beschäftigt, mitteilen würde – bei *gleichzeitiger Nicht-Präsenz von unvertrauten Personen* – angesichts derer man sonst seine persönlichen Gedanken verbergen und deren Position im Raum man beachten und berücksichtigen würde –, also eine *Nicht-Präsenz von Personen überhaupt; andererseits* eine *Präsenz eines durch vertraute Personen gestifteten Umfelds* – in dem man vertrauensvoll und im Bewusstsein der Geborgenheit agiert. – Diese pragmatischen Erfüllungsbedingungen sind in der äußeren, von allen Subjekten sinnlich wahrnehmbaren Realität aber nun nicht gegeben: Dort gibt es ko-präsente Personen, die für sich

---

[8] Die unterschiedliche Kleidung zeigt, dass sie nicht einer durch Beruf (vgl. Jahn/Nolten 2018 u. Loer 2019 [Jahn/Nolten]) oder privates Ereignis gestifteten Gruppe angehören.

wechselseitig wahrnehmbar sind, und es handelt sich dabei um vermutlich einander fremde, jedenfalls nicht vertraute Personen. Das bedeutet nun, dass in der inneren Realität zumindest der hier analysierten Personen die mit ihnen kopräsenten Personen *zugleich* als auf ihr Handeln *nicht Einfluss nehmende* und als *zuverlässige* Personen angesehen werden.[9] Etwas sinnlich Wahrnehmbares als nicht Einfluss nehmend behandeln, heißt aber, auf es bezug nehmen – und zwar in Form der *Deutung als* nicht Einfluss nehmend; ebenso heißt Personen als zuverlässig behandeln, auf sie bezug nehmen – und zwar in Form der *Deutung als* zuverlässig. Bezüglich anderer Personen geht dies nur, wenn man sich darauf verlässt, dass diese ihrerseits in diesem Modus des Nicht-Einfluss-Nehmens verbleiben, woraus zugleich die Zuverlässigkeit sich speist – dass sie also *strukturell verlässlich sich aufeinander beziehen in Form der inhaltlichen Nicht-Bezugnahme*. Alle Beteiligten folgen somit der Regel des Unbeteiligtseins. Dass es sich um eine Regelbefolgung und nicht um ein bloßes Geschehen handelt, würde eine Abweichung von der Regel sofort aufzeigen; eine solche Abweichung konnte ich einmal auf der Via Porto auf Ischia erfahren: Im Frühjahr 2016 beobachtete ich dort einen Straßenkünstler, der genau die Verletzung dieser Regel des Unbeteiligtseins zum Ausgangspunkt für sein Unterhaltungsprogramm vor den Müßiggängern in den dortigen Straßenrestaurants und auf den vertäuten Yachten machte, indem er flanierenden Personen, denen er zunächst als neutraler Fremder begegnete, nachging, in ihre offenen Taschen und auf ihre Mobiltelefone schaute, ihre Bewegungen und Äußerungen gestisch kommentierte etc. Dies führte bei den so behandelten Personen zu großen Irritationen und empörten Zurückweisungen. – Wir sehen also, dass die Regel des Unbeteiligtseins den Charakter einer Norm hat,[10] deren Befolgung in der universalen Kultur der Zivilität verlangt wird. In traditionalen Gessellschaften gilt diese Norm der „zivilen Unaufmerksamkeit" nicht. Die Frage, warum der Umgang noch als unbeteiligter Umgang überhaupt normativ geregelt wird, können wir hier nicht erschöpfend

---

[9] Bei Erving Goffman heißt es diesbezüglich: „By according to civil inattention, the individual implies that he has no reason to suspect the intentions of the others present and no reason to fear the others, be hostile on them, or wish to avoid them." (1963/1966, S. 84).

[10] *Normen* sind Handlungsregeln, die einen gewissen Grad an *Verbindlichkeit* – nach Theodor Geiger: ein ‚Normstigma' (1964, S. 62) – haben, die sich in der Verknüpfung der gebotenen wie der verbotenen Handlungsoptionen mit bestimmten – positiven oder negativen – Folgen: mit Sanktionen, ausdrückt. Eine solche Verbindlichkeit erlangen Normen dadurch, dass die in ihnen ausgewählte Handlungsoption zum *Selbstverständnis der Gemeinschaft*, in der sie gelten, in einem Passungsverhältnis steht (vgl. hierzu des Näheren Loer 2008 [Norm], hier, S. 182 f.).

behandeln; gleichwohl sollen die erforderlichen grundlegenden Überlegungen in einem Exkurs zumindest plausibilisiert werden.

Exkurs zum Begriff der strukturellen Reziprozität[11]
Gehen wir von dem ubiquitären Phänomen des Grußes (vgl. Loer 2021 [Reziprozität], S. 6–31) aus, so stellt sich die Frage, warum grüßen Menschen, die sich begegnen einander, warum tauschen Gruppen, die sich begegnen Gaben aus? In dem Bericht über das Aufeinandertreffen von zwei Gruppen der Nambikwara,[12] den Claude Lévi-Strauss gibt, finden sich Beobachtungen, aus denen sich interessante Hinweise für die Beantwortung dieser Frage entnehmen lassen: „Sie fürchten die Kontaktaufnahme und zugleich wünschen sie sie. Eigentlich können sie sich nicht zufällig begegnen, denn seit mehreren Wochen lugen sie auf den senkrechten Rauch ihrer Lagerfeuer, der sich, perfekt aus mehreren Dekaden von Kilometern wahrnehmbar, in der Mitte des klaren Himmels der kalten Jahreszeit erhebt [...]. Ist die Gruppe, die sich nähert, freundlich oder feindlich? Man ignoriert sie und man diskutiert lange darüber, wie man sich benehmen soll. Über Tage oder Wochen bemüht man sich, eine zumutbare Distanz zwischen den Feuern einzuhalten, dann eines Tages, wenn der Kontakt so unvermeidlich wie wünschenswert erscheint oder notwendig, verteilen sich die Frauen und die Kinder im Busch und die Männer brechen auf, um dem Unbekannten die Stirn zu bieten." (1948, S. 91)

Was geschieht hier? Auch wenn die beiden Gruppen sich ‚ignorieren', so macht die Rede von der zumutbaren Distanz doch überdeutlich, dass bereits dieses Ignorieren ein Aufeinander-Bezugnehmen darstellt. Dass irgendwann „der Kontakt so unvermeidlich wie wünschenswert erscheint oder notwendig", zeigt, dass sie auf eine fundamentale Weise aufeinander bezogen sind, und dass sie nicht umhin können, dieses fundamentale Aufeinander-Bezogen-Sein zu gestalten – sei es durch die Erklärung der Feindschaft, sei es durch das Anerbieten der Brüderschaft, wozwischen, wie Lévi-Strauss deutlich macht, sie offenbar bei der ersten Begegnung changieren (vgl. Lévi-Strauss 1948, S. 92). Warum ist dieses vorgängige fundamentale Aufeinander-bezogen-Sein gegeben und worin besteht es? Als Angehörige der Gattung Mensch ist das Verhalten der Nambikwara zueinander nicht biogrammatisch[13] vorgeprägt. Negativ heißt dies, dass es kein vorgegebenes Schema der Verhaltenskoordination gibt, positiv, dass es vielfältige Verhaltensoptionen gibt, die zunächst unbestimmt sind. Wird nun eine der Optionen ergriffen, so stellt dies ein spezifisches Gestalten des fundamentalen Aufeinander-bezogen-Seins dar.

Bei nicht-humanen Lebewesen legen im ‚Erbbilde verankerte Gesetze' (Lorenz (1950/1975, S. 31) – letztlich eben wie Naturgesetze – ein bestimmtes Verhalten fest – und zwar auf eine Weise, dass nicht davon abgewichen werden kann. Bei Tieren besteht eine feste Beziehung zwischen Reiz und Reaktion, wobei der Reiz nicht eine Qualität der äußeren Realität ist, sondern erst aufgrund der Verarbeitung durch den Organismus gemäß seinen „patterns of special behavior" (Count 1970/1973, S. 4) zu einem solchen wird und eben ein entsprechendes Verhalten bewirkt.

Beim Menschen ist diese Festlegung aufgrund der Instinktreduktion[14] nicht gegeben. Dass nun Angehörige einer humanen Gruppe A nicht etwa lediglich ein biogrammatisch vorschematisiertes Verhalten von Angehörigen einer humanen Gruppe B etwas angeht, sondern potenziell alles, was diese tun, zeigt, dass zwischen ihnen strukturell eine Beziehung der Reziprozität besteht: Was auch immer B in einer Situation, in der er sich in einer wechselseitigen Wahrnehmbarkeit mit A befindet, tut, bezieht sich objektiv auf A – et vice versa; dies gilt für Gruppen wie für Einzelne. Bezieht, was B tut, sich *inhaltlich nicht* auf A, muss dies markiert sein (s. u.), was nochmals zeigt, dass es sich *strukturell unvermeidlicherweise* auf A bezieht.

Durch die Instinktreduktion, durch das Natur überschreitende Faktum der Natur, dass der Mensch nicht nur Umwelt hat, dass er also nicht, wie komplex auch immer, letztlich in seinem Verhalten ein naturgesetzliches Produkt der Vektoren Situation und Verhaltensprogrammierung ist, sondern dass er vielmehr Welt hat, also weltoffen ist,[15] hat sich demnach dergestalt eine strukturelle Form von Reziprozität herausgebildet. Bei Menschen kann es also ein bloßes Nebeneinander nicht geben: objektiv sind wir in der Situation der Begegnung aufeinander verwiesen und jegliches Tun oder Lassen des einen wird zwingend vom anderen auf die Begegnung und damit zugleich auf sich bezogen. Selbst das Ignorieren des Anderen ist ein auf ihn Bezugnehmen, wie Paul Watzlawick bezüglich der Kommunikation gezeigt hat: Er formulierte dazu ein „metacommunicational axiom of the pragmatics of communication [...]: *one cannot* not *communicate*." (Watzlawick et al. 1967, S. 51; kursiv i. Orig.) Strukturelle Reziprozität ist somit eine kulturelle Universalie und ein Konstitutivum der Gattung Mensch; dies erklärt zugleich die Ubiquität von Reziprozität: wenn wir uns unvermeidlicherweise aufeinander beziehen, sobald wir in eine Situation wechselseitiger Wahrnehmung geraten, ist eine inhaltliche Gestaltung dieser Bezugnahmen unvermeidbar, sie muss also überall auftreten.

Wie gestalten nun die Nambikwara das unvermeidliche wechselseitige Aufeinanderbezogen-Sein? Zunächst bedrohen sich die Gruppen gegenseitig, was sich steigert und zu einem Kampf zu werden droht (Lévi-Strauss 1948, S. 92 f.). Wenn dieser vermieden wird, so hat „das Treffen der beiden Gruppen [...] eine Serie von reziproken Geschenken zur Folge" (Lévi-Strauss 1948, S. 93). Lévi-Strauss beschreibt einen „mysteriösen Kreislauf von Waren, der ohne Eile während des Verlaufs eines halben oder eines ganzen Tages stattfindet" (Lévi-Strauss 1948, S. 93). Indem die Nambikwara-Gruppen also zunächst Feindseligkeiten und dann Geschenke austauschen, geben sie sich gegenseitig in ihrem gemeinsamen Universum einen Ort: zunächst als Feinde, dann als Freunde (vgl. Lévi-Strauss 1948, S. 92). – Wir können nun festhalten, dass beides, also sowohl der Austausch von Feinseligkeiten als auch der Austausch von Geschenken, eine Antwort auf das fundamentale Aufeinander-Bezogen-Sein darstellt.

Johan Huizinga drückt diese Beziehung treffend wie folgt aus: „Einander gegenüber stehen stets [...] zwei Gruppen, in einem Geist zwischen Feindschaft und Gemeinschaft ineinander verbunden." (1938/1987, S. 71; korr. Übers., vgl. Huizinga 1938/1940, S. 88) In dieser Formulierung bringt Huizinga zum Ausdruck, dass die Angehörigen der Gattung Mensch unvermeidlicherweise aufeinander bezogen sind – und zwar kulturell: „in einem Geist" – und dass sie nicht umhin können, dieses fundamentale Aufeinander-bezogen-Sein, diese strukturelle Reziprozität jeweils zu gestalten; dabei bleibt diese Gestaltung in der Ambivalenz zwischen „Feindschaft und Gemeinschaft".

Wir müssen also nicht nur im Gruß, sondern auch in allen anderen wechselseitigen Bezugnahmen aufeinander – seien diese positiv vergemeinschaftend oder negativ feindschaftsbildend – eine empirische Ubiquität von Reziprozität feststellen – diese ist natürlich jeweils kulturspezifisch ausgestaltet.

Wie aber ist es nun mit dem Nicht-Grüßen, das wir in unserem ersten Photo analysierten und das ja keine manifeste – weder eine positiv noch eine negativ gestaltete – Bezugnahme aufeinander darstellt? Wir können es in modernen Gesellschaften auf den öffentlichen Plätzen der Städte, in den Massenverkehrsmitteln und so weiter allenthalben beobachten. Ohne dass wir uns wechselseitig als unhöflich wahrnehmen, gehen wir schweigend und ohne Blickkontakt an der Mehrzahl der Menschen, die uns im Laufe eines Tages begegnen, vorbei; wir nehmen die Anderen als neutrale Fremde wahr.[16] Diese Kategorie des neutralen Fremden stellt eine historisch relativ späte Erscheinung dar; sie ermöglicht es, angesichts der häufigen Begegnungen in den modernen Gesellschaften die Verpflichtung zu vermeiden, die mit dem Grüßen verbunden ist, ohne die Konsequenzen der Missachtung oder gar Feindschaft in Kauf nehmen zu müssen. Indessen haben wir gesehen, dass mit der Behandlung des Gegenübers als neutralen Fremden eine andere Verpflichtung übernommen wird, nämlich diejenige, ihm gegenüber das aufzubringen, was Erving Goffman als „civil inattention" bezeichnet hat (1963/1966, S. 83–88). Auch das scheinbare Ignorieren ist also eine Gestaltung der Situation des fundamentalen Aufeinander-Bezogen-Seins, stellt als inhaltlich vollzogene Reziprozität eine Antwort auf die unvermeidliche strukturelle Reziprozität dar; allerdings wird so die Reziprozität nicht als manifeste Bezugnahme gestaltet, sondern stellt sich als eine latentbelassene Bezugnahme[17] dar.

Alle drei möglichen inhaltlichen Formen der Bezugnahme aber, die positive, die negative wie die neutrale, stellen eine Antwort auf die universelle strukturelle Reziprozität, das unvermeidliche Aufeinander-bezogen-Sein dar. Die Antwort auf die Frage, was diese Möglichkeiten der Gestaltung der Bezugnahme konstituiert und es zugleich unvermeidbar macht, eine zu wählen, lautet: strukturelle Reziprozität.

---

[11] S. hierzu ausführlich: Loer 2021 [Reziprozität], insbes. S. 164–159, u. 2022 [Annahme], inbes. S. 154–170.

[12] „Sammel-Bez. für […] indian. Völker […] in den brasilian. Bundesstaaten Mato Grosso und Rondônia." (Brockhaus 1998-15, S. 355).

[13] Zum Begriff der Biogrammatik s. Tiger und Fox (1971/1972), Tiger (1994) und Count (1970/1973).

[14] Wir können dies hier nicht ausführen, s. Gehlen (1956/1986), S. 21, passim; für weitere Ausführungen hierzu s. Loer (2021) [Reziprozität], S. 150 ff.

[15] Auch dies können wir hier nicht ausführen, s. Scheler (1928/1983), S. 38; für weitere Ausführungen hierzu s. Loer (2021) [Reziprozität], S. 146–150.

[16] Wenn wir uns allerdings in einem kleinen Dorf bewegen oder eine Wanderung im Gebirge unternehmen, gibt es diese Haltung nicht. Der Nicht-Grüßende wird hier als unhöflich wahrgenommen, möglicherweise gar als jemand, vor dem man sich in Acht nehmen muss. Vgl. die interessante Beobachtung zu diesem Phänomen, die Christine Brückner beim Wandern

(4) Versuch der Falsifizierung der Fallstrukturhypothese

Falsifikatoren kann man bestimmen, wenn eine Fallstrukturhypothese genügend prägnant formuliert werden konnte. In unserem Fall könnte die Annahme, dass bei im öffentlichen Raum ko-präsenten Personen eine Haltung der „civil inattention" festzustellen ist, die in der Befolgung der Regel des Unbeteiligtseins besteht, nun einerseits dadurch falsifiziert werden, dass sich statt dessen eine inhaltlich positive oder negative wechselseitige Bezugnahme zeigen ließe, andererseits dadurch, dass die gegebene inhaltliche Nicht-Bezugnahme, die sich als latentbelassene Bezugnahme herausgestellt hat, dadurch bedingt wäre, dass die verschiedenen Personen ihre jeweilige Aufmerksamkeit auf im Raum gegebene jeweils unterschiedliche Gegenstände oder Ereignisse richten würden.

Für den ersten Falsifikator finden wir im vorliegenden Photo keinen Kandidaten; um diesen Falsifikationsversuch durchführen zu können, müssten wir also zusätzliches Material heranziehen oder erheben. Für den Zweck der Einführung in das methodische Vorgehen bei der Analyse von Photographien belassen wir es diesbezüglich bei der Erinnerung an unsere Erfahrung im Alltag, wo wir Situationen inhaltlicher Nicht-Bezugnahme in öffentlichen Räumen jedenfalls auch erleben.

Für den zweiten Falsifikator lassen sich im vorliegenden Photo a prima vista zwei Kandidaten finden, denen wir uns nun zuwenden wollen: dem jungen Mann rechts an der Bushaltestelle und dem älteren Herrn mit der Zeitung links.

Der *junge Mann rechts an der Bushaltestelle* ist gut und stimmig, allerdings leger gekleidet: Er trägt eine, die typischen Bewegungsfalten aufweisende Bluejeans, ein dunkles Jackett und ein Jeans-Hemd mit offenem Kragen sowie bequem erscheinende Halbschuhe. Seine Kleidung lässt vermuten, dass auch er keinen längeren Aufenthalt im Freien vorhat. Er kommt von der Richtung der Straße und läuft senkrecht zum Gehweg, also die vorherrschende Bewegungsrichtung der anderen Passanten querend, in Richtung eines Gebäudes. Demnach müsste

---

in den Vogesen gemacht hat: „Je höher wir kommen, desto kameradschaftlicher geht es zu. Die Begegnungen werden rar. Die Grußgrenze liegt bei 800 m ü. N., nahe der Baumgrenze, alltags. Sonntags liegt sie 300 m höher." (c. b. 1971/1986, S. 200).

[17] Das hier Visierte ist nicht dasselbe wie die „latente Reziprozität" als Verbundenheit durch welche Karl Otto Hondrich und Claudia Koch-Arzberger Solidarität bestimmt sehen (1992/1994, S. 14). Ob diese „latente Reziprozität" der von uns als „strukturelle Reziprozität" bestimmten konstitutiven Sozialität und damit der Verortung im Universum der Gattung entspricht oder einer spezifischen Form der minimal inhaltlich bestimmten Reziprozität und damit der Verortung im gemeinsamen Handlungsraum einer wie immer noch vagen Gemeinschaft, wäre näher zu untersuchen.

er zur Vermeidung von Kollisionen seine Aufmerksamkeit auf den Verkehr auf dem Gehweg richten. Sein Gesicht ist jedoch nach unten geneigt und sein Blick nach vorne gerichtet und erscheint fokussiert, so als versuche er etwas nicht auf Anhieb Bestimmbares zu erkennen. Das leichte Stirnrunzeln bringt dieses Moment der Konzentration zum Ausdruck. Was er fixiert, ist auf dem Photo nicht zu sehen. Zu seinem Blick würde sowohl ein aus der Entfernung noch nicht entzifferbarer Text – etwa ein Kinoplakat o. ä. –, eine auffällige Szene – etwa ein beginnender Streit in einem Café – ein unvermutet entdeckter, aber noch nicht identifizierter Bekannter oder auch das eigene Spiegelbild, an dem er etwas Ungewöhnliches entdeckt, passen. Das Gebäude, auf das er zugeht, hat eine für ein Hotel oder ein Kino typische, über den Gehweg ragende Eingangsüberdachung, die allerdings relativ ungepflegt – schmutzig und beschädigt – ist. Der junge Mann wirkt, als hätte er ein nahes Ziel, auf das er seine Aufmerksamkeit richtet. Es könnte also hier jemand genau deswegen, weil er seine Aufmerksamkeit auf einen im Raum gegebenen anderen Gegenstand bzw. auf ein im Raum gegebenes anderes Ereignis richtet, die anderen anwesenden Personen nicht beachten, sich also aus diesem besonderen Grund inhaltlich nicht auf sie beziehen. Wäre damit unsere Fallstrukturhypothese also falsifiziert? Zunächst einmal wäre nicht die Fallstrukturhypothese bezüglich der zuvor analysierten Personen falsifiziert, sondern lediglich ihre Generalisierung (s. u.) infrage gestellt; sodann ist aber Folgendes festzuhalten: Gerade dass der junge Mann offensichtlich meint, ein Ziel, auf das er seine Aufmerksamkeit richtet, erreichen zu können, ohne auf die anderen Passanten achten zu müssen, zeigt, dass auch er sich offenbar auf die Anonymität und Folgenlosigkeit der Ko-Präsenz verlässt, und er somit deren Regeln zugleich selbst folgt.

Der *Mann ganz links im Bild* trägt einen Anzug, der allerdings ein wenig aus der Form zu sein scheint, jedenfalls nicht so elegant ist, wie der des oben zuerst betrachteten männlichen Passanten. Er hält sich an die formalen Vorgaben des ‚Tenue de ville', scheint sie allerdings lediglich pro forma zu erfüllen und seinem Äußeren keine große Bedeutung beizumessen. Das Hemd und die Krawatte sind ebenfalls ‚korrekt', die Farbe der Krawatte kontrastiert mit dem Hemd und passt zum Anzug; alles ist also in sich stimmig, aber ohne besondere Eleganz. Auch die Schuhe erscheinen etwas matter als die des anderen Anzugträgers. In seiner linken Hand hält der Mann eine Ausgabe der katalanischen Zeitschrift ‚La Vanguardia', was – wie seine Kleidung – darauf verweist, dass auch er, ähnlich wie die als zweites betrachtete Person, einen kurzen Weg – etwa vom Büro zu einem Café oder zurück – zurücklegt. Er geht in Richtung des Gehwegs auf den Betrachter zu, aber – und dies macht ihn zum Kandidaten für eine Falsifikation der Fallstrukturhypothese bzw. für ein Infragestellen einer von dem ersten

Anzugträger ausgehenden Generalisierung – sein Blick geht von ihm aus gesehen nach rechts, wo etwas offenbar seine Aufmerksamkeit erregt hat. Im Vorübergehen scheint er dort etwas zu beobachten, und zwar, wie sich seiner Mundpartie entnehmen lässt, mit einer gewissen Skepsis – es könnte sich um etwas in demselben Hotel- oder Kino-Eingang handeln, in dem auch der junge Mann an der Bushaltestelle etwas fixiert.[18] Könnte also dadurch seine Nicht-Beachtung der ko-präsenten Personen ausgelöst sein? Relativ dicht vor ihm geht eine Person, von der wir nur die Beine und einen Fuß, eine große, mit Rosenmotiven verzierte Beuteltasche, sowie einen Teil des Fellkragens einer über dem Arm getragenen Jacke erkennen können. Der Mann mit der Zeitung hält es offenbar für nicht erforderlich, den Abstand zu dieser vorausgehenden Person bewusst zu kontrollieren, sondern verlässt sich ebenfalls auf Routinen. Zugleich lässt nichts erkennen, dass er seine Beobachtung von doch offenbar etwas Auffälligem und möglicherweise Diskussionswürdigen einem der ko-präsenten Personen mitzuteilen gedenkt.

Obwohl also die Aufmerksamkeit auf etwas Gegenwärtiges und aktuell von ihm sinnlich Wahrnehmbares gerichtet ist, das sich auch im Wahrnehmungsraum zumindest einiger der anderen Passanten befindet, bleibt auch dieser Mann für sich und stört seinerseits nicht die Handlungen der ko-präsenten Personen wie er auch nicht mit einer Störung durch diese rechnet. Auch an dieser Person können wir also die Fallstrukturhypothese nicht falsifizieren.

Nun könnte man sagen, dass es sich bei der Nicht-Bezugnahme der anderen ko-präsenten Personen um nichts anderes handelt als um eine schlichte Nicht-Beachtung, wie sie etwa auch bezüglich des zerknüllten blauen Papiers festzustellen ist. Wie wir oben im Exkurs zur Frage von Sichtbarkeit, Notation und Beschreibung festhielten, können wir aus der Tatsache, dass die Personen an diesem Papier vorbeigehen, ohne es eines Blickes zu würdigen, schließen, dass das Papier ihrer Aufmerksamkeit entgeht, oder aber, dass sie einer Regel folgen, die sie von der Besorgung des öffentlichen Raums entlastet (etwa, weil diese in der Zuständigkeit einer öffentlichen Straßenreinigung liegt), und können folglich deuten: „Für die abgebildeten Personen ist die Umgebung offensichtlich ein vertrauter Hintergrund routinierten Handelns, was sich (u. a.) daran zeigt, dass sie einem auf dem Boden liegenden zerknüllten Papier keine Aufmerksamkeit schenken." Warum schließen wir nicht, dass auch die jeweils anderen Personen schlicht

---

[18] Allerdings handelt es sich wohl nicht um denselben Gegenstand, dasselbe Geschehen, da die Blickachse des jungen Mannes hinter dem hier betrachten verläuft. – Dass wir hier den Blick des jungen Mannes heranziehen, der ja streng genommen einen Kontext darstellt, ist durch den immanenten Bezug des möglicherweise gleichen Blickziels motiviert. Dass die Formulierung im Konjunktiv erfolgt, gründet darin, dass die Herausarbeitung der Erfüllungsbedingungen hier nicht explizit dargestellt wird.

der Aufmerksamkeit entgehen? Zwischen Papier und Personen besteht hier eine einfache Differenz: Auf das Papier muss man seine Aufmerksamkeit nicht richten, weil es sich der laufenden Aktivität nicht aufdrängt; anders als bei den Personen, die sich durch den eigenen Weg bewegen und an die man folglich seine Bewegung anpassen muss, was nur geht, wenn man ihnen unterstellen kann, dass sie ihre Bewegungen gleichermaßen anpassen. Diese Unterstellung aber könnte man nur auf zweierlei Weisen erklären: (a) mit einem biogrammatisch voreingestellten Reaktionsmechanismus, wie er etwa bei Herdentieren dafür sorgt, selbst in wilder Flucht einander nicht zu behindern; (b) mit verbindlich geltenden Handlungsregeln, also mit Normen. Wenn wir die Erklärung (b) als die richtige heranziehen und behaupten, dass die wechselseitige Nicht-Beachtung ko-präsenter Personen als neutrale Form der inhaltlichen Reziprozität zu gelten hat, so besteht die Gefahr eines circulus vitiosus,[19] unterstellen wir damit doch bereits, dass strukturelle Reziprozität ein Konstitutivum menschlicher Ko-Präsenz darstellt, woraus die Notwendigkeit einer normativen inhaltlichen Gestaltung folgt. In unserer Analyse ging es ja aber nicht darum, strukturelle Reziprozität als die Unmöglichkeit, sich nicht aufeinander zu beziehen, nachzuweisen; vielmehr können wir diese, ohne damit einen Fehlschluss zu begehen, als gegeben voraussetzen, da es um die Bestimmung der spezifischen inhaltlichen Form der Reziprozität ging, die wir hier mit Goffmans Terminus als „civil inattention" bezeichneten und die eben eine neutrale Form der Reziprozität darstellt. Insofern handelt es sich in unserer Deutung um „die schwache Version […] der Abduktion" (Oevermann o. J. [1998] [Abduktion2], S. 30) im Sinne von Charles S. Peirce:

> „The form of inference, therefore, is this:
>
>> The surprising fact, C, is observed;
>>
>> But if A were true, C would be a matter of course,
>>
>> Hence, there is reason to suspect that A is true.
>
> Thus, A cannot be abductively inferred, or if you prefer the expression, cannot be abductively conjectured until its entire content is already present in the premiss, ‚If A were true, C would be a matter of course.'" (1903/1973, S. 254).

Beobachtet haben wir die wechselseitige vertrauensvolle Nicht-Beachtung von ko-präsenten Personen (C); wenn nun eine Regel der „civil inattention" (A) als geltend unterstellt werden könnte, wäre C eine Selbstverständlichkeit; deshalb

---

[19] Beim circulus vitiosus wird „der zu beweisende Satz […], eventuell nur synonym umgeformt, als Prämisse für sich selbst benutzt" (Lorenz 1971: Sp. 884).

gibt es Grund zu der Annahme, dass A als geltend unterstellt werden kann. Wir haben hier also nicht A überhaupt erst als Erklärungsmöglichkeit entdeckt, was „eine starke Version der Abduktion" (s. Oevermann o. J. [1998] [Abduktion2], S. 36) wäre; vielmehr war der gesamte Inhalt bereits in der Prämisse ‚Wenn A wahr wäre, würde C eine Selbstverständlichkeit sein.' enthalten.[20]

(5) Zur Genese der Fallstrukturgesetzlichkeit

Wir haben oben bereits festgehalten, dass man bei einem Photo in der Regel weiteres Material erheben muss, wenn man die Genese der rekonstruierten Fallstruktur untersuchen will. Da die von uns rekonstruierte Fallstruktur in modernen Gesellschaften vermutlich ubiquitär aufzufinden ist, ginge es in einer Untersuchung ihrer Genese nicht darum, etwa die Bildungsgeschichte der einzelnen Lebenspraxen, die wir, wie sie in ihrem im Photo protokollierten Handeln zum Ausdruck kommen, untersucht haben, zu rekonstruieren; vielmehr müssten wir die Genese der praktisch wirksamen Kategorie des neutralen Fremden selbst untersuchen. Dies hätte kontrastiv zu erfolgen, indem einerseits Gesellschaften, in denen es diese Kategorie noch nicht gibt,[21] untersucht würden, sodann Situationen in unserer Gesellschaft, wo die Norm, dem neutralen Fremden mit „civil inattention" (Goffman 1963/1966, S. 83–88) zu begegnen, verletzt wird, und schließlich müsste Material aus Gesellschaften im Übergang herangezogen werden, wo diese Kategorie sich zu entwickeln und zu etablieren beginnt.

(6) Überlegungen zu weitergehende Fragen

Eine (i) der weiterführenden Fragen wäre genau die soeben genannte. – Sodann (ii) wäre es aufschlussreich, Situationen des Übergangs – sei es (a1) von neutraler zu positiver, sei es (b1) von neutraler zu negativer Reziprozität, oder (a2, b2) auch jeweils umgekehrt – zu untersuchen. Für (a1) wären etwa Situationen heranzuziehen, in denen zufälliger Blickkontakt zu einem Gruß o. ä. führt, oder auch Situationen der Krise, in denen etwa die neutral fremden Passagiere eines Zugabteils aufgrund eines langen Halts auf freier Strecke o. ä. beginnen, miteinander zu kommunizieren etc.; für (b1) wären etwa Situationen heranzuziehen, in

---

[20] Gewonnen haben wir A in ausführlichen Analysen (vgl. Loer 2021 [Reziprozität]).
[21] „Der Begriff des neutralen Fremden fehlt ursprünglich." (Gehlen 1955, S. 37).

denen zufälliger Blickkontakt zu einem Pöbeln o. ä. führt. – Sowohl die Untersuchung von (i) als auch die von (ii) würde vermutlich interessanten Aufschluss über die innere Ausgestaltung und kulturelle Varianz der neutralen Reziprozität geben.

Schließlich (iii) könnte die photographische Praxis – auch als künstlerische – zum Fall gemacht und (iii.a) gefragt werden, warum der Photograph die von ihm photographierte „Sache für ein Ereignis hält" (Neumann 1966, S. 27), was also sich darin ausdrückt, dass er die Szene photographierte und dass er von den vermutlich vielen Photos dieser und vergleichbarer Szenen gerade dieses Photo für die Veröffentlichung auswählte; für die Beantwortung der letzteren Frage müssten uns natürlich die anderen Photos, die zur Auswahl standen, vorliegen. Dass diCorcia die Reihe seiner Photographien, der unser Photo entstammt und die vergleichbare Szenen festhalten, unter dem Titel „Streetwork" publizierte, verweist darauf, dass er die sinnliche Erkenntnis der Bedeutung der Anonymität für unsere Gesellschaft durchaus im Blick hatte: das wechselseitige Wirken auf der Straße als ein prekäres Bewirken von sozialem Zusammenhalt.[22] Seine Photos bringen – über seine Deutung hinaus[23] – auch noch die Voraussetzung der Spannung zwischen der „outward facing front" und den „inwardly gazing eyes" zur Erfahrung: dass in der Anonymität, die mittels regelhafter ziviler Unaufmerksamkeit hergestellt wird, eine wechselseitige Bezugnahme der ko-präsenten Personen aufeinander gegeben ist. Diese ist Voraussetzung für das von diCorcia thematisierte „withdraw[ing] into themselves". Seine Leistung als Photograph beschreibt er treffend wie folgt: „That is what I do. I focus excessively and dramatically on that which was never really hidden, but rarely is noticed." (diCorcia 1997/1998, S. 14) Das Ausdrucksmaterial der Photographie kommt

---

[22] Wenn wir allerdings diCorcias Selbstaussagen heranziehen, so betont er dort nur die eine Seite der Anonymität: „The street does not induce people to shed their self-awareness. They seem to withdraw into themselves. They become less aware of their surroundings, seemingly lost within themselves." Der folgende Satz gibt dieser einseitigen Deutung gar eine kulturkritische Note: „Their image is the outward facing front belied by the inwardly gazing eyes." (1997/1998, S. 12; Tippfehler korrigiert) – Eine explizite Entfremdungslesart oder gar ein soziopolitisches Engagement lehnt diCorcia allerdings ab – vgl.: „Unfortunately, the conclusion most often drawn about the people in my photographs is that they are alienated." (diCorcia 1997/1998, S. 12) Und: „I do not start out seeking to explore sociopolitical issues. I feel that that would prejudice me more than I already am. For me, the desire to be right is a form of prejudice" (diCorcia 1997/1998, S. 13).

[23] Dass dies möglich ist, sieht diCorcia durchaus: „I am conscious of making an aesthetic object that I want to stand on its own without the necessity to be viewed with other images; one that reveals its meaning over a long period of time, both in form and in content." (1997/1998, S. 13).

dem entgegen, indem das stillstellende Protokollieren der flüchtigen Praxis deren unverborgenen Selbstverständlichkeiten zum Gegenstand der Betrachtung werden lässt. Die spezifische Auswahl, die diCorcia trifft, ebenso wie die Wahl von Tiefenschärfe und Beleuchtung fördert diese Betrachtung noch.
Dann (iii.b) wären auch die bildimmanenten Beziehungen etwa auf der ikonischen Ebene heranzuziehen. Es wäre also z. B. zu fragen, inwiefern die gleichen Abstände, die wir als reale Abstände analysiert haben, als bildimmanente Abstände anschaulich zur Erfahrung bringen, was unsere Analyse über die Nähe/Distanz-Gestaltung begrifflich herausarbeitete. Hierin besteht die – für unsere Analyse hier nicht im Fokus stehende – besondere Leistung der Photographien Philip-Lorca diCorcias. Sie ermöglicht sinnliche Erkenntnis, die der konkreten Bildgestalt sich überlässt, indem sie das „Bildanschauliche" (etwa die gegebenen Abstände) auf „das nur Bildmögliche selbst" (etwa die möglichen Abstände) bezieht (Imdahl 1994, S. 308). Dem folgt die begriffliche Erkenntnis, indem sie hier etwa die Abstände zwischen den dargestellten Personen methodisch explizit gedankenexperimentell variiert. Das Bild, indem es die sinnliche Präsenz in Permanenz hält, repräsentiert in sich auch die Möglichkeiten des Andersseins. Diese in der Analyse durch methodisch explizite Variation in Anschlag zu bringen, bedeutet eine Sequenzanalyse des Bildes durchzuführen; eine solche ist, wie einleitend bereits ausgeführt, nicht schlicht als Analyse von aufeinanderfolgenden Segmenten zu verstehen.[24] Bei der Sequenzanalyse eines Bildes werden vielmehr stets die Optionen („das nur Bildmögliche") entworfen und die realisierte Option (das „Bildanschauliche") zu diesen in Relation gesetzt, um die Bedeutung dieser Auswahl bestimmen zu können (vgl. hierzu Loer 2010 [Videoaufz], S. 330). Dies geschieht u. a. auf der Grundlage ikonischer Relationen.[25]

---

[24] Dieses Missverständnis ist offensichtlich durch meine Rede von ikonischen Pfaden (Loer 1994 [Cézanne], S. 349) befördert worden; diese sind aber nur *eine* Erscheinungsform eines durch sequenzanalytische Variation methodisch zu erschließenden inneren Bildzusammenhangs.

[25] Die Grundlage dafür, die Ikonik, hat Max Imdahl zu entwickeln begonnen: „Es gibt aber auch einen ikonischen Bildsinn. Dessen Inhalt ist die Anschauung als eine Reflexion über das Bildanschauliche wie ebenso über das nur Bildmögliche selbst. Man kann diese ikonische, auf das Bildanschauliche selbst bezogene Anschauungsweise Ikonik nennen (Ikonik zu Eikon wie Logik zu Logos oder wie Ethik zu Ethos)." (1994, S. 308). Leider ist ihm darin meines Wissens keiner seiner Schüler gefolgt, so dass eine weitergehende Explikation der Gesetzmäßigkeiten des ikonischen Ausdrucksmaterials nach wie vor ein Desiderat darstellt. – Allerdings muss die Einbeziehung ikonischer Relationen in die Bildanalyse stets von

Strukturgeneralisierung (A)

„Jede abgeschlossene Fallrekonstruktion stellt in sich eine Strukturgeneralisierung dar, insofern sie einen Typus repräsentiert, dessen Allgemeinheit unabhängig davon gilt, wie häufig er in einer Grundgesamtheit als ‚token' vorkommt." (Oevermann 2004 [quanti], S. 469)[26] Insofern können wir festhalten, dass die aus der Photographie rekonstruierte Fallstruktur als Fallstrukturgesetzlichkeit die darin analysierten Fälle bestimmt und zugleich Bildungsmöglichkeiten für viele andere Fälle darstellt: Auch andere Fälle könnten mittels einer die Nicht-Beachtung anderer ko-präsenter Personen durch Blicke, Mimiken und Körperhaltungen die innere Haltung der „civil inattention" markieren – sei es dass die Blicke, Mimiken und Körperhaltungen innere Konzentration andeuten, Gleichgültigkeit oder gelassene mentale Abwesenheit.[27] – Weiterhin „stellt jede

---

der Fragestellung und der Sache her indiziert sein, wenn anders ein leerlaufender Formalismus vermieden werden soll, der sich in manchen Bildanalysen findet, wo etwa planimetrische Untersuchungen virtuos zum Einsatz kommen, ohne dass sie von der Fragestellung her angezeigt wären, und ohne dass sie der konkreten Bildgestalt folgten. Ein Beispiel dafür ist die Bildsegmentanalyse Roswitha Breckners (etwa: 2014); sie läuft Gefahr, formal korrekt aber inhaltlich leer zu bleiben, wenn sie die Auswahl der herausgeschnittenen Segmente und deren Analyse nicht durch die Bildgestalt motiviert und an sie rückkoppelt. Ein weiteres Beispiel für eine wenig erkenntnisträchtige Virtuosität stellen die Photoanalysen Ralf Bohnsacks (2001, 2003 u. 2009 a u. b) dar, der naiv die Begrifflichkeit Imdahls auf Photographien überträgt, ohne dass dies durch die Fragestellung indiziert und vom jeweiligen Typus der Photographie her geboten wäre (zur Kritik daran s. auch Scheid 2013, §§ 33 ff. u. 2022). Demgegenüber stellten wir hier von unserer Strukturhypothese her die Frage, wie die photographische Gestaltung die in ihr explizierte Bedeutung sinnlich erfahrbar ins Bild setzt. Schließlich zogen wir ergänzend die Deutung des Photographen heran, die sich auf die Photographieanalyse bezogen als selektiv erwiesen.

[26] Oevermann unterscheidet an der Stelle „Strukturgeneralisierungen in sechs verschiedenen Dimensionen" (Oevermann 2004 [quanti], S. 469; vgl. Oevermann 2000 [Fallrek], S. 116–129); diejenigen davon, die quasi „nebenbei vorgenommen" werden und sich lediglich unvermeidlicherweise mit ergeben (## 2, 3, 4 u. 6) nehmen wir hier nicht auf; vielmehr fokussieren wir diejenige Strukturgeneralisierung, auf die als allgemeine Erkenntnis abgezielt wird – s. u. den entsprechenden Eintrag im Glossar.

[27] Bei Erving Goffman wird einerseits deutlich, dass es sich bei „civil inattention" um eine Gestaltung der Situation handelt, weshalb wir den Terminus auch übernommen haben; andererseits konzipiert er diese Gestaltung allerdings intentionalistisch, etwa wenn es heißt: „What seems to be involved is that one gives to another enough visual notice *to demonstrate* that one appreciates the other is present (and that one *admits openly* to having seen him), while at the next moment withdrawing one's attention fom him so *as to express* tat he does not constitute a target of special curiosity or design." (1963/1966, S. 84; kursiv von mir, TL) Demgegenüber gehen wir hier von der *Norm* der „civil inattention" aus, deren Befolgung bis auf weiteres „a matter of course" und nicht intentional-strategisch geleitet ist.

rekonstruierte Fallstruktur eine je konkrete Variante einer einbettenden, übergeordneten Fallstrukturgesetzlichkeit dar und liefert über sie eine allgemeine Erkenntnis" (Oevermann 1996/2002 [Manifest], S. 16) Hier haben wir anhand eines Photos mehrere konkrete Personen jeweils als Fall von Handeln im öffentlichen Raum unter der Bedingung der Ko-Präsenz untersucht, die je eine „konkrete Variante" dieser Praxis darstellen; die Fallrekonstruktionen lieferten insofern über Handeln in öffentlichen Räumen, „Behavior in Public Places" nennt Goffman dies, „eine allgemeine Erkenntnis", als wir den Fällen entnehmen konnten, dass *dieses Handeln, indem es Regeln der „civil inattention" folgt, eine neutrale Form der Reziprozität darstellt, die die strukturelle Reziprozität inhaltlich latent belässt.* – Zudem können wir davon ausgehen, dass die rekonstruierten Fallstrukturen jeweils „eine lebenspraktische Problemlösung" darstellen, „die in einem Bildungs- und Individuierungsproze ß entwickelt wurde" (Oevermann 2004 [quanti], S. 469). Um allerdings die Genese der jeweiligen Fallstrukturgesetzlichkeit zu bestimmen, müssten wir, wie oben bereits gesagt, weiteres Material heranziehen, an dem herauszuarbeiten wäre, dass diese jeweils eine Antwort auf ein je spezifisches Handlungsproblem darstellt. Offensichtlich stellt aber die Haltung der „civil inattention" eine Lösung für ein in modernen Gesellschaften ubiquitäres Handlungsproblem dar: das Problem der permanenten Bezugnahme auf ko-präsente Personen.[28] Insbesondere und zunächst tauchte dieses Problem in der städtischen Gesellschaft auf. Unter den Charakteristika des Siedlungsgebildes Stadt, wie Louis Wirth sie herausgearbeitet hat, ist hierfür ein zentrales Merkmal bedeutsam: die hohe Dichte. Diese lässt sich laut Wirth bestimmen als ein Zugleich von großer physischer Nähe und sozialer Distanz.[29] Angesichts der strukturellen Reziprozität, also der Unmöglichkeit, auf das Handeln ko-präsenter

---

[28] Wir werden unten bei der Analyse des zweiten Photos sehen, dass wenn physische Präsenz im Sinne der Anwesenheit am selben physischen Ort zur selben physischen Zeit zur Bedingung der Ko-Präsenz gemacht wird, diese zu eng gefasst ist.

[29] „Typically, our physical contacts are close but our social contacts are distant." (Wirth 1938, S. 14; vgl. Loer 2013 [Stadt]) – An dieser Bestimmung wird deutlich, dass bei denjenigen Sozialwissenschaftlern ein verdinglichtes Verständnis von sozialen Beziehungen zugrunde liegt, die im Zuge der Maßnahmen zur Ansteckungsminimierung während der Pandemie mit dem Coronavirus SARS-CoV-2 anfangs statt von der Vermeidung enger physischer Kontakte von der Einhaltung sozialer Distanz sprachen (zur Debatte auf einer deutschen Mailingliste hierzu s.: https://lists.fu-berlin.de/private/qsf_l/2020-March/msg00040.html; zuletzt angesehen am 9. Sept. 2020). Michael Dick etwa versucht dort diese Redeweise wie folgt zu rechtfertigen: „warum der Begriff so einfach übernommen wird? Vielleicht weil er das Empfinden der Menschen ausdrückt. Das wäre eine empirische Tatsache, die wir nicht ignorieren sollten." Damit setzt er Sache und Begriff ineins, statt auf der Aufgabe der Wissenschaft zu bestehen, die Sache auf den Begriff zu bringen. Die WHO

Personen nicht zu reagieren (vgl. Loer 2021 [Reziprozität], S. 146–159), musste sich, so ist zu vermuten (s. oben zur Genese und zu weiteren Fragen) ein Modus herausbilden, der eine verbindliche positive Bezugnahme ebenso vermeidet wie eine negative; dieser Modus ist der der neutralen Bezugnahme. – Insofern ist neutrale Reziprozität eine Ausprägung der strukturellen Reziprozität, die somit eine übergreifende Struktur darstellt, die zugleich mit rekonstruiert wurde.

Anmerkung zum Datentypus

Unser bisheriges Ergebnis ließ sich an dem gewählten Datentypus *Photographie* in besonderer Weise erschließen; dies umso mehr, als es sich um eine Photographie in der spezifischen Ausformung eines *verdeckten Schnappschusses* handelt, also eines Schnappschusses, bei dem das Faktum des Aufgenommenwerdens nicht bemerkt werden *kann*. Damit haben wir ein Protokoll der untersuchten Praxis vorliegen, bei dessen Generierung ein soziales Arrangement zugrunde lag (vgl. Oevermann 1996/2002 [Manifest], S. 19), das Reaktivität (vgl. Lück 2002) ausschloss. Dies ist für die Untersuchung unseres Forschungsgegenstands, eben der Praxis, die sich in und aus einer Situation wechselseitig wahrnehmbarer Ko-Präsenz ergibt, in der Angehörige der Gattung Mensch sich befinden, unerlässlich. Dabei erlaubt das Stillstellen der flüchtigen Wirklichkeit[30] durch eine Photographie in besonderem Maße die detaillierte Analyse eines Moments, was wiederum für die Untersuchung unseres Gegenstands, wo es u. U. um flüchtige Berührungen bzw. Berührungsvermeidungen geht (s. Zakharine 2005, S. 235), entscheidend ist.

(B) Selbstinszenierung als Aufmerksamkeitslenkung

(1) Analyse eines ersten Aspekts

Vorbemerkung

Die Analyse eines Bildes, anders etwa als die eines Forschungsgesprächs, wo der Beginn des Gesprächs uns naturwüchsig gegeben ist (vgl. Loer 2021 [OHWP Interviews], S. 53 f., 59), müssen wir, wie bereits oben ausgeführt, mit einem

---

änderte am 20. März 2020 ihre Terminologie (https://www.who.int/docs/default-source/coronaviruse/transcripts/who-audio-emergencies-coronavirus-press-conference-full-20mar2020.pdf?sfvrsn=1eafbff_0; zuletzt angesehen am 9. Sept. 2020).

[30] Zur doppelten Flüchtigkeit der Praxis s. Loer 2010 [Videoaufz], S. 320 f.

Abb. 2 Instagram-Konto von Robert Habeck (https://www.instagram.com/accounts/login/?next=/p/CUYXGhDMTwi/), Bildschirmphoto, aufgenommen am 8. Febr. 2022. © Robert Habeck

Aspekt beginnen, der nach konkreter Bildgestalt, Fragestellung und Fallbestimmung je spezifisch zu bestimmen ist. – Das hier vorliegende Photo (Abb. 2) kann nun a prima vista als Ausdruck einer Praxis gelten, die dem von der Fragestellung her explizierten Fall entspricht, wo *mehrere Personen,* die sich in einem vermutlich *öffentlichen Raum* befinden, sich, sei es „zur Archivierung […] für künftige Generationen", sei es „zur Unterhaltung und zum ästhetischen Genuß" für andere (Oevermann 1997 [werkimmanent], S. 15), photographisch aufgezeichnet haben. Das heißt, dass mit der Präsentation dieses Photos vor einer sehr großen Öffentlichkeit, die letztlich nicht zu begrenzen war – wir erinnern[31] daran, dass es sich zunächst auf den Instagram-Konten der Abgebildeten und dann „einfach überall" (Driessen 2021) fand –, eine erhebliche Relevanz präsupponiert wird. Insofern ist von Interesse inwiefern ein Ereignis dargestellt ist, das erkennbar die Relevanzpräsupposition rechtfertigt; dafür ist es sinnvoll, als erstes diejenigen Aspekte zu analysieren, die hierüber Aufschluss geben könnten: etwa die räumliche Situation mit Hintergrund und Konstellation der Personen zueinander.

---

[31] S. oben S. 56 f. zur Pragmatischen Rahmung und Fallbestimmung.

Analyse

Der auf der Photographie festgehaltene Raum, in dem sich vier Personen befinden, die – cum grano salis[32] – in die Kamera blicken, stellt in seiner Schlichtheit einerseits, Unbestimmtheit andererseits nun alles andere als einen bedeutsamen Raum dar, und dass die Dokumentation der Anwesenheit in diesem Raum eine Relevanz haben sollte, kann kaum als selbsterklärend gelten. Vergleichen wir dieses Selfie gedankenexperimentell mit uns bekannten Formen, etwa touristischen Aufnahmen vor als bedeutsam geltenden Monumenten,[33] so ist der hier festgehaltene Raum geradezu ausgewählt unspektakulär; hinzu kommt noch, dass er als Innenraum mit künstlichem Licht auch keinen Rückschluss auf die Tageszeit, geschweige denn auf die Jahreszeit erlaubt. Damit ergeben sich drei Lesarten: (i) Die Anwesenheit der vier abgebildeten Personen gerade in einem solchen unspektakulären Raum ist für sich genommen relevant – etwa, wenn es sich bekanntermaßen um luxusaffine Personen handelt, die einmal zeigen wollen, dass auch sie unmarkante Räume betreten. (ii) Der Raum ist für das Zusammentreffen unwichtig und seine Vernachlässigung hebt die Relevanz des Zusammentreffens selbst gerade hervor – etwa, wenn vier Personen, die sich lange nicht gesehen haben und vermutlich lange nicht sehen werden, bei einem zufälligen und seltenen Zusammentreffen auf einem Flughafen dieses schnell dokumentieren. (iii) Der Raum hat als solcher doch eine Relevanz, die sich aber nur Eingeweihten mitteilt – etwa, dass es die neue Wohnung einer Wohngemeinschaft ist, bei der es nicht auf die Wohnung selbst ankommt, sondern nur auf die Tatsache, dass angesichts des dramatischen Wohnungsmarks überhaupt eine Wohnung ergattert werden konnte.

---

[32] Wir werden differenzierend darauf zurückkommen müssen.

[33] Dass dieser Vergleich – als Operation der Textvariation – gedankenexperimentell erfolgen kann, liegt hier nicht lediglich an der großen Verbreitung und folglich Bekanntheit entsprechender Aufnahmen; vielmehr lässt sich diese Operation auch ohne eine solche Verbreitung vornehmen – ähnlich wie wir bei der Analyse von sprachlichen Äußerungen die Texte der Äußerungen bzgl. des Kontextes gedankenexperimentell variieren bzw. verschiedene Situationen als Kontexte gedankenexperimentell entwerfen können (vgl. das einleitend herangezogene notorische Beispiel „Mutti, wann krieg ich denn endlich mal was zu essen. Ich hab so Hunger." – Oevermann 1981/2023 [Strukturgen], S. 51–52, s. Loer 2021 [OHWP Interviews], S. 26 f.). Hier geht es also nicht um tatsächliche Vergleichsbilder, die etwa Jeanette Böhme in ihrer sogenannten morphologischen Hermeneutik (Böhme und Böder 2020, S. 25 f.; s. dazu Scheid 2022) heranzieht. Um diese auffinden zu können, bedarf es ja bereits vorab der gedankenexperimentellen Konstruktion eines Vergleichskontexts, setzt also die *Geltung* von Regeln voraus, ohne deren *empirisch feststellbarer Befolgung* zu bedürfen; die Veranschaulichung von konkreten Formverhältnissen im Bild, um die es bei Böhme und Böder zudem geht, spielt hier zunächst keine Rolle.

Die Lesart (i) setzt nun voraus, dass die abgebildeten Personen (a) prominent und (b) in der Öffentlichkeit entsprechend als luxusaffin bekannt sind; dies wären fallspezifische Zusatzannahmen, die wir gemäß dem Sparsamkeitsprinzip (s. Glossar) vermeiden, so lange wir ohne sie auskommen, so dass bis auf weiteres diese Lesart nicht weiterverfolgt wird.

Die Lesart (ii) würde zu dem Raum durchaus passen, verweist doch die Glastür mit Oberlicht rechts[34] im Hintergrund und der Wandsockel an der Wand im linken Hintergrund eher auf eine öffentliche als eine private Räumlichkeit, die – wie der reduzierten Gestaltung und den unverkleideten Kabeln an der Decke im oberen Hintergrund zu entnehmen ist – nicht-repräsentativ ist und einen Durchgangscharakter hat.

Bei der Lesart (iii) wiederum müssten wir die Zusatzannahme treffen, dass die abgebildeten Personen ein großes, unspezifisches Publikum unrealistischerweise als Eingeweihte adressieren, so dass wir auch diese Lesart wegen des Sparsamkeitsprinzips zunächst nicht weiterverfolgen.

Wir können also aufgrund der Lesart (ii) bereits als eine erste Fallstrukturhypothese festhalten, dass für die abgebildeten Personen *ihr bloßes Zusammentreffen*[35] *an sich für ein großes, unspezifisches Publikum relevant ist*. Diese Lesart ist nun allerdings ebenfalls nur dann plausibel, wenn wir die zu Lesart (i) formulierte fallspezifische Zusatzannahme (a) heranziehen. Um zu überprüfen, ob diese fallspezifische Zusatzannahme zu Recht gemacht wird, müssten wir nun die Personen benennen. Wie es bei Eigennamen, deren Bedeutung nicht durch Regeln sondern durch Lexikoneintrag generiert wird, notwendig ist, müssen wir hierzu das entsprechende Kontextwissen heranziehen. Dies soll hier aber zunächst zurückgestellt werden, um die Explikation der objektiven Bedeutung des Photos, in die die konkret benennbaren Personen hineingestellt sind, näher zu bestimmen.

▶ Wie kann man Personen, die man kennt, analysieren, als ob man sie nicht kennte? Um dies zu ermöglichen, befolgen wir das *Prinzip der der*

---

[34] Für die Orientierung im Bild muss immer klar sein, was der Bezugspunkt von Angaben der Verortung ist; es empfiehlt sich, vom Betrachter auszugehen und bei anderen Bezugspunkten – etwa den Figuren im Bild – diese explizit zu nennen. So halten wir es hier auch.

[35] Ein weiterer Typus von Selfies, bei dem das bloße ‚Zusammentreffen' und nicht die Räumlichkeit entscheidend ist, sind die – allerdings nur mit der Familie und engsten Freunde ‚geteilten' – Photos nach der Geburt eines Kindes (für ein Beispiel s.: https://img.ohmymag.de/article/1280/mode/umstrittenes-selfie-bei-der-entbindung-durch-kaiserschnitt_87630679f4c85d032fc5d19c7a0944bc2bc1b0b7.jpg; zuletzt angesehen am 8. April 2022).

künstlichen Naivetät und gehen allein vom für jedermann Sichtbaren aus.

(2) Analyse eines thematisch einschlägigen Aspekts zur Bildung einer ersten Fallstrukturhypothese

Wenn wir fragen, ob das Selfie „für eine neue Art und Weise, mit der Welt in Verbindung zu treten" steht (Oer und Cohrs 2016, S. 12) und, falls ja, worin diese besteht und was sich darin ausdrückt, so ist dabei einerseits (a.1) die für die Darstellung inszenierte Praxis, andererseits (a.2) die Praxis des Darstellens und schließlich (b) die Praxis des Bekanntmachens der Darstellung in den Blick zu rücken. Da es uns im vorliegenden Buch um die Methode der Photo-Analyse geht, ist es nun sinnvoll, denjenigen Aspekt in den Vordergrund zu rücken, in dem die dargestellte Praxis und die Praxis des Darstellens zum Ausdruck kommen. Insofern wenden wir uns nun dem zu, was Kai-Olaf Maiwald die „Face-to-Lense-Beziehung" nennt (2019, S. 229).

Für die Konstellation von vier Personen, die sich vor einer Kamera präsentieren, gibt es, wie wir gedankenexperimentell konstruieren können, folgende Möglichkeiten: (Konst.i)[36] Die vier Personen bilden sich bei einer Tätigkeit ab, in der sich alle derselben Sache widmen – sei es, (Konst.i.a) indem alle die gleiche Tätigkeit vollziehen: etwa eine Mannschaft, die sich beim Tauziehen photographiert, sei es, (Konst.i.b) indem sie sich als Team[37] zeigen: etwa eine Musikgruppe, die die sich beim Proben photographiert. (Konst.ii) Kontrastiv dazu wäre es möglich, dass die Personen sich ohne erkennbare Fokussierung auf eine Sache als Gruppe[38] präsentieren; dabei könnten die Personen (Konst.ii.a) sich in enger Konstellation mit Berührungen oder Umarmungen zeigen: etwa enge Freunde, die sich beim Kneipenabend photographieren; sie

---

[36] Mit ‚Konst.' + Nummer und Litera bezeichnen wir hier die Personenkonstellationen; mit ‚LA.' + entsprechender Kennzeichnung die jeweils zugehörigen Lesarten.

[37] Zur Bestimmung eines Teams s. Loer 2009 [Team].

[38] Bedauerlicherweise gilt immer noch, was Alfred Vierkandt vor fast hundert Jahren festhielt: „Ein einheitlicher Sprachgebrauch besteht leider bei der Verwendung des Wortes Gruppe nicht." (1931/1959, S. 239) Wir verwenden ‚Gruppe' hier in Anlehnung an die ursprüngliche Verwendung des Wortes zunächst unspezifisch als Bezeichnung für eine „kleine, zwanglose Anzahl von Menschen" (Wahrig 1968/1972, S. 1600) – vgl.: „das wort stammt aus der bildenden kunst: ‚groupe wird in der mahlerey eine versammlung vielerhand leiber nahe an einander genennet' [Marperger 1708, S. 561]" (Grimm 1935/1984: Sp. 669).

könnten (Konst.ii.b) ohne Berührung relativ nah beieinander stehen: etwa gute Kollegen beim gemeinsamen Feierabendbier; sie könnten (Konst.ii.c) in relativer Distanz nebeneinanderstehend in die Kamera schauen: etwa Geschäftspartner, die einen Vertragsabschluss dokumentieren; schließlich könnten sie (Konst.ii.d) ohne gemeinsamen Fokus lediglich als „eine versammlung vielerhand leiber nahe an einander" (Marperger) erscheinen: etwa Personen, die eher zufällig auf das Selfie eines Schiffspassagiers, der seine Reise festhält, geraten sind. Die unter Konst.ii aufgereihten Konstellationen bringen eine persönliche Beziehung der Personen zueinander jeweils in abnehmender Intensität zum Ausdruck; folgende Lesarten lassen sich so bilden: (LA.ii.a) es würde die Beziehung der Personen zueinander als eine besondere Gruppe herausgehoben;[39] (LA.ii.b) es würde, ohne eine enge persönliche Bindung zu betonen, ihre Vertrautheit miteinander herausgestellt; (LA.ii.c) es würde eher eine gewisse Distanz der Personen deutlich gemacht; (LA.ii.d) schließlich würde eine persönliche Beziehung zwischen den abgebildeten Personen nahezu negiert. Wenn wir uns gedankenexperimentell entsprechende Konstellationen vor Augen führen, so wird deutlich, dass wir Konst.ii.c und Konst.ii.d nochmals differenzieren können: zum einen (ii.c) könnten die Geschäftspartner (Konst.ii.c.α) freundlich in die Kamera schauen, was (LA.ii.c.α) neben dem sachlichen Bezug eine positive bis neutrale Distanz zum Ausdruck brächte, oder (Konst.ii.c.β) sie könnten – was vielleicht bei zwei Tennisteams vor einem Wettbewerb im Doppel beobachtet werden könnte – eher ernst und herausfordernd in die Kamera blicken, was (LA.ii.c.β) deutlich werden lassen würde, dass zwischen ihnen eine Konkurrenzbeziehung besteht; zum anderen (ii.d) könnten die Personen (Konst.ii.d.α) als (flüchtig bekannte) Teilnehmer an derselben Reise sich (LA.ii.d.α) dem Photographierenden gegenüber und (untereinander) wohlwollend desinteressiert oder (Konst.ii.d.β) als unfreiwillig Einbezogene (LA.ii.d.β) von der Aufzeichnung belästigt zeigen und mit der Abwendung ihrer Abneigung Ausdruck geben.

Wenn wir nun die gedankenexperiementell kostruierten möglichen Konstellationen mit der vorliegenden vergleichen, können wir die unter (Konst.i) aufgeführten direkt ausschließen, was bedeutet, dass die Personen nicht vorrangig in einer sachlichen Beziehung stehen, oder zumindest, dass es ihnen auf

---

[39] Womit sie markieren würden, dass sie über die Minimaldefinition von Gruppe, die Marvin E. Shaw gegeben hat: „two or more persons who are interacting with one another in such a manner that each person influences and is influenced by each other person" (1971/1981, S. 8), hinausgehen. Für sie würden die von Alfred Vierkandt herausgehobenen „zwei Eigenschaften [zutreffen]: erstens ein Eigenleben des Ganzen [...] und zweitens eine innere Einheit, d. h. eine Einheit, die als solche von den Mitgliedern [...] erlebt werden kann im Sinne eines ‚Wirbewußtseins'." (1931/1959, S. 239; gesperrt i. Orig.)

eine solche hier nicht ankommt; ebenso liegen weder Konst.ii.a noch Konst.ii.d vor, so das zwar keine eng vertraute Beziehung, aber auch keine Negation einer Beziehung zum Ausdruck kommt. – Ob wir hier eher den Typus Konst.ii.b oder Konst.ii.c vorliegen haben, wäre zu prüfen.

Die abgebildeten Personen stehen offensichtlich ohne Berührung relativ nah beieinander, wobei die relative Nähe allerdings auch durch die räumliche Situation sowie den mit der Armlänge des Photographen und die Brennweite beschränkten möglichen Bildausschnitt mit beeinflusst ist. Auf diese Beschränkung ist auch zurückzuführen, dass die Personen im Brustbild gegeben sind – nur die hintere Person würde, wäre sie nicht zum Teil verdeckt, als Halbfigur zu sehen sein; dieser Ausschnitt führt zu einer gewissen Nähe zum Betrachter. Wenn wir gedankenexperimentell das gegebene liegende Rechteck in eine Hochformat verändern, wird klar, dass die Personen hätten dafür enger zusammenrücken müssen.[40] Trotz des Querformats ermöglicht der Bildausschnitt kein überschneidungsloses Nebeneinander; dass die abgebildeten Personen vor diesem Hintergrund nicht die Konstellation Konst.ii.a, sondern eine räumliche Staffelung gewählt haben, macht deutlich, dass ii.a gezielt ausgeschlossen wurde. Mit diesen Überlegungen können wir zwischen den Lesarten ii.b und ii.c noch nicht unterscheiden. Wir können aber vorläufig die Fallstrukturhypothese folgendermaßen erweitern: die abgebildeten Personen unterstellen, *dass ihr bloßes Zusammentreffen als einander vertraute, zumindest sachlich einander verbundene Personen für ein großes, unspezifisches Publikum relevant ist.* Diese Formulierung der Fallstrukturhypothese ist selbstverständlich noch nicht hinreichend.

(3) Anreicherung und Präzisierung der Fallstrukturhypothese

Es geht ja in der Wissenschaft darum, seinen Gegenstand auf den Begriff zu bringen, und nicht darum, ihn in einem exhaustiven Sinne vollständig abzubilden,[41] oder darum, seine Vagueheit oder Widersprüchlichkeit lediglich in wissenschaftlicher Sprache zu reproduzieren. In der Fall*rekonstruktion* geht es also darum, die

---

[40] Auf den Instagram-Konten von Annalena Baerbock, Chrstian Linder und Volker Wissing erscheint das Photo etwa in einem quadratischen Format, was seine seitliche Beschneidung unter Inkaufnahme der unvollständigen Wiedergabe der außen stehenden Personen zur Folge hat (s.: https://www.instagram.com/p/CUYXGzHs4Nx/, https://www.instagram.com/p/CUY XGWYomxO/u.: https://www.instagram.com/p/CUYXQhQoVj6/; zuletzt angesehen am 12. Apr. 2022).

[41] Unter den sogeannten qualitativen finden sich viele nicht-rekonstruktive Methoden, die deskriptive Exhaustivität an die Stelle der zu explizierenden begrifflichen Totalität setzen.

Fallstrukturgesetzlichkeit zu explizieren und auf den Begriff zu bringen. Da die bisherige Formulierung der Fallstrukturhypothese, wie gesagt, noch nicht hinreichend ist, bedarf es einer Präzisierung: einer Präzisierung, die recht verstanden noch ein Moment der Bildung der eigentlichen Fallstrukturhypothese darstellt. Daran zeigt sich, was wir oben bei der expliziten Auflistung von Schritten der Analyse sagten: dass diese nicht immer streng voneinander geschieden werden können und müssen und dass sie folglich eher Momente der Analyse darstellen als diskrete Schritte.

Analysieren wir nun die vier Personen zunächst nacheinander. Auch hier ist die *Gesamterscheinung* (s. o.) relevant, wobei an die Stelle der Bewegung die *Stellung zu den anderen Personen* tritt; darüber hinaus sind aber auch hier *Kleidung, Gestik* bzw. *Körperhaltung*, die *Mimik* und der *Blick*, der hier ein Blick in die Kamera ist und somit die „Face-to-Lense-Beziehung" (Maiwald 2019, S. 229) besonders prägnant repräsentiert, wichtig. Zu dem Verhältnis der Personen zueinander sind sicher auch Alter und Geschlecht relevant, ergäbe sich doch eine sehr unterschiedliche Konstellation, wenn es sich bei den vier Personen etwa (Konst.iii.a) um einen Mann und eine Frau im Alter von etwa 35 Jahren nebst zwei Kindern handelte oder (Konst.iii.b) um zwei Männer und zwei Frauen, um (Konst.iii.c.1) vier Männer oder (Konst.iii.c.2) um vier Frauen, um Personen (Konst.iv.a) im Alter von 20 oder (Konst.iv.b) im Alter von 80 Jahren etc.

Wir beginnen mit der *linken Person*, da diese offensichtlich die Aufnahme tätigt. Es handelt sich um einen Mann der etwa 45 bis 50 Jahre[42] alt sein dürfte und damit, neben der rechten, einer der beiden älteren Personen auf dem Photo ist, was möglicherweise erklärt, warum er die Initiative für die Anfertigung des Photos übernimmt. Er trägt eine schwarze Übergangsjacke mit Reißverschluss und Knöpfen sowie einem Gürtel, mit dem man den Kragen verschließen kann,

---

Ein solches Vorgehen erinnert sehr an „un Mapa del Imperio, que tenía el Tamaño del Imperio y coincidía puntualmente con él", von dem Jorge Luis Borges in seinem Text „Del rigor en la ciencia" berichtet (Miranda 1658).

[42] Da wir wissen, um wen es sich bei dem Mann handelt, können wir auch eruieren, wie alt er, geboren am 22. Apr. 1970 (https://www.bmvi.de/SharedDocs/DE/Artikel/K/Ministerium/volker-wissing-bundesminister.html; zuletzt angesehen am 13. Apr. 2022), tatsächlich ist: zum Zeitpunkt der Aufnahme 51 Jahre. Er wirkt also minimal jünger als er tatsächlich ist, wobei die Schätzung des Alters durchaus schwierig ist: „Early work examining age estimation from faces noted that people make reliable estimates, with error in the range of 3–4 years" (Clifford et al. 2018, S. 2). „In more recent tests using larger samples of faces, and participants of more heterogeneous age, it has become clear that perceptual estimates of age are more prone to error than originally thought, with mean error around 6 years" (Clifford et al. 2018, S. 2). Allerdings ist die faltenlose Stirn gerade im Kontrast zu den Augenfältchen durchaus ein benennbarer Anhaltspunkt, der für ein Erscheinen als jünger spricht.

so dass die Jacke auch für kühlere Momente in Frühling oder Herbst geeignet ist; zu dem legeren Stil des Moto Jackets passt auch das weiße Hemd mit offen getragenem Cut-Away-Kragen unter dem noch ein T-Shirt mit Rundausschnitt zu erkennen ist. Alle Kleidungsmomente wie auch die deutlich sichtbaren Bartstoppeln[43] sprechen also für eine informelle, spontane Aktivität, was mit der oben zu den möglichen Konstellationen benannten LA.ii.b zusammengehen würde, die auf eine gewisse Vertrautheit der Personen miteinander schloss. Einzig das sorgfältig gekämmte, im Standardherrenhaarschnitt getragene Haar wirkt etwas formeller. – Der Oberkörper ist im Dreiviertelprofil gegeben, wobei das Gesicht sich frontal zur Kamera befindet. Diese Haltung ist offensichtlich einerseits mit dadurch bedingt, dass der Mann das Photo anfertigt; andererseits gibt die Drehung den anderen Personen mehr Raum und bewirkt zudem, dass sich sein Körper nicht mit der neben ihm stehenden Person überschneidet, was – um hier die Gesamtkonstellation mit heranzuziehen – die Figurenkonstellation in eine Dreiergruppe plus Photographen zerfallen lässt (s. u.). – Der Blick der linken Person geht leicht nach links am Kamerafokus – und damit am Betrachter – vorbei, was den soeben bezüglich der Konstellation formulierten Eindruck erweckt, dass er sich um das Photographieren kümmert. Die Auslegung dieser Details, die wir gemäß dem Totalitätsprinzip (s. Glossar) selbstverständlich berücksichtigen, führt uns dazu, unsere oben gedankenexperimentell entworfenen Optionen um Kontellationen der unterschiedlichen Gruppenbildungen zu erweitern, wobei es (Konst.iii.b) sich um zwei Zweiergruppen: etwa zwei Paare, oder (Konst.v) um eine Dreiergruppe und eine Einzelperson: etwa eine Gruppe von drei Wanderfreunden und ihrem Bergführer, handeln könnte. Die dazugehörende Gruppenbeziehung wäre entweder (LA.iii.b) die zweier gleichrangiger Paare oder (LA.v) die einer Statusdifferenz zwischen drei gleichrangigen Personen und einer aus ihrer engeren Beziehung ausgeschlossenen Person. Wenn es sich bei der linken Person gemäß der Konstellation v und gemäß der durch den Blick nahegelegten Konzentration auf das zum Photographieren benutzte Gerät tatsächlich um eine Person handelte, die die Rolle des Photographen innehat, so stellt sich die Frage, warum sie nicht hinter der Kamera verbleibt und damit zugleich ein besseres Photographieren ermöglicht. Die Person muss also außer in ihrer Funktion als Photograph noch in einer weiteren Beziehung zu den anderen Personen stehen. Es gibt also zugleich eine Ebene der Integration und eine des Ausschlusses dieser Person. Diese Bestimmung gilt zunächst für die dargestellte Praxis; da diese sich aber selbst darstellt, gehört es auch zur darstellenden Praxis und ist Moment der

---

[43] Es handelt sich nicht bereits um einen Dreitagebart, sondern vermittelt eher den Eindruck, dass die Aufnahme am Abend eines langen Tages gemacht wurde.

unterstellten Relevanz der Szene. – Zur Mimik können wir nun festhalten, dass die Person ein etwas gequältes Lächeln zeigt, ein Lächeln, das, so könnte man formulieren, durch die Konzentration auf das Aufnahmegerät leicht abgelenkt wirkt. Das spricht dafür, dass die linke Person ihren tendenziellen Ausschluss aus der von ihr selbst festgehaltenen Gruppenkonstellation durchaus verspürt und nicht unbedingt goutiert.

▶ Die Benennung der Kleidung mit Fachtermini, hat lediglich abkürzende Funktion. Ihr Bedeutungsgehalt muss entweder argumentativ expliziert oder auf in der analysierten Praxis geltende Regeln zurückgeführt werden können.

▶ Der Raum der möglichen Lesarten wird erweitert durch Berücksichtigung des Totalitätsprinzips.

Wenden wir uns nun der *zweiten Person von links* zu. Bei ihr handelt es sich – als einziger der vier Personen – um eine Frau, die wesentlich jünger wirkt als die erste Person und etwa Ende 30 sein dürfte.[44] – Bezogen auf die anderen Personen steht die Frau im Vordergrund und dominiert, auch dadurch, dass sie als einzige Person ohne Überdeckung und Anschnitte vollständig als Brustbild erscheint, trotz ihrer geringeren Körpergröße die Gruppe. Dass sie die einzige Frau ist und dass sie mit den rechten zwei Personen quasi eine Dreiergruppe innerhalb der Viererguppe bildet, zeigt erneut, dass eine Paarkonstellation (iii.b) nicht naheliegt. – Die Frau trägt ein Oberteil, vermutlich ein T-Shirt mit Rundausschnitt, das durch die enganliegenden, bis zur Ellenbeuge reichenden Ärmel und die schwarze Farbe den Eindruck von gewisser Eleganz erweckt, es könnte durchaus zu einem Rock oder einer eleganten Hose getragen werden. Auch Ohrschmuck und dezenter Lippenstift bringen dies zum Ausdruck; sie würden – anders als die Kleidung des linken Mannes – etwa zu dem Besuch eines klassischen Konzerts oder einem Ereignis von vergleichbaren normativen Anforderungen an das Erscheinungsbild passen. Allein die Frisur, deren nackenlang getragenes, rechtsgescheiteltes Haar ein wenig an Shag erinnert, lockert die Erscheinung auf und erweckt einen Eindruck lebendiger Spontaneität. – Die nackten Unterarme der Frau sind zu

---

[44] Annalena Baerbock wurde am 15. Dez. 1980 geboren (https://www.auswaertiges-amt.de/de/aamt/leitung/bm-lebenslauf-seite/annalena-baerbock-lebenslauf/217640; zuletzt angesehen am 13. Apr. 2022) und war also zum Zeitpunkt der Aufnahme 40 Jahre alt.

erkennen[45] und die leicht angewinkelten Arme unterstützen die aufrechte, Selbstbewusstsein ausdrückende Haltung der an Körpergröße von den anderen Personen deutlich überragten Frau. – Auch der Blick, der direkt in die Kamera gerichtet ist, erweckt den Eindruck, der Betrachter würde direkt angeschaut, ja geradezu fixiert. Ein solcher Blick findet sich etwa bei einem Arzt oder einem Forscher, der sein Gegenüber diagnostizieren möchte, oder bei einem Kartenspieler, der den Spielgegner mit dem Ausspielen eines entscheidenden Trumpfs überrascht. In Verbindung mit dem leichten Lächeln, das zugleich eine gewisse Entschlossenheit nicht verbirgt, unterstreicht der Blick die selbstbewusste Haltung.

▶ Dass die Körperhaltung Selbstbewusstsein ausdrückt, könnte durch gedankenexperimentelle Variationen weiter herausgearbeitet werden. So fragt man sich, in welchen Situationen solch eine Haltung angemessen und erwartbar wäre, in welche Kontexte sie also passen würde, und umgekehrt, welche anderen Körperhaltungen zu dem gegebenen Kontext passen würden.

▶ Die verschiedenen Partien des Gesichts, die unabhängig voneinander zum Gesamteindruck beitragen, können durch variables Abdecken unabhängig voneinander analysiert werden, um den Gesamteindruck zu erschließen.

Die dritte Person, die *zweite Person von rechts*, ist, wie bereits gesagt, männlich und dürfte etwa das Alter der Frau haben, also etwa 40 Jahre alt sein.[46] – In der Dreiergruppe steht sie im Hintergrund, was möglicherweise durch ihre Größe, die die Frau deutlich, aber auch die anderen Männer etwas überragt, motiviert ist; zugleich entsteht dadurch der Eindruck einer leichten Zurückhaltung. – Das weiße Polohemd mit Cut-Away-Kragen zu dem karierten Blazer erwecken einen sportlich-formellen Eindruck, der zwischen der Erscheinung der Frau und der der linken Person steht und damit den Charakter des Zusammentreffens als durchaus vertraut-vertraulich informell, aber doch auch von gewisser überpersönlicher

---

[45] Dies wirft die Frage auf, warum die linke Person ihre Jacke anbehalten hat. Es würde zur Photographen-Lesart passen, wäre dieser zu den bereits versammelten anderen drei Personen hinzugekommen und würde sie auch nach der Aufnahme wieder verlassen.

[46] Christian Lindner, um den es sich hier handelt, wurde am 7. Jan. 1979 geboren (https://bundesfinanzministerium.de/Content/DE/Standardartikel/Ministerium/Leitung/Minister/christian-lindner.html; zuletzt angesehen am 13. Apr. 2022) und ist zum Zeitpunkt der Aufnahme folglich 42 Jahre alt.

B Selbstinszenierung als Aufmerksamkeitslenkung

Bedeutung deutlicher werden lässt. – Zur Kleidung passen sowohl die Barttracht – ein kurzgeschnittener Hollywoodian, der die Betonung der Männlichkeit durch den Vollbart mit der Gepflegtheit eines modernen Mann von Welt verbindet – als auch die Frisur, die die gleiche Konfluenz von Sportlichkeit und Korrektheit zum Ausdruck bringt, indem sie sich zwischen Standardherrenhaarschnitt und Harvard Clip bewegt. – Die leicht vornüber gebeugte Haltung – wie um sich der Aufnahmesituation anzupassen –, die aufgrund der erforderlichen Körperspannung leicht unnatürlich wirkt, bringt eine anpassungsfähige Orientiertheit an den Erfordernissen zum Ausdruck. – Dazu passt der Blick, der wie der der Frau, direkt in die Kamera gerichtet ist, aber, anders als bei ihr, nicht den Eindruck erweckt, der Betrachter würde direkt angeschaut, sondern als sei er auf das Aufzeichnungsgerät gerichtet, was ihn fast ein wenig starr erscheinen lässt, welchen Eindruck auch das Lächeln erweckt; dies Letztere kann man besonders gut feststellen, wenn man die obere Gesichtshälfte abdeckt. Es kommt hier eine gewisse Unsicherheit zum Ausdruck. Aus dem Unterschied zu diesem Blick wird an dem der Frau deutlich, dass sie sehr professionell mit der Aufzeichnung umzugehen versteht.

Die *rechte Person* schließlich erscheint ein wenig älter als, zumindest gleichalt wie die linke Person und damit als die älteste der vier abgebildeten;[47] zudem wirkt sie sehr dominant durch ihre körperliche Präsenz, die auch dadurch entsteht, dass ihr Kopf aufgrund der Nähe zur Kamera um etwa ein Drittel größer erscheint, als die der beiden Personen unmittelbar links daneben und immer noch etwa ein Siebtel größer als der der linken Person.[48] Dadurch dass der rechte Mann den Oberköper der hinter ihm stehenden Figur zu einem Drittel verdeckt und sich mit der Frau am Ellbogen fasst berührt, bilden sie zusammen eine dominierende Zweiergruppe in der Dreiergruppe. – Dies wird unterstrichen durch das Schwarz des Freizeithemdes (ebenfalls mit Cut-Away-Kragen), das er trägt und das ebenfalls ein Element der Gesamtkonstellation ist, in dem zum Ausdruck kommt, dass das Treffen einen eher spontanen Charakter hat. Dazu trägt auch der Dreitagebart bei, dessen Träger ja deutlich machen, dass „sie in der Regel wenig Zeit mit Rasieren verbringen",[49] was für ein formelles Treffen angebracht gewesen wäre. In die gleiche Richtung geht auch die „shaggy" zurechtgemachte

---

[47] Robert Habeck, um den es sich hier handelt, wurde 2. Sept. 1969 geboren (https://www.bmwi.de/Redaktion/DE/Dossier/Visitenkarten/visitenkarte-habeck.html; zuletzt angesehen am 13. Apr. 2022) und war folglich zum Zeitpunkt der Aufnahme 52 Jahre alt.
[48] Möglicherweise ist der hier beschriebene Eindruck ein Motiv für die drei anderen Beteiligten, auf ihrem jeweiligen Instagram-Konto ein quadratisches Format zu wählen, bei dem ein Viertel des Gesichts und die Hälfte des Oberkörpers der rechten Figur abgeschnitten wurden.
[49] https://www.barbershop-finder.com/barttypen/#Drei-Tage-Bart; zuletzt angesehen am 12. Apr. 2022.

Ivy League-Frisur. – Der Blick der rechten Person ist wie der der Frau direkt in die Kamera gerichtet und erweckt ebenfalls den Eindruck, der Betrachter würde direkt angeschaut – hier allerdings eher auf eine Weise, wie man eine Person anschaut, für die man offen und die kennenzulernen man neugierig ist – etwa wenn ein guter Freund einem einen anderen guten Freund vorstellt. Das Lächeln passt dazu, ist aber leicht zurückhaltend skeptisch, als sei man nicht so sicher, dass der Freund des Freundes hält, was dieser versprach – auf das vorliegende Photo bezogen, drückt sich darin möglicherweise eine gewisse Skepsis gegenüber der zugleich akzeptierten Selbstinszenierung im Selfie aus.

Hier stellen sich die Fragen, (a) ob es sich bei dem Erscheinungsbild auf einem Photo um eine anlassbezogene oder um eine anlassunabhängige Erscheinungsweise handelt und (b) wie mit diesem Unterschied methodisch umzugehen ist. Da wir zunächst nur die Photographie und hier das Photographierte untersuchen, kann die Frage (a) nicht beantwortet werden. Daraus folgt für die Frage (b), dass es hier zunächst nur darum gehen kann, die Erscheinungsweise als auf den Anlass bezogen zu deuten; das folgt schon aus der einfachen Überlegung, dass ja jemand, der anlassunabhängig stets so erscheint, wie bei dem im Photo festgehaltenen Anlass, seine Erscheinungsweise bezogen auf den Anlass hätte verändern können und somit ein implizites Angemessenheitsurteil bezüglich seiner Erscheinung bei dem im Photo festgehaltenen Anlass gefällt hat, das zunächst eben etwas über die bei dem Anlass geltenden Regeln aussagt. – Zur Verdeutlichung dieser Überlegung sei folgende Erinnerung aus der Forschungspraxis mitgeteilt. Als Ronald Hitzler Ende des letzten Jahrhunderts über die Techno-Szene forschte (vgl. Hitzler und Pfadenhauer 1997; Hitzler 2001; Hitzler et al. 2001, S. 41–54), führte er auch ethnographische Beobachtungen der Redaktion der Zeitschrift *Frontpage* durch; von einer solchen Beobachtung berichtete er in einer Analyse-Sitzung an der Universität Dortmund, die sein Lehrstuhl gemeinsam mit dem von Hartmut Neuendorff durchführte: Die Teilnehmer einer Redaktionssitzung, die für einen bestimmten Zeitpunkt vereinbart war, trafen alle erst nach und nach ein und selbst der erste der Teilnehmer erschien jedenfalls nach dem vereinbarten Zeitpunkt. Hitzler führte zur Deutung dieser Beobachtung gleich Kontext-Wissen ein, nämlich, dass dies bei dieser Redaktion immer so sei und niemand daran Anstoß nehme. Damit aber war das Deutungsproblem eschamotiert. Erst nämlich, wenn man die Regel einer (zeitlichen) Vereinbarung zugrundelegt, die qua Vereinbarung eben impliziert, dass sie eingehalten wird – so wie die Regel des Versprechens impliziert, dass es gehalten wird –, erscheint das Verhalten der Teilnehmer an der Redaktionssitzung als deutungsbedürftig. Die Frage ist ja nicht: Was drückt sich darin aus, dass jeder erscheint, wann er will?, sondern: Was drückt sich darin aus, dass eine Vereinbarung getroffen wird und die Teilnehmer es für angemessen halten, sie nicht einzuhalten? Würde man erst gar keine Vereinbarung treffen, könnte es sich um Nachlässigkeit, individuell zurechenbare Unverbindlichkeit oder auch um schlichte Unkonventionalität handeln; so aber lässt sich die Deutung, dass hier gezielt *Unkonventionalität inszeniert* wird, nicht von der Hand weisen. – In gleicher Weise müssen wir hier zunächst von einer anlassabhängigen Erscheinungsweise ausgehen.

Da es hier, anders als beim ersten Photo, nicht nur um die photographierte, sondern auch um die photographierende Praxis geht, ist die Präsentation der oben bereits analysierten Konstellation von Interesse.

Der Eindruck, dass die Figurenkonstellation in eine Dreiergruppe plus Photographen zerfällt (s. o.), wird auch dadurch verstärkt, dass der Körper der zweiten Person von links sich zu einem Viertel rechts von der Mittelsenkrechten und damit deutlich näher an den beiden rechts stehenden Personen als an der links stehenden befindet (vgl. Abb. 3).[50] Zudem wird durch dieses Verrücken der Person in die Mitte deren oben bereits herausgearbeitete dominante Bedeutung betont; in dem quadratischen Format wird dieser Eindruck noch verstärkt – s. Abb. 4.

Wenn wir allerdings die Darstellung mit den Ergebnissen der Analysen der einzelnen photographierten Personen zusammenführen, zeigt sich, dass nicht nur die Vierergruppe in eine Dreiergruppe und eine einzelne Person zerfällt, sondern auch, dass, was sich insbesondere in der unterschiedlichen Gestaltung der „Face-to-lense-Beziehung" (Maiwald) zeigt, die Dreiergruppe latent sehr heterogen ist. Werfen wir von hierher einen Blick zurück auf die Konstellation der vier Personen. Wir hatten oben in dem Abschnitt „Analyse eines thematisch einschlägigen Aspekts zur Bildung einer ersten Fallstrukturhypothese" zwei Lesarten als möglicherweise gültig angesehen, zwischen denen wir noch nicht entscheiden konnten: (LA.ii.b) besagte, dass, ohne eine enge persönliche Bindung zu betonen, die Vertrautheit der Personen miteinander herausgestellt würde; (LA.ii.c) besagte, dass eher eine gewisse Distanz der Personen deutlich gemacht würde. Nun sehen wir, dass beide Lesarten zutreffen, allerdings auf unterschiedlichen Ebenen. Die hier erstgenannte liegt auf der manifesten Ebene des inszenierten Eindrucks, die

---

[50] Dass außer auf dem Instagram-Konto von Habeck, vom dem unser Photo stammt, alle anderen Teilnehmer ein quadratisches Format wählten und somit ein Viertel von Habecks Gesicht und die Hälfte seines Oberkörpers sowie ein Fünftel von Wissings Gesicht und Oberkörper abschnitten, womit die Mittelsenkrechte sich ein wenig nach links verschob und die Trennung von Gruppe und linker Person etwas reduziert wurde, zeigt, dass die Photographierten intuitiv die Auftrennung wahrnahmen und zurückzunehmen suchten. Habeck selbst hat sich offensichtlich verständlicherweise nicht beschneiden wollen…

Abb. 3 vom Verfasser bearbeitete Fassung von Abb. 2

zweite auf der latenten Ebene der Haltung, wo eine Reserve der Personen gegeneinander und gegenüber der gemeinsamen Aufnahme zum Ausdruck kommt. Wie ist das möglich, wenn es beim Selfie doch darum geht, „sich selbst mit den Augen des anderen zu sehen" (Neumann-Braun 2017, S. 346)? Offensichtlich kommt das Eigene unfreiwillig und unaufdringlich zum Ausdruck.

Sigmund Freud verweist an einer Stelle auf das Verfahren des italienischen Arztes Giovanni Morelli (1816–1891),[51] „dessen erste Aufsätze 1874 bis 1876 in deutscher Sprache veröffentlicht wurden" und der „eine Umwälzung in den Galerien Europas hervorgerufen hatte, indem er die Zuteilung vieler Bilder an die einzelnen Maler revidierte, Kopien von Originalen mit Sicherheit unterscheiden lehrte und aus den von ihren früheren Bezeichnungen frei gewordenen Werken neue Künstlerindividualitäten konstruierte" (1914/1981, S. 185). Morelli gelang es, „aus gering geschätzten oder nicht beachteten Zügen, aus dem Abhub – dem ‚*refuse*' — der Beobachtung, Geheimes und Verborgenes zu erraten." (Freud 1914/1981, S. 185) Morelli „brachte dies zustande, indem er vom Gesamteindruck und von den großen Zügen eines Gemäldes absehen hieß

---

[51] S.: https://www.treccani.it/enciclopedia/giovanni-giacomo-lorenzo-morelli_(Dizionario-Biografico)/; zuletzt angesehen am 10. Mai 2022.

B Selbstinszenierung als Aufmerksamkeitslenkung

Abb. 4 Instagram-Konto von Volker Wissing (https://www.instagram.com/p/CUYXQh QoVj6/; zuletzt angesehen am 12. Apr. 2022), Bildschirmphoto, aufgenommen am 8. Febr. 2022. © Volker Wissing

und die charakteristische Bedeutung von untergeordneten Details hervorhob, von solchen Kleinigkeiten wie die Bildung der Fingernägel, der Ohrläppchen, des Heiligenscheines und anderer unbeachteter Dinge, die der Kopist nachzuahmen vernachlässigt, und die doch jeder Künster in einer ihn kennzeichnenden Weise ausführt." (Freud 1914/1981, S. 185) Vergleichbare Details unseres Erscheinungsbildes – auch wenn wir davon kein Gemälde, sondern ein Photographie anfertigen – können wir in der Regel nicht in die editorische Regie nehmen, so dass darin eben das Nicht-Kontrollierte unserer Fallstruktur zur Erscheinung gelangt. – Allerdings haben wir ja einleitend (s. o.) bereits festgehalten, dass wir zwar häufig Beispiele „des für die soziologisch Analyse immer interessanten Falles der Diskrepanz zwischen Intention und Wirkungen oder Bedeutung, eines Falles von ‚unanticipated consequences of action'" vorfinden (Oevermann et al. 1979 [Methodologie], S. 360), dass aber nicht etwa eine Fallrekonstruktion nur möglich wäre, wenn eine Differenz zwischen den kontrollierten Momenten einer

Abb. 5 Instagram-Konto von Robert Habeck (https://www.instagram.com/accounts/login/?next=/p/CUYXGhDMTwi/), Bildschirmphoto, aufgenommen am 8. Febr. 2022. © Robert Habeck

Ausdrucksgestalt und denjenigen, die zu kontrollieren der Handelnde vernachlässigt und die als „Abhub" erscheinen, vorliegt.[52] Und so besteht die Fallstruktur und ihre Besonderung auch nicht etwa allein in den abweichenden Momenten, sondern gerade in beiden Momenten – bezogen auf unser Photo gesprochen: in den inszenierten manifesten und in den unkontrollierten latenten Momenten *und* in deren Verhältnis zueinander. Für sehr kontrollierte Schauspieler, wie es etwa verdeckt arbeitende Ermittler sein müssen,[53] gehört der Aspekt, dass sie solche Details weitestgehend kontrollieren, eben zu ihrer Fallstruktur.

Wir können nun entsprechend unsere oben formulierte erste Fallstrukturhypothese aufgrund der bisherigen Rekonstruktion präzisierend modifizieren und erweitern. Dass die photographierten Personen unterstellen, *dass ihr bloßes Zusammentreffen als einander vertraute, zumindest sachlich einander verbundene Personen für ein großes, unspezifisches Publikum relevant ist*, erweist sich als *Inszenierung* – und zwar insofern, als die abgebildeten Personen zugleich zwar nicht der unterstellten Bedeutsamkeit als Gruppe, aber doch *deren Zusammengehörigkeit, deren Gemeinsamkeit misstrauen*. Es muss also für die abgebildeten Personen

---

[52] Anders, worauf wir oben hinwiesen, Andreas Wernet (2021, S. 45).
[53] Vgl. etwa den aufschlussreichen Bericht von Joseph D. Pistone und Richard Woodley (1987/2006), auf dem auch der Film „Donnie Brasco" (1997, Regie: Mike Newell) beruht.

ein Interesse geben, dass sie dazu bringt, sich auf die genannte Weise zu inszenieren. Dieses kann ein Sachinteresse sein (s. o.), bei dem neben dem sachlichen Bezug eine positive bis neutrale Distanz oder gar eine Konkurrenzbeziehung zum Ausdruck käme (vgl. o., LA.ii.c.α u. LA.ii.c.β). Letzteres ist möglicherweise dafür ausschlaggebend, dass der sachliche Bezug nicht im Vordergrund stehen darf und somit eine Vertrautheit der Personen miteinander inszeniert wird. Die *Praxis, die zugleich die photographierte und die photographierende ist, inszeniert sich für ein unspezifisches Publikum auf eine spezifische Weise, nämlich als einander vertraute, zumindest sachlich einander verbundene Personen*, wobei *durch die Inszenierung eine unterschwellige Konkurrenz verleugnet* wird. Es handelt sich also um einen eigenen Typus der *inszenierten Kommunikation* – womit auch eine Antwort auf unsere Forschungsfrage (b.i) gegeben wäre.

Nun könnte man sagen, dass Inszenierung Moment allen Handelns sei – zumindest solchen Handelns, das in Präsenz von anderen Personen stattfindet. Erving Goffman untersuchte Handeln in Präsenz in dieser Perspektive (1956).[54] Unabhängig davon ist aber festzuhalten, dass bei Selfies, bei denen es sich ja um eine hoch edierte Ausdrucksgestalt (s. o.) handelt, das „involuntary expressive behaviour" (1956, S. 2) maximal in die Regie genommen wird, so dass gilt: „the individual will act in a thoroughly calculating manner, expressing himself in a given way solely in order to give the kind of impression to others that is likely to evoke from them a specific response he is concerned to obtain." (Goffman 1956, S. 3) Wenn nun, um die Pragmatische Rahmung hinzuzunehmen, die Rezipienten der Ausdrucksgestalt unspezifisch sind und eine prinzipiell unbegrenzte Öffentlichkeit bilden, so ist die erforderliche Sorgfalt umso größer. Denn das Risiko, that „the audience may misunderstand the meaning that a cue was designed to convey, or may read an embarrassing meaning into gestures or events that were accidental, inadvertent, incidental or not meant by the performer to carry any meaning whatsoever" (Goffman 1956, S. 33), wächst mit der Distanz zu den für den Handelnden geltenden kulturellen Regeln. Insofern erzwingt die Pragmatische Rahmung des Selfies die Besonderheit dieser Kommunkationsform als einer Form der inszenierten Kommunikation. Durch einen weiteren Aspekt wird dies noch gesteigert: die strukturelle Reziprozität, die unsere Gattung konstituiert (vgl. Loer 2021 [Reziprozität], S. 141–159; vgl. o. den entsprechenden Exkurs). Durch die Ubiquität des Internet steht im Prinzip jeder zu jedem auf der ganzen Welt in Ko-Präsenz. Dies bedeutet, dass ein inhaltliches Nicht-Reagieren

---

[54] Ob wir allerdings ‚alle Theater spielen', wie die deutsche Übersetzung von Goffmans Buch im Titel behauptet (1956/1969) ist doch fraglich; wenn damit analytisch noch etwas erschlossen werden soll, muss eine begriffliche Differenzierung möglich sein.

auf irgendeine Nachricht im weltweiten Internet prinzipiell dennoch strukturell eine Antwort darstellt, die inhaltlich als Ignorieren gedeutet werden muss. Dies macht ein wesentliches Moment des Signums unseres Zeitalters aus. Als 1755 allein in Lissabon mehr als 60 000 Menschen einem Erdbeben zum Opfer fielen und mehr als 12 000 Wohngebäude zerstört wurden (s. Encyclopædiea Britannica 2014, Lemma ‚Lisbon earthquake of 1755'), verbreitete sich die Nachricht ob der Ungeheuerlichkeit des Ereignisses auch für damalige Verhältnisse sehr rasch. Aber selbst bei diesem „seminal event in European history" (Encyclopædiea Britannica 2014, Lemma ‚Lisbon earthquake of 1755') war es, obwohl es in Cardíz, in Algier und selbst in der Karibik zerstörerische Auswirkungen hatte, nicht so, dass wer anders als viele Philosophen und Schriftsteller in Argumentationen zur Theodizee und in Schilderungen es taten, darauf reagierte, damit die Betroffenen ignorierte. Es gab außerhalb der den Kaufleuten und den Gelehrten vorbehaltenen schriftlichen Medien keinen gemeinsamen Raum, innerhalb dessen man zueinander in einer Beziehung struktureller Reziprozität stand. Nimmt man weniger bedeutsame Ereignisse, wie etwa eine Flaschenpost, die ein Passagier auf seiner Reise von Liverpool nach New York von Bord der Atlantic ins Meer warf, so wäre es als pathologisch anzusehen, wenn er am Ende seines Lebens, ohne Antwort auf seinen Brief geblieben, sagen würde: „Die Welt hat mich ignoriert." Dies hat sich gewandelt. – Hiermit wäre zwar noch keine Antwort gegeben auf unsere zweite Forschungsfrage, ob nämlich in der speziellen Kommunikationsform, die das Selfie darstellt, eine besondere kulturelle Formation der Gegenwartsgesellschaft zum Ausdruck kommt und welche; aber man hätte doch deutliche Hinweise darauf, in welche Richtung weitere Analysen anzustellen wären: So wäre insbesondere die Frage der Auswirkungen der internetbasierten Kommunikationsmedien auf die Struktur des sozialen Raumes der Ko-Präsenz hin zu untersuchen. Es ist zu vermuten, dass wir es hier mit einer Universalisierung der strukturellen Reziprozität zu tun haben. Diese wird außer durch die zunehmende Entwicklung des Englischen zur Lingua franca vor allem durch die vorrangige Nutzung von Bildern, die eben nicht an besondere Sprachräume gebunden sind, verstärkt.

(4) Versuch der Falsifizierung der Fallstrukturhypothese

Wie oben in dem entsprechenden Abschnitt zum ersten Photo bereits festgehalten, kann man Falsifikatoren bestimmen, wenn eine Fallstrukturhypothese genügend prägnant formuliert werden konnte. Hier konnten wir nun eine Fallstrukturgesetzlichkeit rekonstruieren, die eine Spannung zwischen der manifesten Ebene (a) der Vertrautheit und der latenten Ebene (b) der Konkurrenz impliziert. Falsifiziert werden könnte sie, wenn (A) sich die Inszenierungslesart nicht aufrechterhalten ließe, wenn sich also etwa zeigen ließe, dass hier eine Gruppe von Personen zum Zwecke der Bearbeitung einer Sache oder zur Feier ihrer selbst zusammengekommen ist, dass also ungebrochene Verbundenheit zum Ausdruck käme, ohne dass dies in besonderer Weise darzustellen und mitzuteilen intendiert wäre. Die *Form* des Selfies schließt dies bereits aus, nimmt man dabei doch die eigene Darstellung unvermeidlicherweise in Regie; erst recht aber ist aufgrund der Pragmatischen Rahmung die Falsifikation dieses Aspekts ausgeschlossen. Des Weiteren wäre die Fallstrukturrekonstruktion falsifiziert, wenn (B) die verborgene Skepsis ihrerseits noch Moment der Inszenierung wäre – hier geraten wir an eine Grenze: Wenn nämlich eine Inszenierung perfekt ist, ist sie als Inszenierung nicht mehr zu erkennen und wir müssen das Inszenierte als authentische Szene behandeln. Nur also, wenn wir ein verborgenes Moment entdecken könnten, das die verborgene Skepsis und latent dominante Distanz als inszenierte erwiese, könnten wir hier den Versuch einer Falsifikation ansetzen.[55] Schließlich (C) könnte unsere Rekonstruktion falsifiziert werden, wenn die Diskrepanz zwischen der manifesten und der latenten Ebene sich als Kongruenz erweisen ließe.

Trotz ernsthafter Versuche, entsprechende Falsifikationsmöglichkeiten zu entdecken, ist dies nicht gelungen. Wir müssen also bis auf weiteres, ähnlich wie bei einem durchgeführten und gescheiterten Falsifikationsversuch, von der Gültigkeit der Hypothese ausgehen – natürlich, wie oben erwähnt, im Rahmen des Fallibilismus, der besagt, dass jegliche wissenschaftliche Erkenntnis vorläufig ist.

(5) Zur Genese der Fallstrukturgesetzlichkeit

Bei einem Photo muss, worauf bereits hingewiesen wurde, in der Regel weiteres Material erhoben werden, wenn man die Genese der rekonstruierten Fallstruktur untersuchen will. Wir können hier, da dies zu der Präsentation des Photos auf den Instagram-Seiten der beteiligten Personen gehört, die komplette Seite heranziehen (Abb. 5).

Da es hier nicht um die Analyse der sogenannten sozialen Netzwerke geht, vernachlässigen wir die entsprechenden Elemente („vorname.name", Symbole etc.) und ziehen nur den direkt zum Photo gehörenden verbalsprachlichen Text

---

[55] Diese Konstruktion erinnert an den Roman „Der Schlüssel" von Tanizaki Junichiro (1956/1961), in dem ein Ehepaar sich wechselseitig darüber zu täuschen versucht, dass beide das geheime Tagebuch des Mannes lesen und dass sie wissen, dass der andere es weiß.

heran. Dabei kürzen wir die Darstellung der Analyse hier stark ab, geht es doch im vorliegenden Band vorrangig um photographisches Ausdrucksmaterial.

Auf der Suche \...

„Auf der Suche nach einem Seeweg nach Indien entdeckte Kolumbus Amerika." – Es befindet sich also ein Suchender auf einer bestimmten Suche, was impliziert, dass das, was er sucht (a) einer bekannten Kategorie angehört,[56] (b) sein gegenwärtiger Aufenthaltsort dem Suchenden unbekannt ist und es (c) unabhängig von seiner Suche vorliegt – oder, falls nicht, die Suche nicht erfolgreich sein kann.

.../ nach einer neuen \...

Wir können unser obiges Beispiel variieren: „Auf der Suche nach einem neuen Weg nach Indien entdeckte Kolumbus Amerika." – Dann gelten die Pragmatischen Erfüllungsbedingungen (s. o., S. 11) ebenso, eingeschlossen (c), denn auch wenn der Weg für Kolumbus und seine westeuropäischen Zeitgenossen neu wäre, müsste er gleichwohl bereits exisitieren.

.../ Regierung \...

Das Vorherige, den inneren Kontext (s. Glossar) berücksichtigend, muss die gesuchte neue Regierung bereits existieren. Dem widerspricht allerdings der unbestimmte Artikel, denn Regierungen kann es ja nicht – wie Wege – parallel nebeneinander geben. Insofern kann hier „Suche" nur metaphorisch gemeint sein – wie etwa in dem Satz: „Auf der Suche nach einem neuen Kälteemittel entdeckte Roy Plunkett Teflon" (s. Schneider 2002, S. 10–14), denn der Chemiker Plunkett wollte ein neues Kälteemittel *herstellen*; die pragmatische Bedingung (c) war also nicht erfüllt. – Offenbar will der hier Suchende eine neue Regierung *bilden*, zumindest deren Bildung befördern...

.../ loten wir \...

Das Subjekt der „Suche" ist eine Kollektivität, die selbst über ihre „Suche" spricht; im Prozess der Regierungsbildung wird etwas ausgelotet, d. h. seine Tiefe wird geprüft. Das kann weiterhin nur metaphorische gemeint sein.

---

[56] Sonst müsste man wohl wie Pablo Picasso sagen: „Je ne cherche pas, je trouve" (2014).

…/ Gemeinsamkeiten und \…

In die Kollektivität gehen also unterschiedliche Interessen ein; für den Prozess der Regierungsbildung bedarf es der Bestimmung der Gemeinsamkeiten und der Unterschiede. Bei aller Metaphorik wird hier offenbar eine sachliche Klärung angestrebt.

…/ Brücken über Trennendes aus. \…

Das neue Bild setzt allerdings einen anderen Akzent: Es geht doch nicht um eine sachliche Klärung, sondern um eine Herausstellung der Gemeinsamkeiten. Vor dem Hintergrund, dass Gemeinsamkeiten und Unterschiede sachlich thematisch sein müssen, werden die Suchenden hier als vor allem an dem Gemeinsamen Orientierte dargestellt. Zudem bekommt das Bemühen etwas Persönliches, ist doch die Rede von Trennendem statt lediglich von Unterschieden. Unterschiede können sachlich berücksichtigt werden; Trennendes hingegen ist gewichtiger und muss eben überbrückt werden – ein schwieriges Unterfangen, das aber offensichtlich die Beteiligten auf sich nehmen. Dass nicht die Brücken, sondern allenfalls die Tiefe der Schlucht, die von einer Brücke überspannt wird, ausgelotet werden kann, macht deutlich, dass, anders als manifest dargestellt, latent eben doch das Trennende das größere Gewicht hat – was aber so nicht erscheinen soll. Wir haben hier die gleiche Struktur, die wir schon beim Photo herausarbeiten konnten, vorliegen: einerseits den inszenierten manifesten Gehalt, nämlich die Gemeinsamkeit, und andererseits den latent bedeutsamen Gehalt, nämlich das Trennende, die Konkurrenz, die Skepsis.[57]

…/ Und finden \…

Die Aussage könnte nun die Struktur haben ‚Wir suchen X und finden Y' (Kolumbus, Plunkett) oder ‚Wir suchen X (allg) und finden X (spez)'. Also etwa: „Wir suchen etwas zu essen und finden einen Müsliriegel."

…/ sogar \…

---

[57] Der Schreibfehler, der sich bei Volker Wissing fand, auf dessen Instagram-Seite es zunächst hieß „Brücken über Trennenden" (https://www.merkur.de/politik/bundestagswahl-koalitionen-ampel-jamaika-gruene-fdp-selfie-habeck-lindner-baerbock-wissing-berlin-910 20464.html; zuletzt angesehen am 11. Mai 2022), bestätigt unsere Bildanalyse und zeigt, dass bei ihm die Wahrnehmung des Trennenden deutlich überwog.

Die Suchenden finden nicht nur, was sie suchen, sondern sogar mehr als Erwartetes, zumindest mehr als Erhofftes – etwa: „Wir suchen Schmierpapier und finden sogar einen Schreibblock." Allerdings bezeichnete das letzte Verb das Ausloten von „Gemeinsamkeiten und Brücken". Ziehen wir die Explikation heran, dass „sogar" als Fokuspartikel „das vom Fokus Bezeichnete auf Alternativen vom selben semantischen Typ" (Eisenberg 1999/2001, S. 228 f.) bezieht, müsste nun eigentlich folgen: ‚…finden sogar heraus, dass es viele Gemeinsamkeiten und Brücken gibt.'

…/ welche. \…

Stattdessen wird betont, dass überhaupt Gemeinsamkeiten und Brücken gefunden wurden. Das heißt ja, dass die Erwartung, welche zu finden nicht gegeben war – im Gegenteil: ‚Wir suchen die Nadel im Heuhaufen und finden sie sogar.' Wenn nun die Suchenden und Auslotenden selbst überhaupt keine Gemeinsamkeiten zu finden erwarteten, wäre nicht erklärlich, dass sie sich auf die Suche machten. Insofern muss diese Negativ-Erwartung den Lesern unterstellt werden. Für diese wird also offensichtlich die Gemeinsamkeit inszeniert.

…/ Spannende \…

Was bezeichnen wir als spannend? Geschichten, Romane, Diskussionen können spannend sein – also prozesshafte Abläufe, deren Fortgang offen ist und an deren Entwicklung bzw. Ausgang wir interessiert sind. Dabei sind wir entweder in einer Beobachter- oder in einer Teilnehmer-Position; aber selbst bei ersterer ‚packt' uns das Geschehen. Wenn es sich bei den Prozessen allerdings um akut-krisenhafte handelt, werden wir sie kaum als spannend bezeichnen – so wird keiner etwa zur Zeit von einem spannenden Krieg in der Ukraine sprechen, auch wenn er sich z. B. die Frage stellt, ob dies etwa zu einer wirklichen Transformation der deutschen Politik führt (vgl. Grundhöfer und Loer 2022). Insofern nehmen die Suchenden hier tendenziell die Perspektive von Voyeuren des eigenen Tuns ein. Wenn wir allerdings die Sparsamkeitsregel (s. Glossar) in Anschlag bringen, so müssen wir diese Deutung als auf fallspezifische Zusatzannahmen angewiesen zurückweisen; denn sie impliziert einen Selbstwiderspruch, nämlich den, im Versuch, eine neue Regierung zu bilden, die Perspektive eines am lebendigen Verlauf interessierten Beobachters einzunehmen. Dann bleibt wiederum nur, dass die Suchenden ihr eigenes Tun den Lesern als spannendes Schauspiel empfehlen, dass sie es also für diese inszenieren. Dies kommt hier allerdings wieder latent zum

Ausdruck, ist nicht manifest angestrebt, impliziert es doch eine Selbstentwertung, die sicher nicht intendiert wird.

…/ Zeiten.

Das Fazit, das die vorherigen Sätze zusammenfasst und als „spannend" tituliert, umfasst mehr noch als die konkrete Suche und das besondere Tun der Suchenden; das fügt aber dem bisher Explizierten – bis auf eine gewisse Überdehnung: vom eigenen Tun auf die Zeit zu schließen – nichts hinzu.

Damit haben wir zwar die gleiche Struktur wie in der Photoanalyse rekonstruiert, können aber über die Genese noch nicht mehr sagen. Ziehen wir nun den äußeren Kontext heran: Zwei Tage vor der Aufnahme des Photos fand am 26. September 2021 die Bundestagswahl statt, bei der die SPD auf 25,7 %, die CDU/CSU auf 24,1 %, die Grünen auf 14,8 % und die FDP auf 11,5 % der Stimmen kamen.[58] Damit ist klar, dass es der SPD zukam, Einladungen zu Sondierungsgesprächen an mögliche Koalitionspartner auszusprechen, welche neben der CDU/CSU, mit der eine Fortsetzung der Großen Koalition möglich gewesen wäre, Grüne und FDP für ein Dreierbündnis waren. Zugleich wäre aber auch eine Koalition zwischen CDU/CSU, Grünen und FDP möglich gewesen. Insofern war es für die beiden kleineren potenziellen Regierungsparteien sinnvoll, sich im Vorfeld abzusprechen, um so gegenüber den beiden großen Parteien eine guten Verhandlungsposition zu erlangen. Es handelte sich also bei ihrem Treffen um ein politisch kluges Vorgehen, das angesichts der Geschichte der Koalitionsbildungen in der Bundesrepublik Deutschland ungewöhnlich, aber sachlich völlig angemessen war. Dass gleichwohl die Darbietung als sachlich ‚Vorsondierende' in den Hintergrund trat und die persönlichen Gemeinsamkeiten in den Vordergrund gerückt und durch Inszenierung betont wurden, ist möglicherweise motiviert durch die Bedeutung, die beiden Aspekte in der deutschen politischen Öffentlichkeit zukommt. Darauf antwortet u. U. bereits die Wahle des Selfies statt etwa einer sachliche Erwägungen präsentierenden Pressekonferenz für die erste Kommunikation über die Gespräche. Die Nachricht, auf die es den Teilnehmern ankommt, ist, dass die Gespräche stattgefunden haben, nicht, was dort besprochen wurde.

Wir brechen hier die weiteren Überlegungen zur Genese der Fallstruktur ab. Klar ist, das in sie neben (a) der Entwicklung der Kommunikationsmedien auch

---

[58] Dies sind die Zahlen des endgültigen Ergebnisses (https://www.bundeswahlleiter.de/info/presse/mitteilungen/bundestagswahl-2021/52_21_endgueltiges-ergebnis.html; zuletzt angesehen am 11. Mai 2022), die sich nicht vom vorläufigen Wahlergebnis unterschieden.

(b) die Struktur der politischen Kultur in Deutschland und (c) die Entwicklung der politischen Kommunikation eingehen. Diese Fragen können im Rahmen dieser Einführung in das methodische Vorgehen nicht bearbeitet werden. Je nach Forschungsinteresse müssten kontrastiv weitere Daten herangezogen werden – so etwa (a) nicht-politische Selfies und zugehörige Kommunikationen, (b) weitere Dokumente aus dem Bereich politischer Debatten (vgl. Liebermann 2005, 2019, i. Vorber.; Liebermann/Loer 2009) oder (c) andere Formen der politischen Kommunikation, wie etwa Pressekonferenzen und -erklärungen in ihrer (zeit-) geschichtlichen Entwicklung.

(6) Überlegungen zu weitergehende Fragen

Weitergehende Fragen wurden unter dem obigen Punkt ja bereits angesprochen. Was (i) das Selfie als Kommunikationsform angeht, ist dabei der unter (a) genannte Aspekt der das Selfie einbettenden Kommunikation interessant, wobei der Kommunikationsstrom – etwa Kommentierungen etc. – besonders aufschlussreich sein dürfte. (ii) Die verschiedenen Verwendungskontexte – privat vs. öffentlich etwa – dürften in ihrer Wechselseitigkeit auch Aufschluss über die „Generation Selfie" (Oer und Cohrs 2016) geben. (iii) Grundlagentheoretisch wie zeitdiagnostisch aufschlussreich wäre die von uns sogenannte Universalisierung der strukturellen Reziprozität durch die Veränderungen in der Struktur des sozialen Raumes der Ko-Präsenz. Hier wären etwa auch der weltweite Nachrichten- und Infortmationsstrom und seine Auswirkungen zu untersuchen.

Strukturgeneralisierung (B)

Auch hier gilt es wieder festzuhalten, dass eine „abgeschlossene Fallrekonstruktion [...] in sich eine Strukturgeneralisierung dar[stellt]" (Oevermann 2004 [quanti], S. 469), und es fragt sich, welchen Typus bzw. welche Typen die von uns rekonstruierte Fallstruktur repräsentieren. Offensichtlich handelt es sich bei dem Fall von Selbstinszenierung *als einander vertraute, zumindest sachlich einander verbundene Personen,* wobei *durch die Inszenierung eine unterschwellige Konkurrenz verleugnet* wird, um einen Fall von Aufmerksamkeitslenkung. Hierfür eignet sich das gewählte Kommunikationsmittel des Selfie mit seiner entsprechenden Pragmatischen Rahmung in besonderem Maße, da es per se Bedeutsamkeit beansprucht, so dass durch die entsprechende Inszenierung, die für es unabdingbar ist, die sich selbst photographierende Praxis die Art ihrer Selbstdarstellung sorgfältig auf eine Weise in Regie nimmt, die es erlaubt, bei den Betrachtern den gewünschten Eindruck zu erzeugen (vgl. Goffman 1956: 3).

(C) Vita mundo absurdo perversa[59]

„Wenn das Risiko, dass sie eingegangen sind, ihre Hoffnung bezeichnet, die sie in eine solche Weitergabe von Bildern gesetzt haben, muß man diese Weitergabe dann nicht ernstnehmen und sich über die fraglichen Bilder beugen […] wie über ‚Augenblicke der Wahrheit', deren Bedeutsamkeit Arendt und Benjamin unterstrichen haben?" (Didi-Huberman)[60]

(1) Analyse eines ersten Aspekts

Vorbemerkung
Wie bei den Analysen der anderen beiden Photos bereits ausgeführt müssen wir auch bei der Analyse dieses Bildes, anders etwa als bei der eines Forschungsgesprächs, wo der Beginn des Gesprächs uns naturwüchsig gegeben ist (vgl. Loer 2021 [OHWP Interviews], S. 53 f., 59), nach konkreter Bildgestalt, Fragestellung

---

[59] Dass die lateinische Sprache „stark implizit kodiert ist" (Weeber 1998, S. 16), erlaubt, obwohl – oder gerade weil – sie sich so „durch eine Vielzahl von Mehrdeutigkeiten" auszeichnet (Weeber 1998, S. 16), mit ihrer dichten Syntax eine lakonische Prägnanz, die im Deutschen so nicht möglich ist. So kann das artikellose „vita perversa" sowohl „ein verkehrtes Leben" wie auch „das verkehrte Leben" heißen, wobei „perversus" sowohl „umgedreht, verkehrt" (Georges 1913-18/2002, S. 42154) als auch „verkehrt, nicht recht, unrecht, schlecht, böse" (Georges 1913-18/2002, S. 42154) bedeutet. Der Instrumentalis „mundo absurdo" kann im Deutschen sowohl mit „durch eine (die) absurde Welt" als auch mit „mittels einer (der) absurden Welt" wiedergegeben werden. Und schließlich bedeutet „absurdus" wörtlich „gegen das Gehör, die Ohren beleidigend, widrig klingend, grell, unrein" Georges 1913-18/2002, S. 371), übertragen aber eben auch „gegen das innere Gefühl, gegen Sinn und Verstand verstoßend", „unpassend, ungereimt, abgeschmackt, ohne Sinn und Verstand, sinnlos, unvernünftig" (Georges 1913-18/2002, S. 371). Das alles ist, wie die Analyse zeigen wird, hier mitzudenken... – Für hilfreiche Anmerkungen zu diesem Kapitel danke ich Angelica Horn und Matthias Jung (beide Frankfurt/M.) sowie Ute Fischer (Dortmund).

[60] Didi-Huberman 2002-03/2007, S. 96; korr. Übers. – vgl.: „Si le risque qu'ils prenaient signifie leur espoir mis dans une telle transmission d'images, ne doit-on pas prendre au sérieux cette transmission même, et se pencher attentivement sur les images en question, […] comme ces ‚instants de vérité' dont Arendt et Benjamin on souligné l'importance?" (Didi-Huberman 2002-03/2003, S. 82).

Abb. 6 #280 Auschwitz Sonderkommando. (© The archival collection of the State Museum Auschwitz-Birkenau in Oświęcim/Zbiory Archiwum Państwowego Muzeum Auschwitz-Birkenau w Oświęcimiu 2022)

und Fallbestimmung einen Aspekt festlegen, mit dem wir beginnen. – Das hier ausgewählte Photo (Abb. 6) zeichnet sich nun durch eine besondere Gestalt aus, ist doch gewissermaßen außer dem Rahmen, der durch die äußere Begrenzung gegeben ist, noch eine Art innerer Rahmen zu erkennen: eine schwarze Fläche, die links ca. 28 %, rechts ca. 20 %, unten unregelmäßig ca. 10–20 % und oben schräg ca. 18–30 % der Bildfläche einnimmt. Diese Besonderheit der konkreten Bildgestalt bietet sich als erster Aspekt für die Analyse an.

Analyse

Wie ist dieser erste Aspekt, die schwarze bildinterne Rahmung nun zu verstehen? Durch einen schwachen Schimmer oben links und einen unbestimmbaren Lichtschein unten liegt die Vermutung nahe, dass das Photo aus einem dunklen Raum heraus gemacht wurde, was auf eine heimliche Aufnahme verweist. Ein

Photograph, der die im Bildinneren zu erkennende Szenerie festhalten will, hätte dies durch Heraustreten – oder zumindest Heraushalten der Kamera – in viel besserem Maße machen können. Insofern müssen wir schließen, dass die Aufnahmeposition dazu diente, beim Photographieren nicht entdeckt zu werden. Wenn wir nun in künstlicher Naivetät, „so blasphemisch und moralisch unerträglich das zunächst für das konkrete sittliche Empfinden der Lebenspraxis auch sein mag" (Oevermann 2000 [Fall Münch], S. 30), gedankenexperimentelle Variationen vornehmen, so wäre eine solche geheime Praxis etwa beim Aufnehmen von (α) intimen (Stichwort ‚Susanna im Bade') oder (β) überhaupt privaten Szenen – außer durch die Beteiligten selbst – (eine Gesellschaft in Nachbars Garten beim Grillen), beim Festhalten von (γ) kriminellen Aktivitäten (bewaffnete Räuber, die einen Passanten überfallen), beim Dokumentieren von (δ) Übergriffen durch die Sicherheitskräfte eines autoritären Staates – dort, wo dies durch die Sicherheitskräfte selbst sonst gleich verhindert würde –, beim Photographieren von (ε) militärischen Anlagen oder auch von (η) betrieblichen Anlagen oder schlicht beim (θ) Aufzeichnen von Personen ohne deren Zustimmung. Wir können nun die Gründe für die Heimlichkeit des Photographierens, also die pragmatischen Erfüllungsbedingungen für die Handlung des heimlichen Photographierens folgendermaßen explizieren: Entweder (1) stellt das Photographierte selbst eine Handlung oder ein Objekt dar, das (1.a) aus allgemein anerkannten normativen Gründen oder (1.b) aus allgemein anerkannten strategischen Gründen geheimgehalten werden soll, oder (2) das Photographieren verletzt (2.a) die Würde einer Person bzw. (2.b) das Interesse einer Person. Die Bedingung 1.a wäre etwa bei den genannten Beispielen α und β erfüllt, da hier die Norm des Schutzes der Privatsphäre verletzt würde;[61] die Bedingung 1.b wäre erfüllt bei den Beispielen ε und η, wo militärische bzw. betriebliche Spionage verhindert werden soll. Die Bedingung 2.a wäre im Beispiel θ erfüllt und die Bedingung 2.b bei den Beispielen γ und δ. Die beim Photographieren verletzte Norm, deren Verletzung durch die Heimlichkeit verborgen wird, ist in der Regel zusätzlich durch ein gesatztes Verbot[62] gestützt, sei dies explizit ausgesprochen („Photographieren verboten!"), sei dies in anderen Verboten (etwa des Geheimnisverrats) impliziert.

Demnach müssten wir nun also erwarten, dass das Photographierte etwas darstellt, was diesen pragmatischen Erfüllungsbedingungen entspricht bzw. dass die Photographierten eine Handlung vollziehen, für die dies zutrifft. Betrachten wir

---

[61] Der Norm, die hier verletzt würde, liegt wiederum die Bedingung 2.a zugrunde.
[62] Zur Unterscheidung von Norm und Gesetz als gesatzter Norm s. Loer 2008 [Norm], S. 174–178.

die gedankenexperimentellen Beispiele noch etwas näher, um weiter zu spezifizieren, was zu erwarten ist. Diese methodische Operation entspricht zugleich der Frage nach möglichen Kontexten wie derjenigen nach möglichen Anschlüssen bei der Analyse von Protokollen, in denen Handeln sich in seinem zeitlichen Ablauf objektiviert (s. u.). Wir können etwa festhalten, dass sich etwaige Photographierte bei den Beispielen α, β, ε, η und θ vermutlich ungezwungen verhalten, also ihr Handeln selbst nicht verdecken würden, was hingegen bei γ und δ der Fall wäre, da hier durch das Photographieren das Begehen von normativ und gesetzlich nicht erlaubten Handlungen dokumentiert würde.

▶ Der bei der Analyse von Protokollen, in denen Handeln sich in seinem zeitlichen Ablauf objektiviert, erfolgenden Formulierung möglicher Kontexte wie auch der Formulierung möglicher Anschlüsse entspricht hier die Formulierung der möglichen bildimmanenten Kontexte für im Analysefokus befindliche einzelne Aspekte.

(2) Analyse thematisch einschlägiger Aspekte zur Bildung einer ersten Fallstrukturhypothese

Wir haben bei der Benennung der Analyseschritte darauf hingewiesen, dass diese nicht immer streng voneinander geschieden werden können und müssen und insofern eher Momente als diskrete Schritte der Analyse darstellen. Dies wird hier nun erneut deutlich, müssen wir doch den nun auszuwählenden nächsten Aspekt in engem Zusammenhang mit dem soeben analysierten untersuchen. Wenn wir überprüfen wollen, welche der herausgearbeiteten pragmatischen Bedingungen erfüllt sind, so liegt es nahe, die im inneren Bildrahmen abgebildeten tätigen Personen als nächstes zu betrachten. Da wir die Praxis der Vernichtung „*trotz allem* verstehen wollen, trotz der Komplexität des Phänomens". (Didi-Huberman 2002-03/2007, S. 220; korr. Übers.; kursiv i. Orig.)[63] handelt es sich zugleich um einen thematisch einschlägigen Aspekt. – Um die Details genauer erkennen zu können ziehen wir einen Ausschnitt aus dem Photo heran (Abb. 7).[64]

---

[63] „vouloir comprendre *malgré tout*, malgré la complexité du phénomène" (2002-03/2003, S. 194; kursiv i. Orig.).

[64] Georges Didi-Hubermann weist zu Recht darauf hin, dass die Veränderung der Photos, die in diversen Veröffentlichungen vorgenommen wird (z. B.: Świebocka et al. 1993/2011, S. 174, Greif 1995, S. XLVIII), problematisch ist, auch wenn man „ohne Zweifel glaubte, das *Dokument* (das sichtbare Resultat, die deutliche Information) zu bewahren" (Didi-Huberman

Abb. 7 #280 Auschwitz Sonderkommando (Detail)[65]. (© The archival collection of the State Museum Auschwitz-Birkenau in Oświęcim/Zbiory Archiwum Państwowego Muzeum Auschwitz-Birkenau w Oświęcimiu 2022)

Betrachten wir nun einzelne Aspekte des Photos, indem wir sie gedankenexperimentell aus dem Kontext herauslösen. Dies ließe sich durch Bildbearbeitungsverfahren anschaulich machen. Entscheidend ist jedoch die Operation der kontextfreien Analyse selbst, die durch die Anschaulichkeit unterstützt würde, nicht aber durch sie erst ermöglicht wird (vgl. u. den Abschnitt „Zu einigen Aspekten des methodischen Vorgehens").

2000-01/2007, S. 62; kursiv i. Orig., korr. Übers.; vgl. 2000-01/2003, S. 52). Didi-Huberman hält fest, dass man durch die Veränderung die konkrete „Erscheinungsweise der Photos, all das, was aus ihnen ein *Geschehen* (einen Prozess, eine Arbeit, eine Art Nahkampf) machte, unterdrückte" (Didi-Huberman 2000-01/2007, S. 62; kursiv i. Orig., korr. Übers.). Wir haben in unserer Analyse der bildimmanenten schwarzen Rahmung deren Bedeutung gesehen; das bisher Rekonstruierte geht als innerer Kontext in die weitere Analyse ein.

[65] Quelle: https://www.jewishvirtuallibrary.org/jsource/images/Holocaust/sonder280_cropped.jpg; heruntergeladen am 2. Juni 2022.

Beginnen wir mit den im rechten Vordergrund in einem Halbkreis stehenden sechs Personen, da wir uns von dieser Gruppe (s. o. S. 94, Fn. 38) am ehesten Aufschluss über die abgebildete Praxis versprechen.[66] Die Konstellation dieser Personen würde zu einer Arbeitsgruppe passen, die bei der Durchführung körperlicher Tätigkeit eine kurze Pause macht. Der Gegenstand ihrer Arbeit würde sich dann vor ihnen, in ihrem Halbkreis auf dem Boden befinden, denn die von uns aus rechts stehende vordere Person bückt sich, als ob sie noch in der Tätigkeit wäre oder sie wieder aufgenommen hätte; die beiden links stehenden Personen der Gruppe haben die Hände wie zum kurzen Verschnaufen in die Seiten gestemmt, die dritte Person von links scheint sich das Gesicht abzuwischen; von den anderen beiden Personen scheint die ganz rechts stehende zu der anderen zu sprechen.

> Der Eindruck, dass es sich um eine Pause handelt, lässt sich bestätigen, wenn man das zweite, von gleicher Stelle kurz zuvor oder danach aufgenommene Photo https://www.jewishvirtuallibrary.org/jsource/images/Holocaust/sonder281.jpg; zuletzt angesehen am 2. Juni 2022. hinzuzieht, wo die Personen noch oder wieder tätig sind. Allerdings ist zu beachten, dass diese abkürzende Plausibilisierung methodisch zunächst unerheblich ist, da es ja nicht darum geht, zu „zeigen, wie es eigentlich gewesen" (von Ranke 1824/1957, S. 4). Wir analysieren hier zudem ein Einzelbild und nicht eine Bildserie; gleichwohl kann das zweite Bild als unabhängiges Datum einen Hinweis darauf liefern, ob möglicherweise eine weitere mögliche Lesart der Szene während der Analyse noch nicht endeckt wurde (ein solcher Hinweis findet sich hier nicht). Methodisch betrachtet stellt also das weitere herangezogene Photo fallspezifisches Kontextwissen dar, das nur zum Auffinden, nicht aber zum Ausschließen von Lesarten verwendet werden darf. Für die Analyse des Einzelbildes opportun ist das Heranziehen eines weiteren Photos der Serie insofern erst, wenn, wie es etwa „bei abweichenden Fällen [vorkommt,] die besonders unwahrscheinlichen Lesarten forschungspsychologisch nicht realisiert würden." (Oevermann et al. 1979 [Methodologie], S. 423)

Wenn die Gruppe also durch die gemeinsame Tätigkeit konstituiert ist, bei der sie gerade eine Pause macht, so müssen wir uns fragen, was für eine Tätigkeit das sein kann, die nur heimlich photographiert werden darf. – Wir erinnern daran,

---

[66] Diese Vermutung kann sich im Verlauf der Analyse als falsch herausstellen. Da aber die einzelnen Aspekte jederzeit unabhängig voneinander betrachtet werden können, stellt diese Reihenfolge keine Festlegung dar.

dass die Analyse der ausgewählten Apekte kontextfrei erfolgt, so schwer es auch insbesondere angesichts dieser „sprachloses Entsetzen" (Arendt) verursachenden Szenerie fallen mag. – Die in unseren obigen Beispielen α und β repräsentierten Typen einer intimen oder privaten Szene kann man weitestgehend ausschließen, so dass es sich um eine Situation des durch die Beispiele γ oder η handeln dürfte, also um eine Tätigkeit, die aus strategischen oder im Interesse der Handelnden liegenden Gründen geheimgehalten werden soll. Da auf dem Photo noch weitere Personen zu sehen sind und die Szene unter offenem Himmel stattfindet, handelt es sich bei der bisher betrachteten Gruppe jedenfalls nicht um eine konspirative Gruppe von Kriminellen, so dass wir davon ausgehen müssen, dass hier Arbeiten ausgeführt werden, die es wert sind, ausspioniert zu werden. Von der Haltung her könnte die Tätigkeit im Hantieren mit Stückgut, etwa im Sortieren und Verlagern von Holzbalken bestehen. Da die Personen dabei keinerlei Werkzeuge nutzen und auch technische Einrichtungen, die einer Betriebsspionage als Objekt dienen könnten, a prima vista nicht zu erkennen sind, müsste das Stückgut selbst von besonderem Spionageinteresse sein, wie etwa wenn es sich um Raketensprengköpfe handeln würde; es bleibt bei diesen Überlegungen also zunächst offen, was die Heimlichkeit des Photographierens motivieren könnte. – Wichtig ist festzuhalten, was in der Heimlichkeit zum Ausdruck kommt. Der Photograph teilt entweder die Legitimität der Norm, die das Photographieren untersagt, macht aber für sein Tun eine Ausnahme geltend; vergleichbar etwa dem Paparazzo, der um des Profits willen eine Norm verletzt, deren Geltung er grundsätzlich anerkennt. Oder aber der Photograph akzeptiert das gesatzte Verbot lediglich aufgrund seiner Sanktionsbewährtheit und berücksichtigt es strategisch in seinem Tun; vergleichbar dem Wilderer, „der es sich nicht gefallen läßt, daß ihm das Recht zur Jagd genommen ist" (Girtler 1998, S. 32), das Verbot aber aufgrund der zu befürchtenden Strafe gleichwohl in seinem Tun berücksichtigt.

Die weiteren drei aufrechten Personen: eine am linken Bildrand, eine in der Mitte des Bildes und eine zwischen beiden etwas weiter im Hintergrund, scheinen ebenfalls tätig zu sein. Bei der erstgenannten Person ist dies kaum zu erkennen, die Person in der Bildmitte wechselt balancierend ihren Ort und die letztgenannte Person scheint etwas vom Boden aufzueben oder durch Ziehen zu bewegen. Keine der Personen macht dabei den Eindruck, die Tätigkeit verbergen zu wollen. Zu Recht hält Georges Didi-Huberman schlicht fest: „Das sind Arbeitshandgriffe" (2002-03/2007, S. 122; korr. Übers.).[67] – Bevor wir uns dem, was der Inhalt dieser „Arbeit" ist, zuwenden, können wir eine noch zu spezifizierende Fallstrukturhypothese festhalten: *Der Photograph betrachtet offensichtlich eine Tätigkeit*

---

[67] „Ce sont des gestes de travail" (Didi-Huberman 2002-03/2003, S. 106).

als nicht-normal, im geheimen vollzogen und geheimzuhaltend, die von den photographierten Personen offensichtlich als eine normale, vermutlich routinisierte betrachtet wird.

> **Exkurs zu den Begriffen der Normalität und der Normalisierung**[68]
> Wann gilt etwas als normal? Dass etwa (1) ein losgelassener Apfel zu Boden fällt, gilt für jedermann als normal; ebenso, dass (2) im Frühjahr die Vögel singen; auch, dass (3) bei japanisch sprechenden (Adoptiv-) Eltern aufgewachsene Kinder das Japanische als Muttersprache erwerben, auch wenn ihre leiblichen Eltern deutsch sprechen; dass (4) man pünktlich zu einer Verabredung kommt oder dass (5) sich infolge der amerikanischen und dann französischen Revolution die Territorialstaaten zu Nationalstaaten entwickelt haben; dass (6) die Redakteure einer Szene-Zeitschrift zu der zu einem bestimmten Zeitpunkt vereinbarten Redaktionssitzung stets eine halbe Stunde und mehr zu spät kommen, gilt für diese als normal (mündliche Mitteilung durch Ronald Hitzler, Dortmund; s. o.); und schließlich (7) gilt für die meisten das laute Musikhören von Jugendlichen auf öffentlichen Plätzen, wobei sie die Grenze zwischen Öffentlichkeit und Privatheit missachten, als normal (s. hierzu des näheren Loer 2008 [Norm], S. 170-177). Was haben diese Beispiele gemeinsam? Es handelt sich um Phänomene, die akzeptiert werden, da sie (a) entweder naturwüchsig auftreten und nicht beeinflusst werden können (1, 2), oder (b) es keinen Grund gibt, sie zu beeinflussen – also keine Norm ihnen widerspricht – und sie einer eigenen Sachlogik folgen (3), oder (c) Ausdruck einer inneren Rationalität von Normen darstellen (4)[69] oder da (d) man die innere Rationalität der Entwicklung rekonstruieren kann (5) (vgl. hierzu Oevermann 1990 [Sonderweg], 2000 [Fall Münch], S. 39 f.), oder aber (e) da sie in einer geteilten Haltung, hier einer Haltung der gezielt inszenierten Unkonventionalität (6) gründen, oder schließlich aufgrund besonderer, die fraglichen Phänomene verständlich machender Umstände zu einer Haltung der verständigen Toleranz gegenüber der Normabweichung (7) führen.
> Normalerweise wird die Normalität von etwas nicht thematisiert – in Anlehnung an eine Formulierung von René Leriche[70] kann man sagen: Normalität ist das Leben im Schweigen des ‚Warum?' Erst, wenn das ‚Warum?' sich rührt, wenn die Suspendierung der Begründungsverpflichtung[71] sich auflöst, wird zunächst die Frage nach den Gründen, warum etwas als normal gilt, aufgeworfen. Diese Gründe können sich, wie wir

gesehen haben, aus unterschiedlichen Quellen speisen: naturgesetzlich fundierte Gegebenheit (1, 2), sachlogisch fundierte Einsehbarkeit und Vernünftigkeit (3, 5, 7), unbestreitbare normative Rationalität (4), im Selbstbild fundierte Gewohnheit (6). Dort wo Normabweichungen als normal gelten, Normen und Normalität miteinander konkurrieren, ist – häufig aufgrund unterschiedlicher Perspektiven – die Suspendierung der Begründungsverpflichtung relativ schnell aufgehoben. Dies gilt hier insbesondere für die zusammenhängenden Beispiele 4 und 6 sowie für das Beispiel 7, die in unserem Zusammenhang von daher von besonderem Interesse sind; es geht ja hier um die Unterstellung der Normalität der Abweichung von geltenden Normen. Im Beispiel der Redakteure der Zeitschrift *Frontpage* (s. o.) lässt sich die Unkonventionalität nur auf der Basis der *zugleich* unterstellten Geltung der Norm der Pünktlichkeit bei Verabredungen inszenieren; die Geltung der Norm ist also die Bedingung der Bedeutung der unter den Redakteuren als normal geltenden Abweichung. – Bei dem Beispiel der Jugendlichen verhält es sich zunächst ähnlich: Auch hier ist die Geltung einer Norm, nämlich der Norm des Respekts für die Grenze zwischen Öffentlichkeit und Privatheit in öffentlichen Räumen, die Bedingung für die Abweichung, die von den Jugendlichen als Moment einer jugendlichen Protestkultur inszeniert und zur Demonstration der Autonomie genutzt wird. Die Normverletzung der Jugendlichen ist Bestandteil der Lösung eines spezifischen Handlungsproblems, nämlich der Bewältigung der „developmental task" (Havighurst 1953, S. 18 u. passim) der Autonomieerlangung: Wenn eine der dem Jugendlichen zur Auswahl stehenden Handlungsoptionen normativ positiv ausgezeichnet ist und er sich für diese Option entscheiden würde, wäre für den Beobachter nicht mehr unterscheidbar, ob er seine Entscheidung autonom vollzogen hat – etwa, weil er die gewählte Option für eine gelungene Lösung hält, – oder ob er im Vollzug der Entscheidung lediglich der normativen Vorgabe (hier: ‚Respektiere in öffentlichen Räumen die Grenze zwischen Öffentlichkeit und Privatheit!') folgte – was schlichtem Normgehorsam entspräche. Ganz anders verhält es sich in dem Fall, in dem der Handelnde eine Option wählt, die normativ negativ ausgezeichnet ist. In diesem Falle kann er nach außen deutlich machen, dass die Entscheidung nicht lediglich einer Normvorgabe folgte, sondern tatsächlich eine autonome Entscheidung darstellt.[72] – Vor dem Hintergrund dieser besonderen, die fraglichen Handlungen verständlich machenden Umstände (Jugendlichkeit mit der entsprechenden „Entwicklungsaufgabe"), die in die Situationsdeutung im Falle der Normverletzung durch Jugendliche in der Regel einbezogen werden, wird die Normverletzung *normalisiert*, ohne dass dadurch die Geltung der Norm selbst aufgehoben würde. Diese Normalisierung ist offensichtlich davon abhängig, ob das Handeln der von der Norm Abweichenden als den Umständen angemessen gedeutet und ihm damit eine entsprechende Vernünftigkeit zugesprochen werden kann, auch wenn sie mit der infrage stehenden Norm konkurriert.

Wir können also festhalten: Für einen Deutenden A gilt die Handlung b eines Handelnden B (wobei A und B identisch sein können) insofern als *normal*, als für A bemessen an unterschiedlichen spezifischen Annahmen die Begründungsverpflichtung faktisch suspendiert ist.

Normalisierung im Sinne der (Um-) Deutung einer Handlung als normal[73] ist opportun, wenn die Verpflichtung zur Begründung dieser Handlung nicht (länger) suspendiert ist und zugleich die (nun) zu begründende, also nicht (mehr) als normal geltende Handlung vollzogen wird. Es wird dann aufgrund bestimmter, rahmender Annahmen die Akzeptanz eines Handelns hergestellt, das von weiterhin geltenden Normen abweicht, nun aber, bemessen an diesen Annahmen, als nicht weiter begründungsbedürftig, also als normal, gedeutet wird.

---

[68] S. hierzu auch: Loer 2008 [Norm].

[69] S. die Ausführungen zu dem Beispiel, o., S. 102–103. – Einer bestimmten Norm zu folgen ist – gemäß den Maßstäben der Gemeinschaft, in der die Norm gilt – richtig, nicht lediglich normal. Generell Normen zu folgen, ist normal – bezogen auf die Konstitution des menschlichen Handelns, die im Zusammenspiel von Optionen eröffnenden Regeln und eine Auswahl bestimmenden Normen erfolgt.

[70] „La santé, c'est la vie dans le silence des organes." (René Leriche, zit. n.: Cupa 2009, S. 87, mit Bezug auf Canguilhem 1966/1999; s. dazu aber Cupas Kritik).

[71] Hier ist damit die kulturspezifische Begründungsverpflichtung gemeint, die von der konstitutiven Selbstrechtfertigung zu unterscheiden ist (vgl. o. den Abschnitt zu Entscheidung und Selbstrechtfertigung).

[72] Die Betonung von Autonomie durch Normnegation liegt auch dem Problem der Klassifizierung von guten Mitschülern durch ihre Klassenkameraden als ‚Streber' zugrunde. Im Unterricht entwickelt sich selten durch ein gemeinsames Interesse an einem Gegenstand ein von der Sache der Bildung her gebotenes strebsames Durchdringen der Sachproblematik

(3) Anreicherung und Präzisierung der Fallstrukturhypothese

Ziehen wir nun einen weiteren Aspekt der im Bildinneren abgebildeten Szene heran. Eine nicht bestimmbare Anzahl von nackten menschlichen Körpern liegt den stehenden Personen zu Füßen; der Art, wie die Körper über- und durcheinander daliegen, lässt sich entnehmen, dass sie leblos sind. Diese Leichname also sind naheliegenderweise Inhalt der „Arbeit". Die Lage der Leichname zeigt nun, dass im Umgang mit ihnen als sterblichen Überresten von Personen deren Würde in keiner Weise geachtet wird. Dass die Tätigkeit für die lebenden Personen, die inmitten der Leichname stehen, ja zwischen ihnen hindurchblanacieren, als normal erscheint, was sich in ihrer Haltung ausdrückt, steht in Diskrepanz zum entwürdigenden Charakter dieser Tätigkeit.

Eine solche massive Reduktion der Leichname auf Stückgut[74] den dort handelnden Personen zuzurechnen, müsste ihnen als Personen nicht nur ein massives moralisches Defizit unterstellen, sondern sogar, dass sie aus der strukturellen Reziprozität herausgetreten wären. Jeder Angehörige der Gattung Mensch wird unvermeidlicherweise als ein Gegenüber behandelt – wie auch immer es dann bewertet wird; dies ist die gattungskonstitutive strukturelle Reziprozität,[75] aus der herauszutreten grundsätzlich nicht möglich ist. Wie ist dann aber diese im Handeln deutlich werdende Normalitätsunterstellung zu erklären? – Zunächst ist festzuhalten, dass wir nicht Behauptungen über die psychische Realität der Handelnden aufstellen, sondern Möglichkeiten konstruieren, die den im Photo

---

(vgl. Loer 2015 [Lehre]). Vielmehr setzt die Schulpflicht einen normativen Rahmen, innerhalb dessen dieses strebsame Durchdringen dem Schüler normativ geboten ist, so dass man nicht mehr unterscheiden kann, ob er sich ihm aufgrund genuiner Neugier und eigener Entscheidung oder aufgrund der Normbefolgung hingibt (vgl. Oevermann 2003 [Schulpfl1], [Schulpfl2], 2004 [Schulpfl]). Angesichts der „Entwicklungsaufgabe" der Autonomieerlangung ist diese Unterscheidbarkeit aber erforderlich, um glaubwürdig als jemand erscheinen zu können, der eine autonome Entscheidung vollzieht. Der Verdacht auf schlichte Normbefolgung lässt den Neugierigen als ‚Streber' erscheinen.

[73] Normalisierung im Sinne einer praktischen Veränderung einer Situation in Richtung einer als normal geltenden lassen wir hier der Einfachheit halber außen vor. Diese ist gemeint, wenn etwa von Normalisierung der Beziehungen zwischen Staaten die Rede ist; vgl.: https://www.bloomberg.com/news/articles/2022-07-11/saudi-normalization-likely-to-take-time-deputy-israeli-fm-says; zuletzt angesehen am 13. Juli 2022.

[74] Vgl. die folgende Äußerung von Shaul Chasan, einem Mitglied des „Sonderkommandos": „Ich spürte damals nichts, ich dachte, ich schleppe Kisten. Wir behandelten die Leichen nicht vorsichtig, zogen sie einfach heraus, wie Gegenstände." (Greif 1995, S. 241).

[75] S. hierzu den obigen Exkurs (S. 77–80) sowie Loer 2021 [Reziprozität], S. 141–159, insbes. 152–159 u. 2022 [Annahme], S. 154–169, insbes. 167.

gegebenen Interaktionstext sinnvoll machen (vgl. Oevermann 1981/2023 [Strukturgen], S. 55). „Diese Möglichkeiten können als Hypothesen für Interpretationen anderer Interaktionstexte desselben Falles fungieren." (Oevermann 1981/2023 [Strukturgen], S. 55) – Aber auch mit dieser Einschränkung stellt sich die Frage, ob wir den Handelnden auf den Photos Monstrosität oder Dämonität zuschreiben müssen, was Hannah Arendt nicht einmal bei Adolf Eichmann feststellte, über den sie sagte „However monstrous the deeds were, the doer was neither monstrous nor demonic" (1968/2003, S. 144). Zu Recht lautet schließlich der soeben von Georges Didi-Huberman zitierte Satz vollständig: „Das sind Arbeitshandgriffe, und da haben wir schon den Schrecken" (2002-03/2007, S. 122; korr. Übers.).[76]

Bevor wir versuchen, die Frage nach der Normalitätsunterstellung zu beantworten, ist es sinnvoll, die andere Handlung, die des Photographierens, vor dem Hintergrund des nunmehr Rekonstruierten erneut zu untersuchen. Eine in den meisten Kontexten normale Handlung, das Photographieren, ist für den Photographen offensichtlich nicht normal, sonst würde er es nicht heimlich tun. Oben haben wir herausgearbeitet, welches die pragmatischen Erfüllungsbedingungen für ein heimliches Photographieren sind.[77] Die Art und Weise des Handelns der Photographierten selbst gibt nun keinen Grund für die Heimlichkeit ab – und zugleich ist aber dieses Handeln so monströs, dass der Betrachter dieses Handelns, selbst wenn es durch das Photo auf Distanz gebracht wurde, kaum umhin kann, den Blick abzuwenden. Was also kann überhaupt den Photographen bewegt haben, dieses Photo zu machen? Einerseits hält er das Photographierte „für ein Ereignis" (Neumann), das würdig ist, festgehalten zu werden; andererseits drückt sich in der Heimlichkeit des Festhaltens das Bewusstsein der Monstrosität – und sei es vermittelt über ein Verbot – aus. Ein solches Bewusstsein zeigt sich bei den Photographierten nicht. Wenn der Photograph über dieses Bewusstsein verfügt, kann die Konsequenz nur darin bestehen, das photographierte Geschehen zu unterbinden bzw. dessen Unterbindung zu betreiben. Im Rahmen dieser Überlegung wird deutlich, dass der Photograph nicht unmittelbar über die Mittel

---

[76] „Ce sont des gestes de travail, et voilà bien l'horreur" (Didi-Huberman 2002-03/2003, S. 106).

[77] Eine weitere Lesart: ein *willkürliches* Verbot, das ja u. U. auch ausreichen würde, die Heimlichkeit zu motivieren, lassen wir hier zunächst außen vor, da es eine Zusatzannahme, nämlich eben die sachlich bzw. normativ nicht gedeckter Willkür, erforderte, was die Sparsamkeitsregel verletzen würde.

hierzu verfügen kann; folglich muss das heimliche Photographieren seinerseits dem Zweck der Unterbindung dienen.[78]

Daraus, dass zwischen Photographen und Photographierten keine Absperrung und kein Sichtschutz besteht, und aus der Zusatzannahme, dass ein solch würdeloser Umgang mit Verstorbenen nur in einem vor den Blicken der Öffentlichkeit geschützten Raum möglich ist,[79] müssen wir annehmen, dass Ersterer sich mit Letzteren in diesem Raum befindet. Die dort geltenden Regeln bedeuten mindestens eine Vergehen gegen grundlegende Regeln der Humanität, so dass wir diesen geschützten Raum nur als einen abgeschlossenen *mundus absurdus* bezeichnen können.[80] Wenn es aber dem Photographen gelingt, sich innerhalb dieser Welt deren Absurdität zum Teil zu entziehen, was sich darin zeigt, dass er die Aufnahme anfertigt, so gibt es dort einen sozialen Ort, der es erlaubt inmitten des ‚widrigen Klangs' der monströsen Inhumanität zumindest die Erinnerung an den richtigen Klang der Humanität aufrechtzuerhalten und so die Widrigkeit und Monstrosität zu erkennen.

Was folgt daraus für die Photographierten und den Photographen? Sie müssen sich – zumindest zum Zeitpunkt der Aufnahme – innerhalb der absurden Welt an unterschiedlichen sozialen Positionen befinden. Es lassen sich drei solcher Positionen bestimmen: (a) die passive Position der Leichname, deren Menschsein – unabhängig von der Ursache ihres Todes – negiert wird, die zum Stückgut verdinglicht werden, (b) die aktive Positition der „Arbeiter", die in ihrem Tun nicht erkennen lassen, dass sie diese Negierung, die sie darin vollziehen, *qua* Negierung erkennen, und (c) die aktive Position des Dokumentars, der die Negierung festhält und damit offensichtlich als Negierung erkennt, ohne aber unmittelbar etwas dagegen zu unternehmen.

Was kann nun aus den Überlegungen des obigen Exkurses für die infragestehende Normalitätsunterstellung der „arbeitenden" Personen geschlossen werden? Die Regel, die sie verletzen, indem sie „die Leichen […] wie Gegenstände"

---

[78] Andernfalls müssten wir ein voyeuristisches Interesse unterstellen, was eine fallspezifische Zusatzannahme wäre und somit ebenfalls die Sparsamkeitsregel verletzen würde.

[79] Wenn man in Alessandro Manzonis Roman „I Promessi Sposi" die Schilderungen des Umgangs mit den Pesttoten im Mailand der 1620er Jahre liest (1827/o. J., S. 1586–1645, insbes. 1602 f. u. 1609 f. bzw. 1827/2020, S. 742–769, insbes. 749 u. 752 f.), die auf sorgfältige Recherchen Manzonis in zeitgenössischen Quellen zurückgehen, so kann man diese Zusatzannahme bezweifeln. Allerdings wird sie im vorliegenden Fall auch bildimmanent durch die Heimlichkeit des Photographierens gestützt.

[80] Eben in der Bedeutung von ‚absurdus', die Karl Ernst Georges aufführt: „gegen das innere Gefühl, gegen Sinn und Verstand verstoßend" (1913–18/2002, S. 42154), was hier offensichtlich in fundamentaler Weise zutrifft.

behandelten (Greif 1995, S. 241), ist keine einfache Norm, sondern so fundamental, dass Ulrich Oevermann zuzustimmen ist, der – sich hier auf eine Äußerung des SS-Arztes Münch[81] beziehend – festhält: „Vom Inhalt her ist es natürlich von vornherein ein Sachverhalt, der nicht normalisierungsfähig ist" (Oevermann 2000 [Fall Münch], S. 55). Das Abweichen ist hier ein Heraustreten aus der strukturellen Reziprozität, das nur aufgrund *absurder* Umstände als angemessen gedeutet, aber damit keineswegs verständlich gemacht werden kann; es bleibt eine objektiv *perverse* Handlung, da der Handelnde sich damit selbst als Angehörigen der Gattung annulliert (s. u.).

> Um dem Missverständnis vorzubeugen, hier würden *praktische* Urteile gefällt, sei deutlich gemacht, dass sowohl die „Arbeiter" als auch der Dokumentar Gefangene des Konzentrationslagers und angesichts ihrer Lage faktisch an einem Eingreifen gehindert waren. Es geht also nicht darum, von anderen etwas zu *fordern*, erst recht nicht etwas zu *fordern*, von dem wir nicht wissen, „ob wir es selber zu tun bereit wären" und „was wir im gleichen Fall täten" (Manzoni 1827/2020, S. 565 bzw. 1827/o. J., S. 1207). Aber für die Analyse, also hier bei der Auslegung des Sichtbaren, gilt doch zugleich, dass wir die geltenden Regeln in Anschlag bringen und sowohl deren Befolgung wie Abweichungen davon erklären müssen.

Über die Frage eines praktischen Urteils hinaus ist festzuhalten, dass den Handelnden ihre Selbstannullierung als Angehörigen der Gattung subjektiv nicht verfügbar sein kann; das bedeutet, das objektiv eine Pathologie vorliegt (s. Glossar). An diesem Fall lässt sich gut zeigen, dass die Feststellung einer Pathologie nicht zugleich bedeutet, eine der jeweiligen Lebenspraxis zurechenbare Krankheit zu diagnostizieren. Vielmehr ist Pathologie eine analytische Kategorie: „Handlungen sind genau dann pathologisch, wenn deren regelhafte pragmatische Erfüllungsbedingungen in der äußeren Realität nicht vorliegen und ihr Vorhandensein als innere Realität dem Subjekt reflexiv nicht zugänglich und verschlossen bleibt, also den Status der unbewussten, objektiv nachweisbaren, aber subjektiv nicht verfügbaren Realität trägt." (Oevermann 1981/2023 [Strukturgen], S. 54).

Wir können unsere Fallstrukturhypothese nun weiter anreichern: Die photographierten Personen betrachten offensichtlich eine Negierung von Humanität als

---

[81] „Das geht ganz schnell, ruhig an einem Platze zu leben, an dem Hunderttausende Menschen vergast werden. Das hat mich nicht belastet." (Schirra und Münch 1998, S. 95).

normal, die der in derselben Welt befindliche Photograph offensichtlich als nicht-normal, im geheimen vollzogen und geheimzuhaltend betrachtet; beide führen offensichtlich eine vita perversa (s. o. die erläuternde Fußnote zum Titel dieser Photoanalyse): die einen, indem sie die Negierung von Humanität vollziehen und zugleich nicht erkennen oder zumindest normalisieren, der andere, indem er die Negierung erkennt, ohne unmittelbar praktische Schlüsse daraus zu ziehen. – Allerdings sollten wir, bevor wir dieses Ergebnis abschließend ausbuchstabieren, noch die bisher ausgeblendeten Aspekte des Photos betrachten.

Dass hinter den „arbeitenden" Personen und den Leichnamen *Rauch* aufsteigt – vermutlich aus einer Grube, wie der Tatsache zu entnehmen ist, dass bereits am Boden dichter Rauch, aber kein Feuer zu sehen ist –, lässt vermuten, dass die „Arbeiter" die Leichname zum Verbrennen in die Grube schaffen. Leichname zu verbrennen kann nun darin begründet sein, dass der Ausbreitung einer Seuche vorgebeugt werden soll; allerdings müssten dann die „Arbeiter", die ja keine Schutzkleidung tragen, immun gegen die Seuche sein – etwa wie die von der Beulenpest Geheilten gegen eine erneute Ansteckung weitgehend gefeit waren. Anzunehmen, dass aufgrund der großen Mengen plötzlich Verstorbener kein Platz für ein Grab – und sei es eben ein Massengrab – gegeben wäre, bedürfte einer Reihe von Zusatzannahmen über den plötzlichen Anfall von Leichnamen, den fehlenden Platz etc., so dass wir dies hier aufgrund der Sparsamkeitsregel zunächst ausschließen. Schließlich könnten wir es hier mit einer Kultur der Feuerbestattung zu tun haben, die das Verbrennen der Leichname normativ vorschreibt; allerdings wäre dies mit der „Verwandlung des Menschen in ‚Material'" (Sofsky 1993/1999, S. 321) nicht vereinbar (s. etwa zum Antyeṣṭi im Hinduismus: Bowker 1997/1999, S. 68). Insofern können wir annehmen, dass es entweder für die Verbrennung der Leichname oder aber für das Sterben der Menschen oder für beides einen Grund geben muss, der mit der Negierung ihrer Humanität in Zusammenhang steht.

Exkurs zum Phänomen der Bestattung[82]
Der Umgang mit den Leichnamen stellt ein zentrales Moment unserer Rekonstruktion dar. Deshalb müssen wir die Annahme, dass die Praxis, die leblosen Körper von Menschen gewissermaßen wie Stückgut zu entsorgen anstatt sie als menschliche Leichname zu bestatten, eine Praxis der Dehumanisierung darstellt, auf ihre Tragfähigkeit prüfen. Vor allem ist zu vermeiden, dass wir uns eines kulturellen Egozentrismus schuldig machen,

indem wir mögliche andere kulturelle Umgangsformen an der als allgemeingültig unterstellten eigenen Kultur bemessen. Es stellt sich also die Frage, um was es sich bei dem Phänomen der Bestattung handelt.

Der Abkürzung halber beziehen wir uns hier auf vorliegende Bestimmungen; so heißt es im Lexikon der Antike unter dem Stichwort ‚Bestattung': „das nach bestimmten sakr. Regeln vorgenommene Zurichten und Beisetzen eines Verstorbenen durch die Mitglieder des Sozialverbandes (Familie, Stamm, Gemeinde) ist rel.-geschichtlich ein Teil des Totenkults, sie fehlt auch auf primitiver Stufe rel. Lebens nicht und reicht bis in die Prähistorie zurück. Ihre spez. Formen und Verrichtungen sind bestimmt von den diversen myth. Vorstellungen über das Schicksal der Abgeschiedenen, von der sozialen Einstellung zu den Toten (Einbeziehung oder Ausschluß aus der Gemeinschaft der Lebenden) und dem verbindlichen Einfluß mag.-rel. Brauchtums, wie ihn die Antike etwa in der Maskierung des Leichnams, seiner Orientation, der rit. Umkreisung oder im Opfer- und Ordalritus der Leichenspiele erkennen läßt." (Fauth 1964, Sp. 873; Referenzen getilgt) Und in einem Wörterbuch: „Schon seit der Altsteinzeit verbanden verschiedene Bräuche (Funeralriten) Tod und Bestattung (Grab, Grabmal, Totenkult). Handlungen zum Wohl des Verstorbenen sollen diesem die Jenseitsreise oder den Aufenthalt im Totenreich erleichtern, z. B. durch Grabbeigaben; Unheil abwehrende Handlungen der Hinterbliebenen sollen das Verbleiben des Toten im Haus oder seine Rückkehr (als Wiedergänger) verhindern. Durch andere Riten glaubte man den Verstorbenen weiterhin mit den Lebenden verbunden, z. B. Hausbestattung, Heroen-, Heiligen- und Reliquienverehrung. Im europäischen Kulturkreis konzentriert sich das Brauchtum auf die Vorbereitung der Leiche zur Bestattung, die Aufbahrung, die Leichenwache, den Leichenzug und das Totenmahl (Leichenschmaus)." (Brockhaus 2002, Lemma ‚Bestattung')

Diesen Darstellung lassen sich drei Momente entnehmen, die offensichtlich für den Umgang menschlicher Gemeinschaften mit ihren Toten relevant sind: (a) ‚diverse mythische Vorstellungen über das Schicksal der Abgeschiedenen', d. h. eine, wie auch immer gefasste, Vorstellung von einem Jenseits;[83] (b) Vorstellungen bezogen auf „Einbeziehung oder Ausschluß aus der Gemeinschaft der Lebenden"; (c) der Umgang der Lebenden mit der Tatsache, dass der Verstorbene nicht mehr an ihrem Leben teilnimmt („Leichenschmaus").

C Vita mundo absurdo perversa

Alle drei Momente haben nun einerseits kulturspezifische Aspekte: (a) einen je spezifischen Jenseitsglauben[84] (wie etwa das Paradies des Christentums, die Wiedergeburt im Hinduismus oder die säkulare „Leistungsethik als Antwort auf das Skandalon des Todes", Franzmann 2017, S. 177 ff.), (b) einen je spezifischen Glauben an die Möglichkeit des Kontakts mit den Toten (etwa „Wiedergänger", die eine Bedrohung darstellen, Heilige oder auch persönliche Vertraute, die eine transzendente Instanz zugunsten des Lebenden beeinflussen können, oder verstorbene primäre Bezugspersonen, die in Krisensituationen erfahren werden, vgl. Loer 2014 [Sterben], S. 110); (c) eine je spezifische Form des Umgangs mit dem Verlust eines Angehörigen der Gemeinschaft (wie etwa explizite Trauerrituale, spezielle Trauerzeiten und -kleidung, Gedenktage). Andererseits aber liegt den je kulturspezifischen inhaltlichen Vorstellungen vom Jenseits (a) eine universelle, die Antworten strukturierendes Frage nach dem Jenseits zugrunde. Diese entspringt aus der „Dialektik von Endlichkeit und Unendlichkeit, von Diesseits und Jenseits des Lebens", die „nicht nur am Grunde jeglicher Erscheinungsform von Religiosität" liegt, sondern „universell Religiosität" erzwingt (Oevermann 1995 [Religiosität], S. 36). Und (b, c) jede Gemeinschaft gleich welcher Kultur muss eine Lösung für das Problem der Entlassung ihres verstorbenen Angehörigen aus der strukturell konstitutiven, je kulturspezifisch geformten Reziprozität finden, da jedem Angehörigen der Gemeinschaft ein Ort im gemeinsamen Universum zukam, durch den auch die Orte ihrer anderen Angehörigen mitbestimmt wurden, so dass nun auch den Toten ein Ort zuerkannt werden muss, der eine (Neu-) Bestimmung des eigenen Ortes erlaubt.[85]

Ein den Verstorbenene als Angehörigen der Gemeinschaft würdigendes Verabschieden aus der Sozialität, in welcher Form auch immer, erlaubt eine solche (Neu-) Bestimmung des eigenen Ortes der überlebenden Angehörigen der Gemeinschaft. Eine Entsorgung hingegen, so wie etwa verendete Tiere beim Abdecker entsorgt werden, stellte die Zuweisung eines a-sozialen Ortes dar und würde auch den Ort der verbleibenden Angehörigen der Gemeinschaft tangieren und ihnen den a-sozialen Ort eines Dings zuweisen. Mit der Annullierung der Reziprozität zwischen Verstorbenem und Überlebenden würde auch deren eigene Humanität annulliert.

Wir können also festhalten, dass eine Bestattung – in welch kulturell spezifischer Form auch immer – als Vollzug der Verabschiedung aus der Reziprozität eine Bestätigung der Humanität des Verstorbenen wie des

Überlebenden darstellt und von daher strukturelles Moment der humanen Sozialität ist.

Als weitere Aspekte des Photos ziehen wir nun einerseits den im Hintergrund zu erkennenden dichten *Buschwald* heran, der durch seine Höhe wie durch seine Dichte einen Ein- wie Ausblick verhindert, was die Rekonstruktion einer abgeschlossenen Welt ebenso unterstützt wie andererseits der *Zaun*, der diese Welt begrenzt. Da der Übersteigschutz, mit dem der Zaun ausgestattet ist, eine Überwindung von der Seite der photographierten Szenerie aus erschwert, dient er offensichtlich nicht dazu, ein Eindringen in den mundus absurdus abzuwehren, sondern dazu, ein Verlassen desselben zu verhindern.[86]

---

[82] Für hilfreiche Anmerkungen zu diesem Exkurs danke ich Uwe Grundhöfer (Königswinter).

[83] Eine metaphysische Realität eines Jenseits ist wissenschaftlich nicht begründbar, aber eine strukturell universelle Realität, denn der Mensch, kann als Kulturwesen nicht umhin, hypothetische Welten des Andersseins zu entwerfen; somit kann er der Frage nach dem Jenseits nicht ausweichen – auch wenn diese Frage sich dem vormodernen Menschen nicht als individuelle stellt, da sie von seiner Kultur immer schon beantwortet ist, und auch wenn das moderne Individuum sie vollständig säkular und für sich negativ beantwortet (vgl. hierzu den Strukturbegriff der Religiosität, den Ulrich Oevermann entwickelt hat – 1995 [Religiosität], 2001 [Bewährungsdynamik], 2003 [säkularBw]).

[84] Hiermit ist das Jenseits im allgemeinen Sinne bezogen auf das mit dem Tod endende Leben des Verstorbenen gemeint, so dass beide ‚Abteilungen des Glaubens an ein zukünftiges Leben', die der Anthropologe Edward Burnett Tylor anführt: einerseits „the Transmigration of Souls" und andererseits „the independent existence of the personal soul after the death of the body" (1871/1929: 2), ebenso umfasst sind wie die säkulare Vorstellung, die Harry Dean Stanton einmal so formulierte: „It's all gonna go away; you gonna go, I'm gonna, everybody's gonna go; the sun 'll be going out, the earth's gonna go; it's all transient, everything transient, so it's not important, and… so fleeding… that's liberating; just everything happens; it's all one, one big whole one; just happening; there is no answer to it. That's Buddhistic but I'm not a Buddhist." (in dem Dokumentarfilm „Harry Dean Stanton: Partly Fiction" von Sophie Huber, 2012, von dem der Sender 3Sat am 9. März 2018 um 23:35 Uhr eine leicht gekürzte Fassung ausstrahlte; https://www.3sat.de/mediathek/?mode=play&obj= 50908; Min. 47:47–48:20; zuletzt angesehen am 14. März 2018):

[85] S. zur Wortbedeutung von ‚bestatten': „den todten, die leiche zur erde, zum grabe bestatten, *ihr eine* stätte, *ruhestätte bereiten*" Grimm/Grimm 1854/1984, Sp. 1658; kursiv i. Orig.)

[86] Eine Skizze der örtlichen Situation findet sich in Pressac 1989, S. 442 (abrufbar im Internert, s. Literaturverzeichnis).

C Vita mundo absurdo perversa

Damit bieten sich der mundus absurdus und die Tatsache, dass dessen Bewohner ihn nicht verlassen können, als Erklärung für das Handeln von Photographierten wie Photographen an.[87] Hierin finden wir Bedingung und Grund für die vitae perversae, die sie führen. Damit erweisen sich bildimmanent die oben (S. 57 f.) bei den Ausführungen zur Pragmatischen Rahmung des hier analysierten Photos festgehaltenen Umstände als nicht nur für die Entstehung des Photos, sondern auch für die photographierte Szene bestimmend.

Für die Photographierten gilt nun in gesteigertem Maße, was Gabriele Rosenthal für die Erfahrung des Krieges so formulierte: „Vergegenwärtigt man sich die Situation und insbesondere die Grenzerfahrung der Konfrontation mit dem möglichen eigenen Tod, in der sich die Antizipation der Zukunft, die Hoffnungen und Wünsche nur noch auf die Frage des nackten Überlebens oder des Sterbens reduzierten, muß man sich fragen: Wie war die Normalisierung dieses krisenhaften Alltags im Sinne eines reibungslosen Weiterfunktionierens überhaupt noch möglich?" (1990, S. 12).[88]

Eingedenk der Abgeschlossenheit des mundus absurdus können wir unsere Fallstrukturhypothese wie folgt erweitern und präzisieren: Dass der Photograph, der sich in demselben, abgeschlossenen *mundus absurdus*, den zu verlassen ausgeschlossen ist, befindet wie die photographierten Personen, die Negierung von Humanität offensichtlich als eine nicht-normale, im geheimen vollzogene und geheimzuhaltende Tätigkeit betrachtet, ohne gegen diese vorzugehen, und dass die Photographierten diese Tätigkeit für sich normalisieren, zeigt, dass beide eine *erzwungene vita perversa* führen. *In dem* mundus absurdus *liegt eine Zwangsstruktur vor, die nicht machtbasiert lediglich gewisse Handlungen erzwingt, sondern eben eine* vita perversa.

(4) Versuch der Falsifizierung der Fallstrukturhypothese

Was könnten nun Falsifikatoren für diese Fallstrukturhypothese sein? Wir müssten Aspekte des Photos finden, die entweder (a.1.) die Heimlichkeitshypothese

---

[87] Vgl. die folgende Äußerung von Shaul Chasan: „Dort war man wie eine Maus in der Falle, alles rundherum war geschlossen. Wie kann die Maus der Falle entkommen? Es gab keine Chance. Wie hätten wir da herauskommen sollen?!" (Greif 1995, S. 243).

[88] Vgl. die folgende Äußerung von Shaul Chasan: „Ich aß, trank Kaffee, trank Tee, alles zwischen den Leichen. Tausende, viele Tausende Leichen. Dort, wo man die Leichen aus der Gaskammer herausholte, aß man auch, trank – mit den Leichen. Jetzt, wo ich daran denke, weiß ich wirklich nicht, wie ein Mensch unter diesen Bedingungen leben kann. Wie? Wie? Ich weiß es nicht. Wie? Leichen." (Greif 1995, S. 247).

und (a.2.) die Hypothese der Untätigkeit oder die (b) Normalisierungshypothese widerlegen würden.

Zu ersterem lässt sich nichts finden; nirgendwo im Bild gibt es einen Aspekt, der indizierte, dass das Photographieren den Photographierten oder sonst jemandem erkennbar wäre. – Bezüglich der zweiten Hypothese könnte man etwa die Geste der dritten Person von rechts, die sich mit der linken Hand an den Kopf fasst, als Geste der Verzweiflung deuten. Diese Lesart erscheint im Kontext der „Pause"-Konstellation mit den anderen Personen zwar als mit dem Text kompatibel, keineswegs aber als unabweisbar. Und wenn man die Person als ganze betrachtet, zeigt sich darüber hinaus, dass die Verzweiflungslesart nicht kompatibel mit dem Text ist, da die in die Hüfte gestemmte rechte Hand dazu nicht passt. Die Geste ist also als Schweißabwischen zu deuten und fügt sich so in die Pausenlogik ein. – Ähnlich verhält es sich mit den ganz rechts stehenden beiden Personen; deren als in sich zusammengesunken beschreibbare Haltung als Resignation zu deuten, ist eine zwar mit dem Text kompatible Lesart, die aber keineswegs unabweisbar ist, ja die Zuwendung der rechten Person zu der zweiten und deren Armhaltung indizieren eher die Pausenlesart.

▶ Hier prüfen wir, ob eine Lesart mit dem Text kompatibel, und dann, ob sie bzgl. des Textes unabweisbar ist.

Wir können also festhalten, dass die Falsifikation der Fallstrukturhypothese nicht gelungen ist und wir unsere Rekonstruktion der Fallstruktur bis auf weiteres als gültig betrachten müssen.

(5) Zur Genese der Fallstrukturgesetzlichkeit

Obwohl, worauf wir bereits hingewiesen haben, bei einem Photo in der Regel weiteres Material erhoben werden muss, wenn man die Genese der rekonstruierten Fallstruktur untersuchen will, liegt hier in gewisser Weise eine besondere Situation vor. In die Fallstrukturhypothese ging das Moment des *mundus absurdus* ein, der absurden Welt, durch die und mittels derer die Photographierten wie der Photograph eine *erzwungene vita perversa* führen. Insofern ist die Frage nach der Genese hier zweifaltig: zum einen kann man nach der Genese des mundus absurdus fragen, zum anderen nach der Genese der vita perversa.

Für die Beantwortung der ersten Frage können wir – wie schon bei den anderen analysierten Photos – auf zusätzliches Material nicht verzichten; es ist die Frage nach der Entstehung und Entfaltung des Nationalsozialismus, der

C Vita mundo absurdo perversa

nationalsozialistischen Judenverfolgung und der spezifischen Form, die diese Judenverfolgung in der Vernichtung der europäischen Juden angenommen hat. Es ist die Frage nach dem „Einzigartige[n] daran" das Christian Meier so bestimmte: „Daß da ein Land, ein Volk, vertreten durch seine Regierung, sich die Entscheidung darüber anmaßt, ob ein ganzes anderes Volk (dessen Mitgliedschaft sie überdies willkürlich festsetzt) auf Erden leben darf oder nicht!" (1986/1989, S. 50) Diese Frage ist u. E. trotz der unüberschaubaren Literatur dazu, noch immer nicht befriedigend beantwortet. Sie hier und im Ausgang von unserem Material beantworten zu wollen, müsste vermessen erscheinen.

Auch für die Beantwortung der zweiten Frage ist die Analyse des Photos nicht ausreichend. Es legt aber zumindest nahe, dass bestimmte, als Erklärung erscheinende Beschreibungen und Thesen, die sich in der Literatur finden, zu problematisieren sind. Dem wollen wir wenigstens in Kürze nachgehen.

Eine verbreitete Erklärung der von uns sogenannten vita perversa, findet sich sowohl in den erinnernden Selbstbeschreibungen überlebender Mitglieder der „Sonderkommandos" als auch in der wissenschaftlichen Literatur. So heißt es etwa in der Darstellung Filip Müllers: „Es gab im Augenblick nur eine einzige Chance weiterzuleben, und sei es auch nur für Stunden oder Tage. Ich musste Stark [sc. SS-Unterscharführer, Blockführer in Auschwitz[89]] davon überzeugen, daß ich alles konnte, was er von einem Arbeiter im Krematorium erwartete. Und so führte ich wie ein *Automat* alle Befehle aus." (1979/2022, S. 28; kursiv von mir, TL) Josef Sackar deutet wie folgt: „Wir wurden dort zu *Automaten* und *Maschinen*." (Greif 1995, S. 156; kursiv von mir, TL) Jaacov Gabai sagt: „Wir arbeiteten dort wie *Roboter*." (Greif 1995, S. 156; kursiv von mir, TL) Und Leon Cohen schließlich: „Wir arbeiteten wie *Maschinen*." (Greif 1995, S. 280; kursiv von mir, TL) Wolfgang Sofsky deutet ähnliche Äußerungen wie folgt: „Die Umwelt wird gleichgültig, die Menschen verhalten sich *mechanisch*. Der *Schutzpanzer der Apathie* erlaubt die Ausbildung von Gewohnheiten, und diese stützen die Indifferenz gegenüber dem eigenen Tun, die Abstumpfung der Wahrnehmungen und Moral." (1993/1999, S. 309 f.; kursiv von mir, TL) In unserer Analyse zeigte sich aber, dass das Handeln keineswegs *mechanisch* erfolgte und auch nicht dem Operieren von *Automaten*, *Robotern* oder *Maschinen* glich; Automaten, Roberter und Maschinen machen keine Pause und apathisch wirken die photographierten „Arbeiter" auf dem Photo keineswegs.[90] Das Erklärungsproblem, das wir vor uns haben, ist mit dem Cliché der entseelten Automaten, die

---

[89] S.: http://www.auschwitz-prozess-frankfurt.de/index.php?id=139; zuletzt angesehen am 21. Juni 2022.

[90] Ohne hier eine Analyse vornehmen zu können, müssen wir sagen, dass in der Beschreibung der Tätigkeit, die Filip Müller gibt, ein Ausdruck von nachträglicher Normalisierung

mechanisch Verrichtungen vornehmen, nicht gelöst. Umgekehrt wird ein Schuh daraus: Die Selbstdeutung als Roboter und Automat externalisiert die Handlungen an eine *leblose Mechanik;* im Moment des Leblosen kommt dabei die Annullierung[91] der Reziprozität, die mit einer Negierung der eigenen Identität als Handlungssubjekt einhergeht, einerseits zum Ausdruck und wird in dem Moment der Mechanik andererseits verleugnet, da von Robotern Reziprozität erst gar nicht zu erwarten ist. Die Deutung Wolfgang Sofskys, die hier stellvertretend für weitere herangezogen wird, sitzt den Selbstdeutungen gewissermaßen auf, statt sie zu analysieren. Dabei ist, was als Erklärung daherkommt, etwa „die Abstumpfung der Wahrnehmungen und Moral" seinerseits zu erklären – als eine

---

vorliegt: „Während der Tagschicht *arbeiteten* durchschnittlich 140 Häftlinge im Bereich der Krematorien IV und V. Rund 25 *Leichenträger* waren damit *beschäftigt*, die drei Gaskammern des Krematoriums V *zu räumen* und die Toten zu den Gruben *zu schleifen*. 10 *Zahntechniker* und *Leichenfriseure* mußten den Toten die Goldzähne herausbrechen, ihre Körperöffnungen nach versteckten Wertsachen absuchen und den Frauen die Haare abschneiden. / Die *Aufgabe* von etwa 25 weiteren Leichenträgern *bestand darin*, die Leichen in den Gruben in drei Schichten auf das Brennmaterial *zu stapeln*. Rund 15 *Heizer* mußten das Brennmaterial in die Gruben *einlegen*, das Feuer entfachen und unterhalten, indem sie ständig zwischen den Rümpfen herumstocherten und sie mit Öl, Methanol und Menschenfett begossen. Das *Aschenkommando* zählte ungefähr 35 Mann. Ein Teil von ihnen mußte die Asche aus den Gruben schaufeln und *zum Aschendepot transportieren*. Die andern waren damit beschäftigt, sie durch Zerstampfen zu pulverisieren. / Eine kleine Gruppe von Häftlingen verlud die im Auskleideraum zurückgelassenen Kleider, Schuhe und sonstigen Habseligkeiten der Opfer auf Lastwagen, holte das Mittagessen aus dem Lager und *verrichtete* die sonst noch *anfallenden Arbeiten*. / Die restlichen Häftlinge waren im Krematorium IV *eingesetzt*, wo der *Betrieb wie immer weiterlief*." (1979/2022, S. 199 f.; kursiv von mir, TL) Die hervorgehobenen Äußerungsteile lassen deutlich werden, dass die monströse Tätigkeit als normale beschrieben wird. Dass die Rede vom Automaten allenfalls metaphorisch das Dilemma verdeckt, in dem die Mitglieder der „Sonderkommandos" sich befanden, wird auch daran deutlich, dass auch Filip Müller eine Alternative erwog: „Als ich jetzt sah, wie meine Landsleute tapfer, stolz und entschlossen in die Gaskammer gingen, fragte ich mich, was für einen Wert das Leben für mich noch haben könnte, selbst wenn es mir vielleicht gelingen sollte, durch ein Wunder hier herauszukommen. [...] Solche Gedanken ließen mein zukünftiges Leben leer, sinn- und nutzlos erscheinen. Es war eigenartig, ich fühlte mich in diesem Augenblick völlig frei von dem sonst so quälenden Gefühl der Todesangst, die ich schon so oft empfunden hatte. Obwohl ich noch nie den Gedanken an mich hatte herankommen lassen, freiwillig in den Tod zu gehen, war ich jetzt entschlossen, mein Schicksal mit dem meiner Landsleute zu teilen." (Müller 1979/2022, S. 162 f.)

[91] Es sei hier darauf hingewiesen, dass ‚annullieren' ja nicht ‚entfernen' (wie ‚eliminieren' – also wörtlich: über die Schwelle setzen) oder ‚zerstören' (wie ‚destruieren') bedeutet, sondern ‚für ungültig erklären' (Duden 2001 [UWB], Lemma ‚annullieren'), wörtlich: ‚auf Null setzen'. Die strukturelle Reziprozität kann weder entfernt, noch zerstört, noch verlassen werden.

C Vita mundo absurdo perversa

Antwort auf die vita perversa, die zu führen die Mitglieder der „Sonderkommandos" gezwungen waren. Sich damit zu bescheiden, dass „Deutungsversuche [...] hier notwendig oberflächlich bleiben" müssten (Sofsky 1993/1999, S. 309), kommt einer Kapitulation der Wissenschaft vor der Inhumanität gleich.

▶ Heranziehen von Literatur dient immer auch der Überprüfung von theoretischen Erkenntnissen und der prägnanteren Deutung von Ausdrucksgestalten der analysierten Praxis.

Da das Moment der vita perversa in unserer Fallstrukturhypothese einander widersprechende Momente enthält, bietet es sich an, die Begrifflichkeit heranzuziehen, die Leon Festinger in seiner Theorie der kognitiven Dissonanz (1957/1966) herausgearbeitet hat. Versuchen wir ausgehend davon die rekonstruierte Fallstrukur genauer zu fassen. Festinger bestimmt Dissonanz zunächst wie folgt: „two elements are in a dissonant relation if, considering these two alone, the obverse of one element would follow from the other" (Festinger 1957/1966: 13). Was würde das übertragen auf die „Arbeiter" bedeuten? Wenn sie (A) die Leichname als Leichname würdigen würden, so würde daraus folgen, dass sie sie maximal würdevoll der Feuerbestattung zuführten (a) und nicht wie Stückgut behandelten (¬ b). Wenn sie (B) hingegen die Humanität der Leichname negieren und sie als bloße Gegenstände, ja als zu entsorgende Gegenstände betrachten würden, so könnten sie sie als Stückgut behandeln (b), bräuchten auf ihre personale Würde keine Rücksicht zu nehmen (¬ a), und könnten folglich ihre Beförderung in die Grube ohne große Sorgfalt vornehmen. Kognitive Dissonanz läge nun vor, wenn beide Elemente, also A und B, vorlägen und folglich sowohl a und somit ¬ b wie auch b und somit ¬ a folgen würden. In unserem Datenmaterial sehen wir aber nur die Folge b (und somit ¬ a), also müssen wir schließen, dass das Element B vorliegt; die Folge a sehen wir hingegen nicht. Allerdings haben wir ja herausgearbeitet, dass sowohl der Photograph als auch die Photographierten Momente der Fallstruktur sind, so können wir indirekt aus dem Handeln des Photographen, aus seiner Heimlichkeit, erschließen, dass B, also die Humanität der Leichname zu negieren und sie als bloße Gegenstände, ja als zu entsorgende Gegenstände zu betrachten, mit seiner Folge b, also sie als Stückgut zu behandeln, nicht ungebrochen vorliegt. Die Hypothese, dass bei den Insassen des Konzentrationslager kognitive Dissonanz vorliegt, ist also nicht abzuweisen, auch wenn wir sie von unserem Material her nicht eindeutig belegen könne, da die Elemente hier auf unterschiedliche Positionen in dem mundus absurdus verteilt sind.

Georges Didi-Huberman gibt einen Hinweis darauf, wie eine solche Struktur hervorgebracht und aufrechterhalten werden kann: „Man kann nicht die unmenschliche Bedingung (Conditio inhumana) des dem Terror der Lager unterworfenen Menschen denken, ohne darin ‚eine Krise der Indentifikation und ein Scheitern der Anerkennung des Mitmenschen (des [uns] Ähnlichen)' [Revault d'Allonnes 1998/2002: 148] zu erkennen." (2002-03/2003, S. 199; vgl. 2002-03/2007, S. 226 f.)[92] Und an anderer Stelle heißt es: „Das Menschliche im Opfer zu verneinen, das bedeutete, das Menschliche dazu zu verdammen, [uns] unähnlich zu sein." (2000-01/2003, S. 58; vgl. 2000-01/2007, S. 68)[93] Worum es hier geht, ist also die fundamentale Reziprozität, die Schaden nimmt, wenn ein Angehöriger der Gattung, der ihr zunächst schlicht und unabdingbar über die Ähnlichkeit zuzurechnen ist, aus ihr ausgeschlossen wird. Nicht nur wird damit diesem das Menschliche genommen, sondern die Ähnlichkeit der Menschen, die Mit-Menschlichkeit selbst wird negiert, wir haben es also mit annullierter Reziprozität zu tun, „damit befinden wir uns im Herzen des anthropologischen Sinns von Auschwitz" (Didi-Huberman 2000-01/2003, S. 58).[94]

Robert Antelme, der als Angehöriger der Résistance von der Gestapo gefasst und im Konzentrationslager Buchenwald inhaftiert war, beschrieb sehr anschaulich diese Struktur der Verneinung, der Annullierung: „Auf der anderen Seite hatte niemand durch sein Gesicht dem SS-Mann gegenüber etwas auszudrücken, das der Beginn eines Dialogs hätte sein können und auf dem Gesicht des SS-Mannes etwas anderes hätte hervorrufen können als diese ständige und für alle gleiche Negierung [négation]. Da es also in unseren Beziehungen zum SS-Mann nicht nur unnütz, sondern ungewollt sogar gefährlich war, war man dahingelangt, selbst eine Anstrengung der Verleugnung [négation] seines eigenen Gesichts zu unternehmen, vollkommen übereinstimmend mit der Anstrengung des SS-Mannes. Verleugnet, zweimal verleugnet" (1947/1990, S. 74; Übers. korr.; s. Antelme 1947/1957, S. 60). Diese Dehumanisierung der Gefangenen durch die SS und der daraus folgenden Selbst-Dehumanisierung der Gefangenen gegenüber der SS hatte noch weitergehende Auswirkungen: Es „hatte unser Gesicht sich schließlich für uns selbst aus unserem Leben entfernt. Denn selbst in unseren Beziehungen zwischen Häftlingen blieb es [sc. das Gesicht] von dieser Abwesenheit belastet, war fast zu diesem Nichtvorhandensein geworden. Bei dem gleichen

---

[92] „On ne peut pas penser la condition inhumaine de l'homme soumis à la terreur des camps sans y reconnaître ‚une crise de l'identification et une faillite de la reconnaissance du semblable' [Revault d'Allonnes 1998/2002: 148]" (2002-03/2003, S. 199).

[93] „Nier l'humain dans la victime, c'était vouer l'humain au dissemblable" (Didi-Huberman 2000-01/2003, S. 58). – Christian Meier sagt mit Recht, es handle sich um „ein völlig neuartiges Verbrechen gegen Rang und Stand der Menschheit." (1986/1989, S. 50).

[94] „Nous somme là au cœur du sens anthropologique d'Auschwitz." (Didi-Huberman 2000-01/2003, S. 58).

Gestreiften [Häftlingsanzug], dem gleichen geschorenen Schädel, der fortschreitenden Abmagerung, dem Lebensrhythmus hier, war das, was jedem von den anderen sich zeigte, wohl letztlich ein fast kollektives und anonymes Gesicht." (Antelme 1947/1990, S. 74 f.; Übers. korr.; s. Antelme 1947/1957: 60).

Hier wird die von uns rekonstruierte Struktur der annulierten Reziprozität am Beispiel der Bedeutung des Gesichts deutlich gemacht, derjenigen Körperpartie, die sowohl am Beginn der Humanisierung und Sozialisierung des werdenden Menschen steht wie auch zentral ist für die Wahrnehmung des Gegenübers als individuiert. Zugleich wird klar, dass die Annullierung der Reziprozität mit einer Entindividuierung, mit einer Negierung der Identität einhergeht.

Was bedeutet das nun für die Fallstrukturhypothese? Wenn die Absurdität der Welt zu der Negierung von Humanität überhaupt führt, wenn Auschwitz also nicht nur – moralisch betrachtet – der „Ort der höchsten Verdichtung von Niedertracht, Grausamkeit und Entmenschlichung" (Oevermann 2000 [Fall Münch], S. 53) ist, sondern – analytisch betrachtet –„eine weltgeschichtliche Zentrale einer Degeneration von Humanität, wie man sie zuvor wohl nicht einmal hat erahnen können" (Oevermann 2000 [Fall Münch], S. 52), so wird die Perversität des Lebens, das die Mitglieder der „Sonderkommandos" zu führen gezwungen sind, umso deutlicher. Denn indem die Mitglieder die Humanität negierten, die Leichname also nicht als Angehörige der Gattung betrachteten, sondern als bloße Gegenstände, erhielten sie selbst paradoxerweise ihre Identität aufrecht. Sie waren untereinander Mitmenschen (semblables), die miteinander „arbeiteten" und miteinander Pause machten – und sie waren es durch die Annullierung der Reziprozität gegenüber den anderen; sie lebten von deren Sterben: „Die *Sonderkommando*-Häftlinge wußten, daß ohne neue Transporte ihre Existenz gefährdet war. Im Oktober war es klar, daß nur noch wenige Transporte kommen würden. Deswegen schwebte man im *Sonderkommando* fortan in Lebensgefahr" (Greif 1995, S. 296, Anm. 77; kursiv i. Orig.) – Ihre Existenz hing in dreierlei Hinsicht vom Sterben der anderen ab: (a) in ganz materiellem Sinne von den Lebensmitteln, die die dort Ermordeten ins Lager mitbrachten und derer sich die Mitglieder der „Sonderkommandos", die für die Sortierung der Kleidung zuständig waren, mit Duldung, wenn nicht Zustimmung der SS bemächtigen konnten (vgl. Greif 1995, S. 25 f.); (b) in dem Sinne, dass die Mitglieder der „Sonderkommandos" überflüssig und für die SS als Geheimnisträger gar gefährlich waren, wenn es in der Gaskammer keine Menschen mehr umzubringen und keine Leichname mehr zu „entsorgen" gab, so dass sie dann selbst umgebracht wurden;[95] (c) in dem fundamentalen Sinne, dass sie ihre „Arbeit" machten und, wie auf dem Photo anhand des unscheinbaren, aber eindringlichen Aspekts des Pause Machens eben zu sehen ist, untereinander in reziproker, die eigene Identität erhaltender Beziehung standen, was erforderte, bei der Negierung der Humanität der Ermordeten, bei der Annulierung der Reziprozität[96] mitzutun. Deshalb ist Georges Didi-Huberman unbedingt zuzustimmen, der in seiner Auseinandersetzung mit Claude Lanzmann und anderen auf der Bedeutsamkeit der Photos beharrt. Im von uns analysierten Photo ist die vita perversa phänomenal gegeben und drängt sich unmittelbar auf – auch wenn ihre begriffliche Bestimmung erheblicher Rekonstruktionsarbeit bedurfte. Anders in solchen Berichten wie etwa dem von Jaacov Gabai: „Abends sangen wir zusammen, jemand musizierte, niemand konnte uns etwas sagen, denn wir waren ja weit weg vom Lager. Jeden Abend aßen wir, tranken und sangen viel. Wenn es keine Arbeit gab, war alles ruhig – wir schliefen. Wir gingen um zehn oder elf nachts schlafen." (Greif 1995, S. 147). Dieser Bericht ist a prima vista schockierend,[97] aber in Wirklichkeit weniger eindringlich, da abstrakt, denn man muss dort den Kontrast, der die Perversität des Lebens deutlich macht, und die umgebende absurde Welt hinzu*denken*, um zu begreifen. Und für die Mitglieder der „Sonderkommandos" selbst waren es sicher eher die Momente der „Arbeit" in denen auftrat, was Gabai selbst so formuliert: „Manchmal zweifelten wir daran, ob wir wirklich Menschen geblieben waren." (Greif 1995, S. 156) Und was Josef Sackar, ebenfalls ein Mitglied eines „Sonderkommandos" im Rückblick nicht verstehen kann: „In manchen Augenblicken, da fragt man sich: ‚Wie konnte ich nur leben, mit Tausenden Leichen täglich in einem Raum?'" (Greif 1995, S. 47).

Nach unserer Analyse müssen wir sagen, dass die Antwort hierauf nicht Verdrängung, Apathie oder Verwandlung in einen Roboter ist, sondern eine Pervertierung des Lebens, die darin bestand, dass Reziprozität und damit ein

---

[95] „Als die Todesmühlen auf Hochtouren liefen, brauchten wir um unser Leben nicht zu bangen." (Müller 1979/2022, S. 226, vgl.: Müller 1979/2022, S. 241) – „Jeder neue Todestransport verlängerte das Leben derer, die die Leichen zu verbrennen hatten." (Sofsky 1993/1999, S. 305).

[96] „[Gideon Greif:] Erinnern Sie sich an die Gesichter der Menschen, die in die Gaskammer gingen?/[Josef Sackar:] Ich konnte in ihre Gesichter blicken. Es war sehr schwer. Aber daran kann ich mich nicht mehr erinnern. Ich wollte die Gesichter auch nicht in Erinnerung behalten." (Greif 1995, S. 32).

[97] Ähnlich was Wolfgang Sofsky beschreibt: „In der ‚Freizeit' spielten manche im Hof Fußball, auch gegen eine Mannschaft der SS" (1993/1999, S. 306; vgl. Levi 1986/1993, S. 53 f.) – Dies könnte man als „Strategien der Renormalisierung" (Rosenthal 1990, S. 11) bezeichnen, womit aber die Struktur der vita perversa noch nicht gefasst, ja letztlich zu intentionalistisch gedeutet wäre.

identitätsstiftender, Überleben ermöglichender Ort, gewonnen wurde durch die Annullierung von Reziprozität, durch die Aufkündigung der Gattungsgemeinschaft. Darin sind die Mitglieder der „Sonderkommandos" objektiv verstrickt; von subjektiv zu verantwortender Schuld kann aber nicht gesprochen werden, da die objektive Verstrickung Moment einer vita perversa ist, die zu führen sie durch den mundus absurdus, in den sie unschuldig und wider Willen hineingeschafft wurden, gezwungen sind.

(6) Überlegungen zu weitergehende Fragen

Die herausgearbeitete Struktur der „Sonderkommandos" im Vernichtungslager Auschwitz, basierend auf der Analyse eines einer Reihe von vier Photos, von denen Georges Didi-Huberman sagt, „es ist das tragische Selbstporträt des ‚Sonderkommandos', das wir dort vor Augen haben" (2000-01/2003, S. 63; vgl. 2000-01/2007, S. 73),[98] wäre sicherlich in vielerlei Hinsicht genauer zu bestimmen und weiter zu untersuchen. Mit einer so ansetzenden Untersuchung ließen sich vermutlich viele der in der Literatur zum Ausdruck kommenden oder auch benannten Phänomene im Zusammenhang mit der Zeugenschaft der Mitglieder eines „Sonderkommandos" aufklären; so etwa die folgenden: viele konnten von ihren Erfahrungen nicht erzählen, sei es, dass niemand es hören wollte, sei es dass sie sich aus Scham[99] oder Angst vor Vorwürfen (vgl. oben S. 36, Fn. 10) scheuten, obwohl sie zugleich die Notwendigkeit des Erzählens verspürten;[100] viele wollten erzählen, wurden aber nicht ernstgenommen, weil keiner sie hören

---

[98] „c'est l'autoportrait tragique du ‚commando spécial' que nous avons là sous les yeux." (Didi-Huberman 2000-01/2003, S. 63).

[99] Über ein anderes Mitglied eines „Sonderkommandos", Shmuel Lemke, berichtet Jaacov Gabai: „der will nicht reden. […] Wir fuhren nach Givat Ha-Shlosha, hielten neben Lemkes Haus, und ich sagte:‚Das ist Lemke.' Wir gingen näher, doch er erkannte mich nicht. Ich erinnerte ihn daran, wer ich war. Er fing an zu weinen und flehte mich an, nicht seiner Frau zu erzählen, daß er beim *Sonderkommando* gearbeitet hatte." (Greif 1995, S. 151; kursiv i. Orig.)

[100] „Auf der einen Seite laufe ich vor dem Erzählen davon, aber andererseits muß diese Geschichte die ganze Welt hören, damit man nicht meint, die Shoah wäre nicht gewesen. Es gibt ja Leute, die den Holocaust leugnen." (Josef Sackar in: Greif 1995, S. 47) – „Anfangs erzählten wir hier in Israel niemandem davon. Wir wollten einfach nichts erzählen. / [Gideon Greif:] Warum? Können Sie das erklären? / Abraham [Dragon]: Um die Wahrheit zu sagen: ich schämte mich. Die Leute hier in Israel sahen die Sonderkommando-Häftlinge schief an. Sie verstanden nicht die schreckliche Realität, in der wir leben mußten. Sie verstanden nicht, daß wir uns diese furchtbare ‚Arbeit' nicht selbst ausgesucht hatten. Man begriff hier nicht, daß es zu unserem Schicksal geworden war, in diese Hölle von Auschwitz hineingeraten zu

wollte (s. Zitat in Fn. 100); andere erzählten trotz der großen Schwierigkeiten, es gegen den Schmerz der nicht unbedingt Scham ist, zur Sprache zu bringen;[101] andere erzählen auf eine erschreckende Art in der Sprache der Täter;[102] und auf die eine oder andere Weise leiden alle Überlebenden an dieser ihrer besonderne Vergangenheit;[103] resultierend, so unsere Vermutung, aus der von uns rekonstruierten Struktur der vita perversa, die sie – auch wenn sie subjektiv schuldlos in einen mundus absurdus verstrickt waren – geführt haben. Hier wäre weiterer Aufschluss möglich.[104]

Die am „Sonderkommando" herausgearbeitete Struktur enthält das Moment des mundus absurdus, der ja übergreifend die Welt von Auschwitz als ganze begrifflich fasst; insofern können wir nicht nur, wie Georges Didi-Huberman festhält, „*durch* diese vier Bilder hindurchgehen, um mit etwas größerer Präzision das ins Auge zu fassen, was *eine* Wirklichkeit von Auschwitz im August 1944 war" (2002-03/2003, S. 143; kursiv i. Orig.; vgl. 2002-03/2007, S. 164),[105] sondern darüber hinaus mit größerer Präzision das ins Auge fassen, was die Wirklichkeit von Auschwitz *strukturell* war. So wird etwa die Dehumanisierung nicht nur

---

sein. Aber eigentlich ist es uns zu verdanken, daß man überhaupt weiß, was dort geschah, in diesem Inferno der Entkleidungsräume und Gaskammern." (Greif 1995, S. 122) – „Guten Bekannten erzählte ich es, aber anderen gegenüber schwieg ich. Wozu sollte es gut sein? Die Menschen geraten so schnell zu falschen Schlüssen, insbesondere auf einem so empfindlichen Gebiet wie dem der Shoah. Wir wollten uns die zusätzlichen Schmerzen ersparen." (Greif 1995, S. 123).

[101] „Nein, ich schäme mich nicht, ich habe ein ruhiges Gewissen. Die Deutschen haben sich zu schämen, nicht ich. Es tut weh, aber ich schäme mich nicht. Heute alle Ereignisse zu erzählen, die sich vor 1945 abgespielt haben, das ist etwas schwierig. Schwierig zu erzählen, was man erlebt und gesehen hat. Schwierig, und schwer zu glauben." (Jaacov Gabai in: Greif 1995, S. 165) – Über seinen Bruder, der mit ihm im „Sonderkommando" war, sagt er hingegen: „er will aber nicht erzählen, nichts hören und sich an nichts erinnern." (Greif 1995, S. 166).

[102] Viele entsprechende Stellen finden sich bei Filip Müller (1979/2022).

[103] Jaacov Gabai: „Ich suchte nach Verwandten in Saloniki, aber fand nur Freunde. Man fragte mich, wo ich bloß gewesen sei, in welchem Dschungel. / [Gideon Greif:] Erzählten Sie jemandem dort ihre Geschichte? / [Jaacov Gabai:] Ja, das war für mich sinnlos, weil ich die Realität nie genau hätte beschreiben können. Aber als ich anfing, mit Menschen wieder zivilisiert zusammenzuleben und daran zu denken, welche Arbeit ich verrichtet hatte, tat das sehr weh. Bis heute tut das sehr weh, wenn ich darüber rede." (Greif 1995, S. 162).

[104] Damit widersprechen wir der oben (S. 137) zitierten Behauptung Wolfgang Sofskys.

[105] „nous pouvons en passer par ces quatres images pour viser avec un peu plus de précision ce que fut *une* réalité d'Auschwitz en août 1944." (Didi-Huberman 2002-03/2003, S. 143; kursiv i. Orig.)

als Strategie der Vernichtung der Juden erkennbar,[106] sondern auch als Struktur, die nicht notwendigerweise erforderte, dass der Handelnde ‚monströs' oder ‚dämonisch' (Arendt 1968/2003, S. 144) war, und insofern handelt es sich bei der genauen Analyse keinesweg um eine „unerträgliche interpretative Pedanterie" (Claude Lanzmann).[107] Erst durch die Genauigkeit der Untersuchung haben wir „vermeiden können, verfrüht moralisierend in eine allgemeine und analytisch wenig ergiebige diabolisierende Deutung des vorliegenden Phänomens zu verfallen, die natürlich immer nahe liegt, weil sie dem Interpreten die Beruhigung verschafft, von der Verstrickung in solche Ungeheuerlichkeiten ganz frei zu sein" (Oevermann 2000 [Fall Münch], S. 33), und erst eine solch genaue Untersuchung eröffnet neue und weitreichendere Einblicke in die Struktur „einer Degeneration von Humanität" (Oevermann 2000 [Fall Münch], S. 52),[108] die es vielleicht ermöglichen, der Erklärung von deren Funktionieren und deren Genese ein wenig näher zu kommen. Um Missverständnisse zu vermeiden, sei darauf verwiesen, dass hierfür die Untersuchung der Vernichtungspolitik als organisierten Handelns unabdingbar ist – beginnend damit, „alle verbindlich festgelegten

---

[106] „Das was die SS in Auschwitz vernichten wollte, war nicht alleine das Leben, sondern auch – möge es diesseits oder jenseits, vor oder nach den Tötungen sein – selbst die Gestalt des Menschlichen (der Menschlichkeit) und ihr Bild mit ihr." (Didi-Huberman 2000-01/2007, S. 70; korr. Übers.) – „Ce que le SS ont voulu détruire à Auschwitz n'était pas seulement la vie, mais encore – que ce fût en deçà ou au-delà, avant ou après les mises à mort – la forme même de l'humain, et son image avec elle." (2000-01/2003, S. 60) – Vgl. auch die Negierung, die Robert Antelme beschreibt (1947/1957, 1947/1990; s. o.) und auch das Phänomen des Muselmanns: „Ihr Leben ist kurz aber ihre Anzahl ist unendlich; sie sind, die Muselmänner, die Versunkenen, der Nerv des Lagers; sie, die anonyme Masse, andauernd erneuert ist immer identisch, durch die Nicht-Menschen, die im Schweigen marschieren und sich abmühen, ausgelöscht in ihrem göttlichen Funken, schon zu leer um wirklich zu leiden. Man zögert, sie lebend zu nennen; man zögert, ihren Tod Tod zu nennen, vor dem sie sich nicht fürchten, weil sie zu müde sind, ihn zu verstehen." – „La loro vita è breve ma il loro numero è sterminato; sono [l]oro, i Muselmänner, i sommersi, il nerbo del campo; loro, la massa anonima, continuamente rinnovata e sempre identica, del non-uomini che marciano e faticano in silenzio, spenta in loro la scintilla divina, già troppo vuoti per soffrire veramente. Si esita a chiamarli vivi; si esita a chiamar morte la loro morte, davanti a cui essi non temono perché sono troppo stanchi per comprenderla." (Levi 1947/o. J., S. 150; s. auch Wolfgang Sofsky, der eine Beschreibung des Muselmanns gibt (1993/1999, S. 229–236) ohne das Phänomen aber in seiner Struktur aufzuschließen).

[107] „insupportable cuistrerie interprétative" (Lanzmann und Guerrin 2001; zit. n.: Didi-Huberman 2002-03/2003, S. 118; vgl. 2002-03/2007, S. 136).

[108] Sie findet sich auch in den vorgeblich medizinischen Versuchen, die an Gefangenen durchgeführt wurden: „Der Getötete ist als Mensch zuvor schon im Bewußtsein des Mörders […] getötet worden in der Reduktion auf ein bloßes Versuchstier" (Oevermann 2000 [Fall Münch], S. 47).

Regelungen von bedingten Handlungssequenzen des formalisierten Systems, den ‚blueprint' des Systems also, bestehend aus gesetzlichen Vorschriften, Verordnungen, Erlassen, Geschäftsordnungen, vertraglichen Verpflichtungen nach außen, etc. zu interpretieren und gedankenexperimentell daraus idealtypische Handlungsabläufe zu konstruieren, also entsprechende Dokumenten-Analyse zu betreiben" (Oevermann 1981/2023 [Strukturgen], S. 68). Ja, dem vorauszugehen hat noch die Bearbeitung der Frage „wie es zur Entscheidung – präziser: den Entscheidungen – gekommen ist, die europäischen Juden systematisch zu töten." (Kühl 2014, S. 16) Hier liegt das eigentliche Erklärungsproblem, das „das Einzigartige daran" (Christian Meier, s. o.) in den Blick nimmt. In einer Darstellung der Methode der Photographieanalyse kann dies natürlich nicht geleistet werden.

Strukturgeneralisierung (C)

Angesichts der Besonderheit dieses Falles von Annullierung von Reziprozität, dessen historische Einzigartigkeit Gegenstand einer Kontroverse war (vgl. Augstein et al. 1989) sollen hier nun in Bezug auf die Strukturgeneralisierung die von Oevermann herausgestellten Dimensionen derselben (Oevermann 2004 [quanti], S. 469) im Einzelnen geprüft werden:

> „1. Jede abgeschlossene Fallrekonstruktion stellt in sich eine Strukturgeneralisierung dar, insofern sie einen Typus repräsentiert, dessen Allgemeinheit unabhängig davon gilt, wie häufig er in einer Grundgesamtheit als ‚token' vorkommt."

Die rekonstruierte Struktur der *vita mundo absurdo perversa* stellt einen Typus dar, der es erlaubt, das Handeln der Mitglieder der „Sonderkommandos" zu erklären. In den Wissenschaften von der sinnstrukturierten Welt, deren Gegenstand Praxis ist, haben wir es natürlich nicht mit Kausalerklärungen zu tun; vielmehr geht es um Grund/Folge-Beziehungen, was sich an Abweichungen von dem durch die Struktur vorgegebenen Handeln zeigt – hier etwa an dem Fall Menachem Litschi, der der Perversität durch eine weitere Negierung: seiner selbst durch Selbsttötung, die Stirn bot (s. Greif 1995, S. 132 f.).

> „2. Mit jeder Fallrekonstruktion sind auch einige der Fallstrukturen bekannt und expliziert, die der konkrete, analysierte Fall hätte werden können, aber aufgrund nachweisbarer Umstände nicht geworden ist."

> „3. Diese objektive Möglichkeit des Anders-Seins ist in sich empirisch fundiert in der sozialen und kulturellen Verfaßtheit der Lebenswelt und des Milieus, in die der

C Vita mundo absurdo perversa

untersuchte Fall jeweils eingebettet ist und denen er zugehört. Sie werden mit jeder Fallrekonstruktion zumindest in groben Zügen verallgemeinernd expliziert."

Wir haben in der Herausarbeitung der perversen Struktur des Lebens in der absurden Welt einerseits Möglichkeiten erwogen, anders zu handeln – etwa gegen die Negierung der Humanität vorzugehen –, und zugleich herausgearbeitet, dass es begründet im Zwangscharakter der Lager war, dass diese Option nicht gewählt wurde. – Verallgemeinernd expliziert haben wir diese „objektive Möglichkeit des Anders-Seins" aufgrund des eingeschränkten Datenmaterials und der methodischen Ausrichtung unserer Analyse hier nicht. Dies wäre weiteren Untersuchungen vorbehalten, die dann auch etwa die Gruppe griechischer Juden untersuchen müsste, die sich um den Preis der sofortigen Ermordung der Aufgaben des „Sonderkommandos" verweigerten.

„4. Verallgemeinerungen werden nebenbei vorgenommen über geltende Normen und Regeln, soweit sie in der Fallrekonstruktion explizit zur Begründung von Lesarten eingesetzt werden mußten."

Hier haben wir etwa bei der Explikation der Heimlichkeit des Photographierens, insbesondere aber bei der Rekonstruktion der Bedeutung des Umgangs mit den Leichnamen und der Herausarbeitung der Annullierung der Reziprozität übergreifende Normen und Regeln in Anschlag gebracht.

„5. Schließlich stellt jede Fallrekonstruktion eine lebenspraktische Problemlösung vor, die in einem Bildungs- und Individuierungsprozeß entwickelt wurde und im Prinzip von anderen Lebenspraxen als Vorbild oder Modell gewählt werden könnte. Die rekonstruktionslogische Sozialforschung erhält an dieser Stelle eine unverhofft praktische Funktion, insofern sie dazu einen Beitrag leisten kann, interessante lebenspraktische Modelle für ein mögliches Nacheifern bekannt zu machen."

Wir können letztlich feshalten, dass mit dem Terminus ‚vita mundo absurdo perversa' die rekonstruierte Struktur strukturtheoretisch auf den Begriff gebracht wurde, der gewissermaßen eine Abkürzungsformel für sie darstellt (vgl.: Oevermann 1981/2023 [Strukturgen], S. 49). – Diese Ebene der Generalisierung muss in unserem Fall allerdings negativ gewendet werden – und bedürfte dazu noch weiterer Forschung: Indem die Struktur des mundus absurdus und dessen Genese genauer herausgearbeitet würde, würde diese in einem analytischen Sinne als scheinbare Problemlösung erkennbar, die „ein Scheitern der Anerkennung des Mitmenschen (des [uns] Ähnlichen)" (Revault d'Allonnes 1998/2002: 148, zit.

n.: Didi-Huberman 2002-03/2003, S. 199; vgl. 2002-03/2007, S. 227)[109] darstellt und somit als negatives „Vorbild oder Modell" dazu anhalten würde, andere, echte Problemlösungen zu entwickeln. – Wenn alles Handeln eine Antwort auf eine Frage, eine Lösung für ein Problem ist, so ist auch die Politik der Vernichtung der europäischen Juden analytisch so zu betrachten. Dass diese Frage bisher nicht wirklich beantwortet wurde, liegt auch an der Vermengung von Erklärung und Entschuldigung – diese Vermengung findet sich auch in der als „Historikerstreit" in die Geschichte der intellektuellen Auseinandersetzung in der Bundesrepublik eingegangenen Debatte (vgl. Augstein et al. 1989).[110] Zunächst gilt, dass die absolute moralische Verwerflichkeit der nationalsozialistischen Vernichtungspolitik von deren wissenschaftlicher Analyse zu unterscheiden ist. Darüber hinaus aber lässt sich mit unserem Rekonstruktionsergebnis die Monstrosität und Einzigartigkeit dieser Politik in wissenschaftlichem Sinne aufweisen, da mit der Annullierung der Reziprozität, die mit der Negierung der Humanität einhergeht, die zunächst überlebende Partei, selbst wenn sie siegreich geblieben wäre, sich als Humanum selbst negiert hätte.[111]

---

[109] „une faillite de la reconnaissance du semblable" (Revault d'Allonnes 1998/2002: 148, zit n. Didi-Huberman 2002-03/2003, S. 199).

[110] Hier ist keineswegs die suggestive Frage Ernst Noltes gemeint, die einer der Auslöser für den erwähnten Historikerstreit war: „Vollbrachten die Nationalsozialisten, vollbrachte Hitler eine ‚asiatische' Tat vielleicht nur deshalb, weil sie sich und ihresgleichen als potentielle oder wirkliche Opfer einer ‚asiatischen Tat' betrachteten? War nicht der ‚Klassenmord' der Bolschewiki das logische und faktische Prius des ‚Rassenmords' der Nationalsozialisten? Sind Hitlers geheimst Handlungen nicht gerade auch dadurch zu erklären, daß er den ‚Rattenkäfig' *nicht* vergessen hatte? Rührte Auschwitz vielleicht in seinen Ursprüngen aus einer Vergangenheit her, die nicht vergehen wollte?" (1986/1987, S. 45; kursiv i. Orig.). Diese Frage deutete Jürgen Habermas mit Recht wie folgt: „Die Nazi-Verbrechen verlieren [bei Ernst Nolte] ihre Singularität dadurch, daß sie als Antwort auf [...] bolschewistische Vernichtungsdrohungen mindestens verständlich gemacht werden. Auschwitz schrumpft auf das Format einer technischen Innovation und erklärt sich aus der ‚asiatischen' Bedrohung durch einen Feind" (1986/1987, S. 71).

[111] Oevermann benennt noch eine sechste Dimension: „Damit hängt schließlich eine weitere Generalisierungsmöglichkeit zusammen. Neue Entwicklungen treten in der Regel nicht massenweise, sondern vereinzelt auf, so daß sie in Stichproben untergehen. Fallrekonstruktionen können viel einfacher auf sie aufmerksam werden und sie so frühzeitig als Phänomene strukturanalytisch bestimmen und in ihrer Allgemeinbedeutsamkeit herausstellen." (Oevermann 2004 [quanti], S. 469) An früherer Stelle (2000 [Fallrek], S. 116–129) verzichtet er auf diese Dimension, die sich auch in Analysen historischen Materials eher nicht findet; in unserem Fall könnte es nur darum gehen, ähnliche Phänomene, auch dort, wo sie unscheinbar auftreten, zu identifizieren und strukturanalytisch zu bestimmen, was es der Praxis ermöglichen würde, ihnen entegegenzutreten.

Reflexionen zum methodischen Vorgehen

Vorbemerkung

Bei der Durchführung von Fallrekonstruktionen tauchen immer wieder Probleme für die Analyse auf, die häufig in objektiv-hermeneutischen Studien bereits bewährte Lösungen gefunden haben, aber für den gerade betroffenen Forscher eine neue Herausforderung darstellen. Deshalb ist es hilfreich, diese Herausforderungen und ihre Bewältigungen zumindest in knappen Notizen festzuhalten. Manchmal ergeben sich daraus Klärungen für Unklarheiten, die bis dahin eher unterschwellig Probleme bereiteten oder gar nicht als solche gesehen wurden (vgl. etwa Loer 2015 [AG], 2016 [objektiv/latent], 2018 [Sqa]), 2018 [Lesarten]), 2018 [objDat], 2019 [testierbar]).

Zu einigen Aspekten des methodischen Vorgehens

Wir haben im Laufe der Darstellung der Analysen bereits einzelne Aspekte des methodischen Vorgehens in markierten Absätzen herausgestellt; im Folgenden halten wir noch einmal gesammelt fest, was für Leser, die mit der Objektiven Hermeneutik Photographien analysieren wollen, hilfreich sein könnte. Es handelt sich dabei nicht um eine systematische Darstellung, sondern eben um eine Benennung von Aspekten der hier vorgestellten Analysen.

- Wie kann man Personen, die man kennt, analysieren, als ob man sie nicht kennte (S. 93 f.)? Um dies zu ermöglichen, befolgen wir das *Prinzip der der künstlichen Naivetät* und gehen allein vom *für jedermann Sichtbaren* aus. Dies bedeutet, dass wir fallspezifisches Vorwissen und fallspezifisches Kontexwissen für die Analyse nur benutzen, um Lesarten zu bilden, nicht aber, um Lesarten auszuschließen. Ungeübten fällt es mitunter schwer, diese Unterscheidung zu treffen; außerdem werden sie, wenn sie fallspezifisches Wissen zur Bildung von Lesarten verwenden, dazu verführt, nicht mehr sorgfältig genug andere Lesarten zu erwägen; deshalb ist es ihnen zu empfehlen, sich zunächst das Nutzen fallspezifischen Vorwissens überhaupt zu untersagen. Demgemäß ist es etwa bezüglich des zweiten von uns analysierten Photos hilfreich, vollständig auszublenden, dass es sich bei den abgebildeten Personen um Politiker handelt und welche es sind.

- An verschiedenen Stellen – z. B. bei der Bezeichnung von Kleidung – haben wir Fachtermini verwendet; dies dient lediglich dazu, die detaillierte Darstellung abzukürzen, und bedeutet nicht, dass die auf methodisch falsche Weise fallspezifisches Kontextwissens genutzt wird. Im Prinzip muss diese Form der Benennung argumentativ auflösbar sein. Wenn also an einer Stelle von dem „legeren Stil des Moto Jackets" die Rede ist, so muss das, was zu dieser Qualifizierung führt, im Prinzip erläutert, der benannte Bedeutungsgehalt also argumentativ expliziert werden können. Warum also ist eine Jacke, auf die mit der Bezeichnung ‚Moto Jacket' referiert wird, zu Recht als ‚leger', also als ‚ungezwungen' zu bezeichnen? Die Jacke sitzt locker und bequem am Körper, ist wegen ihrer Schließtechnik für dem Wetter ausgesetzte Aktivitäten im Freien sehr gut geeignet. In dieser funktional-sachlichen Bestimmung gründet ihre Verwendung für bestimmte Aktivitäten; dass sie Ledermotorradjacken ähnelt, verweist zudem auf die Kultur des Motorradfahrens, die ihrerseits sachlich in der spezifischen Art der Fortbewegung gründet, zu der die Möglichkeit rascher Beschleunigung, das den Elementen Ausgesetztsein und die (gegenüber der Fortbewegung mit dem Auto) größere Riskanz gehören. Eine solche Kleidung ist für Innenräume weniger geeignet und wird in der Regel dort auch aufgrund kultureller Normen nicht getragen. Diese Normen, die in der analysierten Praxis gelten, können und müssen, insofern sie für die analysierte Praxis fallübergreifend gelten, in Anschlag gebracht werden. Die Bestimmung der Bedeutung der mit Fachtermini abkürzend bezeichneten Kleidungsstücke oder modischen Stile kann also auf solche Regeln zurückgeführt werden, die ihrerseits eben meist ihr fundamentum in re haben.[112]
- Bei der Analyse der Mimik haben wir den Blick und das Lächeln durch Abdecken der jeweils anderen Gesichtshälfte unabhängig voneinander untersucht. Normalerweise werden die verschiedenen Partien des Gesichts gleichzeitig wahrgenommen, tragen aber unabhängig voneinander zum Gesamteindruck bei;[113] zudem können sie unabhängig voneinander variieren und den Gesamteindruck verändern. Insofern ist es für dessen Analyse u. U. hilfreich, einzelne Gesichtspartien unabhängig voneinander zu betrachten, um so den Gesamteindruck explizit erschließen zu können; dies bietet sich vor allem

---

[112] S. für eine knappe, anschauliche und prägnante Bestimmung am Beispiel des weißen Kittels des Arztes Jahn und Nolten (2018), S. 34–38.

[113] „Der Gesichtsausdruck ist überhaupt polyphoner als die Sprache […] in einem Gesicht können die verschiedensten Dinge gleichzeitig erscheinen wie in einem Akkord, und das Verhältnis dieser verschiedenen Züge zueinander ergibt die reichsten Harmonien und Modulationen." (Bálasz 1924/1926: 66 f.; gesperrt i. Orig.)

dort an, wo ambivalente Ausdrücke mimisch erscheinen.[114] Eine Veranschaulichung durch das Abdecken der anderen Partien kann die gedankenexperimentelle Konstruktion von passenden Kontexten für die Mimik einzelner Gesichtspartien in diesem Falle gut unterstützen. Man muss dabei darauf achten, dass die Aufmerksamkeit nicht von der Analyse selbst abgelenkt wird. Das Bemühen, die gedankenexperimentellen Variationen von Aspekten bzw. die gedankenexperimentelle Variation der Kontexte zu Aspekten visuell zu unterstützen, verselbständigt sich nämlich oft, insbesondere wenn elaborierte Bildbearbeitungstechniken zu Hilfe genommen werden, was sich bei der Analyse von Photographien relativ häufig findet – wir haben oben darauf hingewiesen (s. S. 87 f., Fn. 25).

- Die gedankenexperimentellen Variationen von Körperhaltung, auf die wir oben (S. 100) verwiesen haben, ohne sie explizit darzustellen, könnten der Anschaulichkeit halber durch die entsprechende Einnahme bzw. schauspielerische Darstellung von Körperhaltungen unterstützt werden. Es geht jedenfalls darum, herauszuarbeiten, in welchen Situationen eine entsprechende Haltung angemessen und erwartbar wäre, in welche Kontexte sie also passen würde, und umgekehrt, welche anderen Körperhaltungen zu dem jeweils gegebenen Kontext passen würden.
- In ähnlicher Form haben wir für den Blick gedankenexperimentell Varianten eines möglichen Kontexts entworfen (S. 100), um so die Bedeutung des Blicks bestimmen zu können. Diese Operation ist dem Erzählen von Geschichten bei der Analyse sprachlicher Äußerungen analog, das ja Kontexte entwirft, in denen die entsprechende Äußerung hätte fallen können.[115]
- Generell können wir auch bei der Analyse von Photos einzelne Aspekte gedankenexperimentell variieren bzw. gedankenexperimentell mögliche Kontexte zu

---

[114] Vgl. die Beschreibung von Béla Bálasz: „Pola Negri spielte einmal Carmen. Sie kokettiert mit dem trotzigen José und ihre Mienen sind froh und unterwürfig zugleich, denn es tut ihr wohl, sich ein wenig demütigen zu müssen. Doch im Moment, da José ihr zu Füßen fällt und sie die hilflose Schwäche des Verliebten sieht, wird ihr Gesicht überlegen und traurig zugleich, und zwar in einer einzigen Miene, in der diese verschiedenen Elemente nicht auseinanderzuhalten sind und sozusagen aufeinander abfärben. Es ist ihre schmerzliche Enttäuschung, die stärkere [sic!] zu sein. Das Weib hat die Schlacht verloren, da es Siegerin geworden." (1924/1926: 67; gesperrt i. Orig.) – Wenn Bálasz dann meint: „Aber in solchen Worten zerbröckelt der eine Ausdruck. Und wenn man schon zu sprechen anfängt, sagt man etwas anderes." (Bálasz 1924/1926: 67), so ist ihm allerdings zu widersprechen, da – wie seine eigenen Formulierungen belegen – auch sprachliche Gestalten in ihrer sequentiellen Entfaltung für entsprechenden Ausdruck geeignet sind.

[115] Man „sollte […], um den möglichen Variantenreichtum genügend zur Geltung zu bringen, sich zunächst konkrete Situationen ausdenken, gewissermaßen Geschichten zu der

ihnen entwerfen. Dies ist eine Operation, die derjenigen ähnelt, bei der wir in der Analyse von sprachlichen Äußerungen die Sequenzen der Äußerungen bzgl. des Kontextes gedankenexperimentell variieren bzw. verschiedene Situationen als Kontexte zu den Sequenzen der Äußerungen gedankenexperimentell entwerfen können.[116] Viele Verfahren der Bildanalyse betreiben für diese Operation einigen technischen Aufwand, um etwa Bildsegmente anschaulich aus dem Gesamt eines Bildes herauszulösen (vgl. stellvertretend Breckner 2011, S. 71–76, 129–135, 198 f.u. 299 ff.); dieser Aufwand wäre u. E. vermeidbar; dass er durch immer raffiniertere Bildbearbeitungsprogramme reduziert wird, ist nur vermeintlich ein Vorteil, denn dabei droht die Anpassung der Analyse selbst an schematische Vorgaben der Techniken.[117] Entscheidend ist demgegenüber die Operation der kontextfreien Analyse selbst, die zwar durch die Anschaulichkeit unterstützt werden kann, die aber nicht durch Anschaulichkeit erst ermöglicht wird.

- Wir haben beim zweiten Photo in einem ersten Zugriff verschiedene Optionen der Konstellation der Personen entworfen und mussten später diese Optionen erweitern. Hier zeigt sich, dass die Befürchtung, die man haben könnte, dass mithilfe der Gedankenexperimente nicht alle möglichen Lesarten gebildet werden, nicht so schwer wiegt, wie Anfänger oder grundsätzliche Skeptiker meinen könnten. Wenn man die Prinzipien der Kunstlehre der Objektiven Hermeneutik berücksichtigt – hier war es das Prinzip der Totalität, dem gemäß „für jedes im Protokoll enthaltene Element des Textes eine Motivierung zu explizieren [ist], Textelemente nie als Produkte des Zufalls anzusehen" sind (Oevermann et al. 1979 [Methodologie], S. 394) –, so wird man unweigerlich auf bis dahin übersehene Lesarten stoßen.
- Oben (S. 116 f.) haben wir nach der Bestimmung der pragmatischen Erfüllungsbedingungen für die im Photo objektivierte Handlung des heimlichen Photographierens – dies geschah durch das Entwerfen gedankenexperimenteller Beispiele für heimliches Photographieren – eine Erwartung für das auf dem Photo Dargestellte formuliert. Bei dieser methodischen Operation handelt

---

Äußerung erfinden. In der Forschungspraxis hat hermeneutische Sinnrekonstruktion wesentlich etwas mit dieser Leistung des ‚Geschichten-Erzählens' zu tun." (Oevermann 1981/2023 [Strukturen], S. 53).

[116] Vgl. das einleitend angeführte notorische Beispiel „Mutti, wann krieg ich denn endlich mal was zu essen. Ich hab so Hunger." – Oevermann 1981/2023 [Strukturen], S. 51–52, s. Loer 2021 [OHWP Interviews], S. 26 f.

[117] Dort wo es, wie bei Gemälden, um ikonische Beziehungen und somit um die Darstellung geht, ist hingegen die Anschaulichkeit der Variationen oftmals unabdingbar (vgl. Loer 2023 [Gemälde] u. i. Vorber. [OHWP Gemälde]).

es sich gewissermaßen um die Formulierung der möglichen bildimmanenten Kontexte für den hier im Analysefokus befindlichen Aspekt des heimlichen Photographierens; dies entspricht sowohl der Frage nach möglichen passenden Kontexten wie derjenigen nach möglichen Anschlüssen bei der Analyse von Protokollen, in denen Handeln sich in seinem zeitlichen Ablauf objektiviert. Wie ist das zu verstehen? Bei Oevermann heißt es in Bezug auf die möglichen Anschlüsse: „Die an einer bestimmten Sequenzstelle identifizierbaren Möglichkeiten des weiteren Ablaufs werden durch das Ensemble von sprachlichen und sozialen Regeln und Normen konstituiert, die sowohl für die beteiligten Subjekte als auch für den Forscher Geltung haben und zum Bestand des intuitiven Regelwissens beider gehören." (1981/2023 [Strukturgen], S. 77) Hier haben wir es zwar nicht mit sprachlichen, aber doch mit pragmatischen Regeln und sozialen Normen zu tun, die die zur bestimmten Handlung des heimlichen Photographierens passenden Handlungen bzw. Gegenständen festlegen. Oevermann fährt fort: „Diese Regeln erzeugen die Menge der pragmatisch zulässigen Anschlüsse an eine Sequenzstelle, also die Menge der zulässigen Optionen, aus der die sich reproduzierende Fallstruktur auszuwählen hat, oder: der gegenüber die lebenspraktische Form bzw. die Lebenspraxis sich zu entscheiden hat." (1981/2023 [Strukturgen], S. 77–78) Dies scheint hier nicht zuzutreffen; der Photograph hat sich ja kaum entschieden, heimlich zu photographieren und dann überlegt, welches Motiv zu dieser Handlung passen würde; vielmehr wird es umgekehrt sein: Der Photograph hat sein Motiv ausgewählt und sich dann ob dieses Motiv (und der Umstände) für ein heimliches Photographieren entschieden. Es geht uns hier aber ja auch nicht um den Photographen allein als Fall; vielmehr ist er Moment unseres Falles. Insofern ist unserer Frage auch, was drückt sich darin aus, dass der Photograph sich zu der Handlung des heimlichen Photographierens veranlasst sah. Die Operation der Bestimmung der passenden bildimmanenten Kontexte muss letztlich wechselseitig erfolgen; man könnte sagen, dass Aspekt und Kontext kommutativ zueinander sind. Insofern ist es abhängig von der Wahl desjenigen Aspekts, mit dem man die Analyse beginnt, für welche Seite man mögliche Passungen entwirft. Es scheint also diese Operation eher vergleichbar zu sein mit dem Geschichten-Erzählen, mit dem, gewissermaßen rückwärts, zu der im Analysefokus stehenden Äußerung passende Kontexte entworfen werden. Da auch für das Photo Adornos Aussage gilt: „Im Bild ist alles gleichzeitig." (Adorno 1965: 35), erübrigt sich allerdings auch die Frage, ob hier eher mögliche Kontexte oder mögliche Anschlüsse entworfen werden – anders als dort, wo aufgrund des zeitlichen Verlaufs in der Sequenzialität eine Richtung vorgegeben ist. Im simultanen Gebilde Photo, im Bild generell, bestimmt die Wahl

des Aspekts, auf den wir den Analysefokus jeweils richten, was als Kontext zu gelten hat.
- Die Auswahl eines zu analysierenden Aspekts speist sich aus verschiedenen Überlegungen; dazu gehören auch Annahmen über den Fall, die sich im Laufe der Analyse als falsch herausstellen können. Solche Auswahlentscheidungen stellen aber grundsätzlich kein methodisches Problem dar. Sollte nämlich die getroffene Annahme – etwa über die Relevanz des ausgewählten Aspekts – sich im Zuge der Analyse als nicht zutreffend erweisen, so kann man unter Berücksichtigung des Prinzips der künstlichen Naivetät (s. Glossar) einen anderen Aspekt unabhängig von dem (gewissermaßen voreilig) bereits analysierten untersuchen.
- Das Heranziehen von Literatur dient, wie wir bereits bei der Bestimmung der Fragestellung festhielten, nicht einer exhaustiven Darlegung des Stands der Forschung sondern der Prüfung von Erkenntnissen, die zur Beantwortung der Forschungsfrage beitragen können. Damit wird selbstverständlich nicht der „unhaltbaren Aufforderung" das Wort geredet, „empirische Daten voraussetzungslos zu analysieren", was „erkenntnistheoretisch absurd" wäre (Oevermann 1981/2023 [Strukturen], S. 50). Die Beiziehung von Literatur dient dazu, die bereits explizierten Kenntnisse über die zu untersuchende Praxis als Quelle für die Generierung von Lesarten zu nutzen. Diese Quelle darf dabei nicht genutzt werden, um Lesarten auszuschließen; auf diese Weise findet immer auch eine Überprüfung von theoretischen Erkenntnissen statt. Dies haben wir explizit – wenn auch abgekürzt – vorgenommen, als wir mit unserer anhand des Photos aus Auschwitz entwickelten Fallstrukturhypothese versuchten, vorliegende Selbstdeutungen der Praxis der „Sonderkommandos" bzw. in der Literatur vorfindliche wissenschaftliche Deutungen dieser Praxis besser zu verstehen bzw. prägnanter zu fassen und in ihrem allfälligen Fehlgehen zu verstehen.
- Was (a) die *Explizitheit der Analyse* und (b) die *Explizitheit der Darstellung der Analyse* angeht, so haben wir bei der Analyse von Photos eine andere Sachlage als bei der Analyse von Forschungsgesprächen (s. Loer 2021 [OHWP Interviews], S. 157 f.). Wo die untersuchte Praxis selbst durch Anfertigung, Aufbewahren, Publikation o. ä. ein Angemessenheitsurteil über das Photo gefällt hat, ist es als ganzes als eine integrale Ausdrucksgestalt der untersuchten Praxis zu betrachten; dies gilt von den von uns untersuchten Photos nur für das erste nicht, haben doch dort die Photographierten, deren Praxis wir untersuchten, weder an der Entstehung noch an der Aufbewahrung oder Verbreitung des Photos Anteil. Insofern können wir bei der Analyse dieses Photos Aspekte wie die „Face-to-Lense-Beziehung" (Maiwald 2019, S. 229), die Wahl des

Ausschnitts etc. vernachlässigen. Es lässt sich allerdings auch hier kein standardisiertes Maß der Detailliertheit festlegen. Stets bedarf es, ausgehend von der Fragestellung, einer aus der sorgfältigen Analyse sich speisenden Sensibilität, die auch a prima vista irrelevante Aspekte ggf. einer Prüfung unterzieht. Bei den anderen beiden Photos gibt es kein Kriterium des Ausschlusses eines Aspekts aus der Analyse; sie stellen einen integrales Protokoll dar, für das gilt: „Welches Protokoll auch immer analysiert wird – für den zur Sequenzanalyse ausgewählten Protokollabschnitt [als solcher ist hier das ganze Photo zu betrachten, TL] gilt grundsätzlich, daß darin alles, das heißt jede noch so kleine und unscheinbare Partikel, in die Sequenzanalyse einbezogen und als sinnlogisch motiviert bestimmt werden muß." (Oevermann 2000 [Fallrek], S. 100) Demgegenüber wird (ad b) die Darstellung der durchgeführten Analyse eher ergebnisorientiert erfolgen und v. a. diejenigen Lesarten anführen, die die Reichhaltigkeit und Anschaulichkeit der Fallstrukturhypothese zu steigern in der Lage sind, ohne ihre Herleitung in aller Detailliertheit zu entfalten.

Zu Aspekten der Ergebnisdarstellung

Den Begriff, auf den der Gegenstand in einer wissenschaftlichen Untersuchung gebracht wurde, klar und deutlich darzustellen, heißt stets, den Begriff zu explizieren und in dieser Explikation die Sache zum Sprechen zu bringen, nicht aber, lediglich den Begriff zu benennen und die Sache ihm zu subsumieren. Es geht darum, die Entfaltung des Begriffs aus der Sache, die im Laufe der Untersuchung erfolgt, sichtbar und die Argumentation transparent zu halten, ohne andererseits aber die begriffliche Explikation und damit die begriffliche Explizitheit und die begriffliche Prägnanz einer vermeintlichen Lebendigkeit der Sache zu opfern. Wir haben oben darauf hingewiesen, dass viele nicht-rekonstruktive unter den sogenannten qualitativen Methoden eine erschöpfende Beschreibung verfolgen und deskriptive Exhaustivität an die Stelle der zu explizierenden begrifflichen Totalität setzen. Eine diesem unergiebigen Verfahren analoge Gefahr besteht bei objektiv-hermeneutischen Fallanalysen darin, die Detailliertheit der Analyse, die wesentlich auf das Erwägen und Verwerfen einer Vielfalt von Lesarten angewiesen ist, in der Darstellung zu reproduzieren;[118] dies führt nicht nur dazu,

---

[118] Solche wenig aufschlussreichen Ergebnisse finden sich manchmal in Qualifikationsarbeiten (durchaus bis zu Habilitationen), wenn diese auf gemeinsame Analysesitzungen

dass der Leser ermüdet, sondern bewirkt vor allem, dass die Prägnanz verlorengeht und eine begriffliche Bestimmung der Sache kaum entfaltet wird. – Wir haben in unserer Darstellung gemäß der Ausrichtung der Reihe „Objektive Hermeneutik in Wissenschaft und Praxis" zwar den Akzent auf die methodischen Aspekte des Vorgehens gelegt, da aber die Analysen stets im Rahmen der Bearbeitung einer bestimmten Fragestellung erfolgten, wurde exemplarisch stets auch eine Ergebnisdarstellung vorgenommen. Die jeweils durchgeführten begrifflichen Bestimmungen sollen hier ebenso wenig wiederholt werden wie die vorgenommen Akzentuierungen und Diskussionen von gegenstandsspezifischen Aspekten und auf die vorliegende Literatur bezogenen Argumenten; dies alles muss vielmehr den drei Abschnitten des Kapitels ‚Fallanalysen' entnommen werden. Eine standardisierte Antwort auf das Problem der Ergebnisdarstellung lässt sich bei einer rekonstruktiven Methode nicht geben; als allgemeiner Aspekt bleibt der hier benannte Anspruch.

---

zurückgehen und sich in großem Maße oder gar im wesentlichen darauf beschränken, die Sitzungsprotokolle wiederzugeben.

Epilog und Glossar

Epilog

Wie für die Bände der Reihe zur Objektiven Hermeneutik in Wissenschaft und Praxis vorgesehen versucht auch der vorliegende Band exemplarisch in eine Methode einzuführen, zu deren zentralen Merkmalen die Sachangemessenheit gehört. Für ein solches Unterfangen sind ohne Frage Kompromisse erforderlich. Diese dürfen aber einerseits nicht dazu führen, das Verständnis der Methode und ihrer Begründung zu beeinträchtigen, denn ohne Einsicht darin kann die Sachangemessenheit nicht vernünftig reflektiert gewährleistet werden; andererseits darf aber auch der Aufschluss des Gegenstandes, dessen Untersuchung als Beispiel dient, nicht unter den Kompromissen leiden. Ob dies gelungen ist, ob sie also nach Lektüre dieses Bandes in der Lage sind, mit der Objektiven Hermeneutik in auf methodologischer und konstitutionstheoretischer Einsicht ruhender Weise Photographien zu analysieren und zugleich (A) in die Struktur von „civil inattention" (Goffman) als neutraler Reziprozität, (B) in die Struktur von Selbstinszenierung als Aufmerksamkeitslenkung und (C) in die Gestalt der vita mundo absurdo perversa, als die die Praxis der „Sonderkommandos" in Auschwitz sich erwies, einen Einblick erlangt haben, der es ihnen erlaubt, diese Gegenstände sich weiter zu erschließen, bleibt dem Urteil der Leser überlassen. Rückmeldungen an den Autor dazu sind sehr erwünscht, können sie doch dazu beitragen, dass die Folgebände der Reihe ihrem angestrebten Ziel näher kommen.

Um sich einen Einblick in die Vielfalt der Gegenstände, die mittels objektivhermeneutischer Analyse von Photographien bereits erschlossen wurden, und einen Einblick in die Vielfalt des konkreten Vorgehens dabei zu erlangen, sei der Leser auf die entsprechenden Veröffentlichungen verwiesen, die im ersten Teil des Literaturverzeichnis' aufgeführt sind und die kurz einführend kommentiert wurden.

Wer eine eher technische Einführung in die Instrumente eines hermeneutischen Werkzeugskastens erwartet und dennoch bis hierhin durchgehalten hat, dem wurde seine Geduld hoffentlich entgolten damit, dass er nicht nur „Kenntnisse über die Technik" sondern auch „Methoden des Denkens" und des Analysierens erlangt und auch über die jeweiligen Gegenstände „Klarheit" gewonnen hat – zumindest in dem Maße wie „wir sie selbst besitzen" (Weber 1919/1985, S. 607).

Damit hoffe ich, „die pädagogisch schwierigste Aufgabe von allen", wenn nicht bewältigt, so doch zumindest auf fruchtbringende Weise bearbeitet zu haben: „die Darlegung wissenschaftlicher Probleme so, daß ein ungeschulter, aber aufnahmefähiger Kopf sie versteht, und daß er – was für uns das allein Entscheidende ist – zum selbständigen Denken darüber gelangt" (Weber 1919/1985, S. 587).

Glossar

In dem hier vorgelegten Glossar werden v. a. die für die Objektive Hermeneutik spezifischen, aber auch einige weitere in dem vorliegenden Band relevante Termini und Begriffe erläutert; es dient dabei der abkürzenden Erinnerung an die Explikationen dieser Termini und Begriffe im laufenden Text. Dabei ist zu beachten, dass dort, wo wir Formulierungen aus anderen Texten heranziehen, insbesondere aus Texten aus der Entstehungszeit der Objektiven Hermeneutik,[1] Termini auftauchen, die später korrigiert wurden bzw. die wir für korrekturbedürftig halten;[2] darauf wird in Fußnoten hingewiesen – außerdem sei der Leser auf die entsprechenden Einträge in diesem Glossar verwiesen.

Ausdrucksgestalt – „Das Gesamt an Daten, in denen sich die erfahrbare Welt der Sozial-, Geistes- und Kulturwissenschaften präsentiert und streng methodisch – im Unterschied zu: praktisch – zugänglich wird, in denen also die sinnstrukturierte menschliche Praxis in allen ihren Ausprägungen erforschbar wird, fällt in die *Kategorie der Ausdrucksgestalt.*" (Oevermann 1996/2002 [Manifest], S. 3; kursiv i. Orig. unterstr.) Ausdrucksgestalten sind also Objektivationen

---

[1] Es ist dies v. a. Oevermann et al. 1979 [Methodologie].
[2] Es sind dies vor allem ,latent' und ,latente Sinnstruktur', ,Interaktion' (nebst Komposita und verwandten Ausdrücken) und ,Interpretation' (nebst Komposita und verwandten Ausdrücken).

von Handeln, in denen die Bedeutung des Handelns zum Ausdruck kommt.[3] Jede Lebenspraxis (s. dort) hinterlässt in ihrem Handeln Spuren, die *qua Spuren von Handeln* Ausdrucksgestalten sind. Nur über Ausdrucksgestalten ist die sinnstrukturierte Welt „der methodisch kontrollierten Erkenntnis" zugänglich (Oevermann 1991 [GenetStrukturalism], S. 302). „Im Sinne der Romantik kann man diese Spuren und Protokolle generell als *Ausdrucksgestalten* bezeichnen. Immer drückt sich in ihnen eine je historisch konkrete *Lebenspraxis* aus." (Oevermann 1993 [Subjektivität], S. 113; kursiv i. Orig.) Die Lebenspraxis und ihr Handeln kommt vermittelt eines je spezifischen Ausdrucksmaterials bzw. einer Ausdrucksmaterialität (s. dort) und ihrer Regeln resp. Prinzipien zum Ausdruck. – s. auch: *Lebenspraxis, Protokoll, Text*.

Ausdrucksmaterial/Ausdrucksmaterialität – Als *Ausdrucksmaterial* bezeichnen wir das Material, welches gemäß geltender Regeln, Prinzipien und Verfahrensweisen Bedeutungsoptionen bietet und in dem Ausdrucksgestalten vorliegen.[4] Dies ist am einfachsten explizierbar an den beiden abstrakten Typen des Ausdrucksmaterials – bei denen man wegen ihrer Abstraktheit sinnvollerweise von *Ausdrucksmaterialität* spricht –: Sprache und leibliches Handeln. Wenn etwa jemand statt „das war ein Irrtum meinerseits" sagt „das war eine Täuschung meinerseits", so bringt er damit (meist ungewollt) zum Ausdruck, dass zwei Seelen in seiner Brust wohnen und eine Instanz in ihm die andere getäuscht hat, denn ‚täuschen' ist im Gegensatz zu ‚(sich) irren' ein transitives Verb. Die Spur, die das Handeln hier hinterlässt, ist eine authentische Ausdrucksgestalt insofern, als sie sich mit Hilfe der Regeln, die die Bedeutungsoptionen der Ausdrucksmaterialität konstituieren, lesen und sich damit die objektive Bedeutung des Handelns methodisch gültig rekonstruieren lässt. Die Regeln, Prinzipien und Verfahrensweisen gemäß derer das Material Bedeutungsoptionen bietet, müssen nicht notgedrungen solche der Ausdrucksmaterialität Sprache, sondern können auch solche der sinnesmodalitätenspezifischen Ausdrucksmaterialien, des ikonischen etwa, sein. „Sprache ist hier eine Ausdrucksmaterialität unter mehreren verfügbaren. Oder anders gesprochen: Ein Medium der symbolisch interpretierbaren Realisierung von Handlungen unter mehreren. – Zum anderen […] ist natürlich

---

[3] Einige Autoren engen den Begriff der Ausdrucksgestalt auf solche Objektivationen des Handelns ein, in denen die Praxis *sich zum Ausdruck bringt* (etwa Zehentreiter 2008, s. dazu Loer 2015 [AG]) und schließen solche aus, in denen die Praxis (lediglich) *zum Ausdruck kommt* (etwa Wenzl/Wernet 2015, auch Wernet 2021, S. 18, s. dazu Loer 2015 [Diskurs]).

[4] S. hierzu: Loer 2015 [AG]; vgl. den Exkurs zum Begriff des Ausdrucksmaterials und zum Problem der Synästhesien in Loer 1996 [Halbbildung], S. 291 ff.

Sprache als das ausgezeichnete System von Regeln und Elementen der Symbolisierung und des Ausdrucks anzusehen, das überhaupt erst die Konstitution von Bedeutungsfunktionen naturgeschichtlich gesehen ermöglicht und damit die voll ausgebildete sinstrukturierte soziale Handlung allererst in die Welt treten läßt. Von da an auch wird es erst möglich, daß andere, vorsprachliche Ausdrucksformen vollgültig Handlungen zu realisieren und entsprechend auch zu protokollieren vermögen. Das können sie nur, weil die sinnstrukturierte Handlung als solche durch Sprache, eben als Sprechhandlung grundsätzlich eingerichtet ist, so daß das, was sie realisieren, als Struktur außerhalb ihrer selbst schon immer vorliegt." (Oevermann 1986 [Kontroversen], S. 48) In dem Moment, wo mit Sprache die Bedeutungsfunktion überhaupt in der Welt ist, gibt es nichts, was nicht „Medium der symbolisch interpretierbaren Realisierung von Handlungen" sein kann. „Sinn- und Bedeutungszusammenhänge [sind] grundsätzlich abstrakt […], das heißt als solche der sinnlichen Wahrnehmung entzogen. Dem entspricht kehrseitig, daß sie in verschiedenen Ausdrucksmaterialien funktional äquivalent realisiert werden können. Diese Verhältnisse von Abstraktheit der Bedeutungsstruktur und Konkretheit der ausdrucksmaterialen Realisierung" sind stets zu berücksichtigen (Oevermann 2000 [Fallrek], S. 85, Fn. 16).

Auswahlrahmen, dimensionaler – Vor der Erhebung von für die Fragestellung relevanten Datenmaterials sind die relevanten Dimensionen des Forschungsfeldes zu bestimmen und auf deren Grundlage dann ein *dimensionaler Auswahlrahmen* zu entwerfen ist. Mithilfe dessen werden mögliche Personen oder auch Organisationen etc. – etwa Gesprächspartner – als Fälle des Gegenstandes ausgewählt werden. Hierbei empfiehlt es sich in Form einer kontrastiven Fallauswahl, die Pole der relevanten Dimensionen mit Untersuchungssubjekten zu belegen, um so den Raum der möglichen Typen abzudecken.

Bedeutung, latente – Als latente Bedeutung wird diejenige objektive Bedeutung des untersuchten Handelns bezeichnet, die den beteiligten handelnden Subjekten nicht bewusst ist (vgl. Loer 2016 [objektiv/latent]). – s. auch: *Sinnstruktur, latente*

Bedeutung, manifeste – Als manifeste Bedeutung wird diejenige objektive Bedeutung des untersuchten Handelns bezeichnet, die den beteiligten handelnden Subjekten bewusst ist (vgl. Loer 2016 [objektiv/latent]). – s. auch: *Sinn, manifester*

Bedeutungskonstitution – Konstitutionstheoretisch betrachtet wird Bedeutung durch Regeln aufgestellt, indem diese Handlungsoptionen eröffnen, die ihrerseits bestimmte Implikationen in Form von Anschlussmöglichkeiten haben. Zentral für die Konstitution von Handlungsbedeutung ist damit Sequentialität (s. dort) als „die mit jeder Einzelhandlung als Sequenzstelle sich von neuem vollziehende, durch Erzeugungsregeln generierte *Schließung vorausgehend eröffneter Möglichkeiten* und *Öffnung neuer Optionen in eine offene Zukunft.*" (Oevermann 1996/2002 [Manifest], S. 6; kursiv i. Orig. unterstr.) Die Auswahl einer bestimmten Handlungsoption eröffnet gemäß einer Regel generell ihrerseits jeweils weitere bestimmte Handlungsoptionen. Diese Formulierung ist als eine Spezifizierung der Maxime des Pragmatismus[5] zu verstehen, die deutlich macht, dass die Bedeutung eines Objekts durch das Gesamt der Handlungen gegeben ist, die durch es geregelt ermöglicht werden. Bei Bedeutung handelt es sich aufgrund der Regelkonstitution um eine „Realitätsebene eigener Art [...], die der methodischen Operation der Rekonstruktion als abstrakter, bloß lesbarer Gegenstandsbereich vorliegt." (Oevermann 2013 [Erfahrungswiss], S. 73).

Bedeutungsstruktur, objektive – „Interaktionstexte[6] konstituieren aufgrund rekonstruierbarer Regeln objektive Bedeutungsstrukturen [...]. Die objektiven Bedeutungsstrukturen von Interaktionstexten [...] sind Realität (und haben Bestand) analytisch (wenn auch nicht empirisch) unabhängig von der je konkreten intentionalen Repräsentanz der Interaktionsbedeutungen auf seiten der an

---

[5] „But the Maxim of Pragmatism, as I originally stated it, *Revue philosophique* VII, is as follows: Considérer quels sont les effets practiques que nous pensons pouvoir être produits par l'objet de notre conception. La conception de tous ces effets est la conception complète de l'objet. [p. 48.] Pour développer le sens d'une pensée, il faut donc simplement déterminer quelles habitudes elle produit, car le sens d'une chose consiste simplement dans les habitudes qu'elle implique. Le caractère d'une habitude dépend de la façon dont elle peut nous faire agir non pas seulement dans telle circonstance probable, mais dans toute circonstance possible, si improbable qu'elle puisse être. [...] [p. 47.]" (Peirce 1903/1973, S. 4, 6, 8; kursiv i. Orig.) und: „196. [...] every conception is a conception of conceivable practical effects" (Peirce 1903/1973, S. 266).

[6] Zur „Kategorie der Interaktion" heißt es kurz nach der hier zitierten Stelle: Wir „gehen [...] davon aus, daß die elementarste Einheit menschlichen Handelns und damit auch die kleinste analytische Einheit der Handlungstheorien die Interaktion ist. Bezogen darauf stellt das individuelle Handeln schon eine Abstraktion dar. [...] Insofern ist der Begriff der Interaktion rein terminologisch im Grunde nicht haltbar und irreführend, weil er den Primat der einzelnen, isolierten Aktion präsupponiert, aus der sich als kleinste Einheit die Interaktion aggregiere. Zum anderen verwenden wir den Begriff der Interaktion [...] zur Bezeichnung von Bedeutung tragenden Relationen zwischen Handlungseinheiten immerhalb eines Zeitintervalls. In dieser allgemeinen Sicht meint die Kategorie der Interaktion einen stetigen, ununterbrochenen zeitlichen Strom von Ereignissen in einem Beziehungssystem, unabhängig davon ob diese Ereignisse konkret Konstanz oder Veränderung, Ruhe oder Bewegung bedeuten, und sie bindet die sozialwissenschaftliche Relevanz dieser Ereignisse [...] an deren objektive Bedeutsamkeit." (Oevermann et al. 1976 [Methodologie], S. 379 f.; vgl. Oevermann 1986 [Kontroversen], S. 60 ff.)

der Interaktion beteiligten Subjekte. Man kann das auch so ausdrücken, daß ein Text, wenn er einmal produziert ist, eine eigengesetzliche, mit eigenen Verfahren zu rekonstruierende Realität konstituiert, die weder auf die Handlungsdispositionen und psychischen Begleitumstände auf seiten des Sprechers noch auf die innerpsychische Realität der Rezipienten zurückgeführt werden kann." (Oevermann et al. 1976 [Methodologie], S. 379) Im technisch engeren Sinne bezeichnen wir als objektive Bedeutungsstruktur die durch geltende Regeln konstituierte Bedeutungsstruktur der einzelnen Sequenzstelle. – s. auch: *Sinnstruktur, objektive*.

Erfüllungsbedingungen, pragmatische – John Searle hat in seiner Analyse der Sprechakte (1969/1983) die Bedingungen analysiert, die mit der Äußerung von Sprechakten einhergehen und entsprechend erfüllt sein müssen, um den Sprechakt gelingen zu lassen. Insbesondere hat er das in seiner Analyse des Versprechens (Searle 1969/1983, S. 57–62) herausgearbeitet. Später fasste er die verschiedenen Bedingungen der verschiedenen Sprechakte in dem Begriff der „conditions of satisfaction" (1983, S. 10–13) zusammen. In der Objektiven Hermeneutik lehnt sich die Rede von Erfüllungsbedingungen von Äußerungen an die Searlesche Sprechakttheorie an. Ebenfalls am Beispiel des Versprechens hat Ulrich Oevermann dies explizit dargelegt (2008/2016 [Abschiedsvorlesung], S. 59–63). Entscheidend ist, dass sich gemäß geltender Regeln „für die pragmatische Erfüllung der Äußerung wesentliche Kontextbedingungen" (Oevermann et al. 1976 [Methodologie], S. 416) explizieren lassen, deren Erfüllung eben aus einer Äußerung objektiv eine gelungene machen. Diese Bedingungen gehören gemäß diesen Regeln objektiv zur Wohlgeformtheit einer Äußerung. Das Konzept ist nicht auf verbalsprachliche Äußerungen beschränkt, sondern ist auch bei in anderem Ausdrucksmaterial objektivierten Handlungen gültig. Wir haben bei den Photoanalysen gesehen, dass die abgebildeten Handlungen gedankenexperimentell als in verschiedene Kontexte passend bestimmt werden konnten. In den Gedankenexperimenten werden die jeweils für die infrage stehende Handlung relevanten Regeln in Anschlag gebracht; dies können z. B. Regeln der Praktikabilität (etwa der Witterung angemessene Kleidung zu tragen) oder auch Normen der jeweiligen Kultur (Bekleidung gemäß geltender Etikette) u. ä. sein.

Fallrekonstruktion – Fallrekonstruktion heißt Erschließung „einer wiedererkennbaren Fallstruktur, d. h. einer Art Identitätsformel der jeweiligen Lebenspraxis als Ergebnis ihres bisherigen Bildungsprozesses" (Oevermann 2013 [Erfahrungswiss], S. 75).

Fallstruktur – Fallstrukturen sind zu „denken als je eigenlogische, auf individuierende Bildungsprozesse zurückgehende Muster der Lebensführung und

Erfahrungsverarbeitung, mehr noch: als je eigene, Anspruch auf Allgemeingültigkeit erhebende Lebens- und Weltentwürfe und Entscheidungszentren. Sie nehmen soziale Einflüsse in sich auf, aber sie werden nicht einfach durch sie programmiert; sie konstituieren sich in einer schon immer vorausgesetzten und gegebenen Sittlichkeit und Sozialität, aber sie eröffnen immer wieder von neuem mit ihrer eigenen Zukunft auch die Zukunft der sozialen Allgemeinheit und der Gesellschaft." (Oevermann 2000 [Fallrek], S. 123).

Fallstrukturgesetzlichkeit – „Diese ist nichts anderes als die Explikation der Systematik und Regelmäßigkeit, mit der die immer wieder erkennbare [sic!] konkrete Fallstruktur sich sequentiell reproduktiv entfaltet und von der die mögliche Transformation ihren Ausgang nimmt. Es ist die Gesetzlichkeit, die das Zusammenspiel, die Wirkung und den Einfluß des Gesamts der dispositiven Faktoren bestimmt. Diese Faktoren bilden den Parameter II der Auswahlprinzipien [s.: *Parameter*] in der Sequenzanalyse – gewissermaßen die Erzeugungsformel der Fallstruktur analog dem Modell einer Komposition als der Erzeugungsformel eines Werkes in der materialen Formenlehre von Adorno." (Oevermann 2000 [Fallrek], S. 119; Adorno 1960/1986, S. 193 f., 1961/1990, S. 504, 1965/1990, S. 554, 1970/1982, S. 156) „Die ‚Fallstrukturgesetzlichkeit' erfüllt [...] einen Typus von Gesetz, der einerseits [...] singulär gilt, andererseits aber ‚fallintern' – für das ‚Universum' der Ereignisse einer konkreten Praxisform-Geschichte – als allgemeines Gesetz formuliert werden und zur Prämisse von Erklärungen bzw.„ von Prognosen gemacht werden kann, wie jedes Naturgesetz. Es ist insofern so etwas wie ein ‚Naturgesetz' der je individuierten autonomen Lebenspraxis, deren ‚Lebensgesetz'." (Oevermann 1993 [Subjektivität], S. 182).

Fallstrukturhypothese – Die Fallstrukturhypothese ist die im Laufe der Fallrekonstruktion vorläufig und eben hypothetisch bestimmte Falsstrukturgesetzlichkeit (s. dort; vgl. Oevermann 2000 [Fallrek], S. 105 f.). Gemäß der „falsifikationistischen Forschungslogik im Sinne *Karl R. Poppers*" (Oevermann 1979 [Sozialisationstheorie], S. 150; kursiv i. Orig.) hat letztlich auch die als gültig rekonstruierte Fallstrukturgesetzlichkeit hypothetischen Charakter, da eine Verifikation grundsätzlich nicht möglich ist.

Kontext, äußerer – Der äußere Kontext der jeweils zu analysierenden Textstelle entstammt einem Wissen, „das außerhalb der Sequenzanalyse gewonnen oder bezogen worden ist." (Oevermann 2000 [Fallrek], S. 95 f.) – Die „Beiziehung dieses ‚äußeren Kontextes'" ist „für die objektive Hermeneutik streng verboten [...], weil sonst immunisierende, ‚schlechte' Zirkularitäten zugelassen würden" (Oevermann 2000 [Fallrek], S. 96) – s. aber: *Prinzip der Kontextfreiheit*.

Kontext, innerer – Der innere Kontext der jeweils zu analysierenden Textstelle „wächst mit jeder weiteren Sequenzstelle", die analysiert wird, an. Das Wissen um diesen inneren Kontext kumuliert im Zuge der Sequenzanalyse (Oevermann 2000 [Fallrek], S. 95). „Der innere Kontext drückt die Selektivität des Interaktionssystems [lies: der Praxis], das den Fall bildet, aus." (Oevermann et al. 1979 [Methodologie], S. 422). Die „Individualität des Falles [...] erscheint in der Sequenzanalyse als sukzessiv aufgebauter innerer Kontext." (Oevermann et al. 1979 [Methodologie], S. 426) Methodisch hat die Beiziehung des inneren Kontexts die Funktion, die Kumulativität der Analyse zu sichern, würde man doch sonst jede Sequenzstelle wie eine erste analysieren und nur deren jeweilige objektive Bedeutung bestimmen, ohne die objektive Sinnstruktur des zu analysierenden Textes herausarbeiten und eine Fallstrukturgesetzlichkeit rekonstruieren zu können.

Kunstlehre – Die Kunstlehre der Objektiven Hermeneutik versammelt Prinzipien (s. dort), deren Befolgung die forschungspraktische Realisierung des methodischen Vorgehens erleichtert, indem sie forschungspsychologische Hemmnisse zu überwinden und forschungsökonomische Herausforderungen zu meistern erlauben.[7] – Zur Kunstlehre gehören:

- die „triviale Forderung, daß nicht Subjekte, deren Sozialisationsprozeß noch nicht abgeschlossen ist, die Last der Interpretation von Interaktionstexten übernehmen können" (Oevermann et al. 1979 [Methodologie], S. 392);
- „die Forderung, daß die Interpreten mit der Lebenswelt, aus der das Datenmaterial stammt, möglichst gut vertraut sein sollten" (Oevermann et al. 1979 [Methodologie], S. 392 – s. dazu: *Naivetät, künstliche*);
- „die Forderung, dass der Interpretationsprozeß durch einen differenzierten Einsatz einer Vielzahl von möglichst expliziten theoretischen Ansätzen, die als Heuristiken fungieren, angeleitet werden sollte" – „diese Theorien" liegen „als *Heuristiken*, auf der gleichen Stufe wie Elemente des Alltagswissens" (Oevermann et al. 1979 [Methodologie], S. 392; kursiv i. Orig.);

---

[7] Anschließend an das Verständnis „der vorkritischen Hermeneutik" als „ars interpretandi" (Frank 1977, S. 12) und an Schleiermacher (1838/1977, S. 81, passim; vgl. Szondi 1962/1967, S. 9) findet sich da und dort in der Literatur das Missverständnis, die *Methode* der Objektiven Hermeneutik *sei* eine *Kunstlehre* (vgl. etwa Wagner 1999, S. 43; Wernet 2021, S. 37 – mit Verweis auf Oevermann et al. 1979 [Methodologie], S. 391 f.; dort allerdings ist die Rede von den „*praktischen Verfahren* der objektiven Hermeneutik *als Kunstlehre*" – Oevermann et al. 1979 [Methodologie], S. 391; kursiv von mir, TL).

- „die Forderung, die einzelnen, individualspezifischen [z. B. neurotischen] Beschränkungen der Interpreten dadurch auszugleichen, daß die Interpretationen in einer Gruppe ständig kontrolliert werden" durch intensiven argumentativen Streit um die Lesarten (Oevermann et al. 1979 [Methodologie], S. 393);[8]
- außerdem die Prinzipien (s. *Prinzip der...*) der extensiven Sinnauslegung, der Sparsamkeit (s. hierzu auch: *Sparsamkeitsregel*), der Totalität, der Wörtlichkeit.

Lebenspraxis – „Unter Lebenspraxis wird in der objektiven Hermeneutik inhaltlich ein autonomes, selbst-transformatorisches, historisch konkretes Strukturgebilde gefaßt, das sich als widersprüchliche Einheit von Entscheidungszwang und Begründungsverpflichtung konstituiert." (Oevermann 1993 [Subjektivität], S. 178) – Die Lebenspraxis ist also eine Handlungsinstanz mit Entscheidungsmitte, die weder umhin kann, Entscheidungen zu treffen,[9] noch all ihr Tuns zu begründen – im Sinne des Rechtfertigens gegenüber sich selbst.[10] Es wäre insofern angemessener von einer widersprüchliche Einheit von Entscheidung und Selbstrechtfertigung zu sprechen (vgl. zu diesem Komplex o. S. 15–19 u. Loer 2007 [Region], S. 32–35).

Lesart – „Wir betrachten die Verbindung zwischen Äußerung und einer die Äußerung pragmatisch erfüllenden Kontextbedingung als eine Lesart." (Oevermann et al. 1979 [Methodologie], S. 415; s. auch: *Erfüllungsbedingungen,*

---

[8] Wie schwankend die Zuordnung der Regeln und Prinzipien zu Methode und Kunstlehre ist, zeigt sich auch hier: „Daher ist für die Objektivität des Verfahrens die Bearbeitung durch mehrere Interpreten ein wichtiger methodischer Grundsatz." (Oevermann et al. 1976: [Beobachtungen], S. 287). Die „Objektivität des Verfahrens" wird aber durch methodische Regeln der Erkenntnisgewinnung und der Geltungsbegründung gesichert; diese Regeln können auch von einem einzelnen Forscher befolgt werden. Da allerdings die „extensive Sinnauslegung dem Alltagsverfahren der Sinninterpretation entgegen[läuft]" (Oevermann et al. 1976: [Beobachtungen], S. 287), ist „die Bearbeitung durch mehrere Interpreten" hilfreich. Dies ist aber ein Prinzip der Kunstlehre, das die forschungspsychologische Schwierigkeit, möglichst alle passenden Typen von Lesarten zu produzieren und dann auch noch *zugleich* eine bestimmte, konturierte Deutung zu entwickeln und an ihr festzuhalten, zu überwinden hilft. Die *Geltung* einer Lesart wird durch methodische Überprüfung am Text und nicht durch Konsens oder Mehrheitsentscheid in einer Forschergruppe gesichert.

[9] Die Notwendigkeit der Entscheidung stellt nur aus der Perspektive der – sich ihrer selbst krisenhaft bewusst werdenden – Praxis einen Zwang dar; analytisch betrachtet entscheidet der Handelnde schlicht. Deshalb schlagen wir vor, nur von Entscheidung, nicht von Entscheidungs*zwang* zu sprechen.

[10] Von daher ist auch die Rede von Begründungs*verpflichtung* nicht prägnant genug.

pragmatische) Lesarten werden u. a. danach unterschieden, in welchem Verhältnis sie zur zu analysierenden Ausdrucksgestalt stehen. Eine Unterscheidung bezieht sich darauf, ob eine Lesart mit der Ausdrucksgestalt *kompatibel* oder *nicht kompatibel* ist. Dabei können die Lesarten, die nicht mit der Ausdrucksgestalt kompatibel sind, – wenn sie im Zuge der Interpretation überhaupt auftauchen – relativ rasch ausgeschieden werden. Die zweite Unterscheidung bezieht sich darauf, ob die Lesart bzgl. der Ausdrucksgestalt unabweisbar[11] oder *nicht*. Dabei sind diejenigen Lesarten, die mit der Ausdrucksgestalt kompatibel, aber nicht unabweisbar sind, für die Analyse problematisch: „Schwieriger ist demgegenüber der Umgang mit Lesarten, die zwar mit einer zu analysierenden Ausdrucksgestalt kompatibel sind, aber von dieser nicht im Sinne einer lückenlosen Ableitung von deren immanenten Markierungen erzwungen sind. Diese Lesarten, für die gilt, dass sie der ‚Fall sein können, aber nicht sein müssen', sind im Sinne des […] Wörtlichkeitsprinzips [s. *Prinzip der Wörtlichkeit*] unbedingt zu vermeiden, denn sie ‚vermüllen' die Analyse so wie degenerative Zusatzhypothesen eine Erklärung nur trüben. Diese Unterscheidung von zwar kompatiblen, aber nicht zwingenden Deutungen von solchen, die sich aus den Eigenschaften der Ausdrucksgestalt zwingend ableiten lassen, so dass für sie entweder gilt, dass sie nicht der Fall sein können, oder noch besser: der Fall sein müssen, ist außerordentlich wichtig und schwieriger zu realisieren als das Urteil über die Kompatibilität einer Lesart mit der gegebenen Ausdrucksgestalt. Die Beachtung dieser Unterscheidung ist für die Erklärungskraft der Analysen aber entscheidend und ermöglicht erst eine strikte Falsifikation." (2013 [Erfahrungswiss], S. 96 f.)

Naivetät, künstliche – s.: *Prinzip der der künstlichen Naivetät*

Parameter I oder Eröffnungs- bzw. Erzeugungsparameter; Parameter II oder Auswahl- bzw. Entscheidungsparameter[12] – Diejenigen Regeln, die für die Praxis, die unser Fall ist, Handlungsoptionen eröffnen, bezeichnen wir in der Objektiven Hermeneutik im Hinblick auf die eröffneten Handlungsoptionen als *Eröffnungsparameter*, im Hinblick auf die Bedeutung der eröffneten Optionen als

---

[11] Ulrich Oevermann spricht hier von ‚erzwungenen Lesarten' (s. folgendes Zitat); dieser auch bei anderen Autoren der Objektiven Hermeneutik zu findende Terminus ist u. E. irreführend; wir hatten zunächst einen anderen als den hier gewählten Terminus vorgeschlagen (vgl. Loer 2018 [Lesarten]), kamen aber aufgrund der Analyse eines Gemäldes (Loer 2023 [HB KS]) zu dem nun gemachten Vorschlag.

[12] Zur genaueren Bestimmung der Parameter in konstitutionstheoretischer Hinsicht einerseits, in methodologischer Hinsicht andererseits s. Loer 2006 [Streit], S. 362–365.

Glossar

Erzeugungsparameter;[13] diejenigen Prinzipien, Normen und Dispositionen, die die Auswahl aus den eröffneten Optionen bestimmen, bezeichnen wir als *Auswahlparameter*;[14] im engeren Sinne: wenn es sich, was ja meist zutrifft, um eine Praxis mit Entscheidungsmitte handelt, ist die Bezeichnung ‚*Entscheidungsparameter*' angemessen, da die so bezeichneten Prinzipien, Normen und Dispositionen die Entscheidung der Praxis hervorbringen. Die Unterscheidung ist also abhängig von der Fallbestimmung. Wenn z. B. in einer bestimmten Region, etwa dem Ruhrgebiet, ein bestimmtes Wort, etwa ‚wacker', abweichend von der Hochsprache, hier im Sinne von ‚rasch, schnell', benutzt wird, so liegt es gleichwohl so lange auf der Ebene der Eröffnungs- bzw. Erzeugungsparameter, als wir nicht die Region selbst zum Gegenstand der Untersuchung machen, sondern z. B. einen Fall von Hundehaltung in dieser Region untersuchen (vgl. Loer 2021 [Interviews], S. 113). Dem Hundehalter wird durch die regionalen Sprachregeln die Verwendung des Wortes in dem spezifischen Sinne eröffnet und dessen spezifische Bedeutung erzeugt. Wenn wir aber einen Fall von ‚ruhrgebietlichem Handeln' untersuchen, also die Region selbst unser Gegenstand ist, so liegt die Regel ‚wacker bedeutet rasch' auf der Ebene der Entscheidungs- oder Auswahlparameter und gehört zur Struktur dieser Region.[15]

Pathologie/pathologisch – Wenn in objektiv-hermeneutischen Analysen von möglichen Pathologien einer Praxis die Rede ist, so handelt es sich dabei um eine analytische Feststellung[16] und keineswegs um ein Werturteil. „Handlungen sind genau dann pathologisch, wenn deren regelhafte pragmatische Erfüllungsbedingungen in der äußeren Realität nicht vorliegen und ihr Vorhandensein als innere Realität dem Subjekt reflexiv nicht zugänglich und verschlossen bleibt, also den Status der unbewußten, objektiv nachweisbaren, aber subjektiv nicht verfügbaren

---

[13] Ulrich Oevermann spricht von dem „Parameter I von Erzeugungsregeln" (2000 [Fallrek], S. 90, Fn. 18) oder auch vom ‚algorithmischen Erzeugungsparameter' (2003 [Normativität], S. 192).

[14] Ulrich Oevermann spricht von dem „Parameter II von Auswahlprinzipien" (Oevermann 2000 [Fallrek], S. 90, Fn. 18) oder auch vom „Auswahlparameter" (2003 [Normativität], S. 193).

[15] Bzgl. einer Region, die ja selbst keine Entscheidungsmitte hat, sich aber als Kultur im Handeln der ihr Angehörigen manifestiert, spreche ich von Einflussstruktur (s. Loer 2007 [Region], S. 267–274 u. 2006 [Einfluss]).

[16] Im Zusammenhang mit Gesundheit spricht Matthias Kettner hier von einer „objektivierbaren Krankheit (*disease*)" (2021, S. 169; kursiv i. Orig.).

Realität trägt." (Oevermann 1981 [Strukturen], S. 14) Ob das in der Wortbedeutung enthaltene Moment des Leidens (πάθος) dabei subjektiv realisiert wird[17] oder ob es sich um ein klinisch auffälliges Leiden handelt, das einer expliziten Behandlung bedarf,[18] ist damit keineswegs gesagt. Die Implikationen der reflexiv nicht zugänglichen Abweichung vom regelangemessenen Handeln – so könnte man die analytische Kernbedeutung bezeichnen – rechtfertigt gleichwohl diesen Terminus, muss doch eine Diskrepanz zwischen subjektiv realisierbarer und objektiver Bedeutung der vorliegenden Situation angenommen werden, die objektiv in einem Leiden – eben minimal in dieser Diskrepanz, in einer Ver-rücktheit der subjektiven Weltsicht – resultiert. – Die von uns im Rahmen der dritten Bildanalyse festgestellte Pathologie, die darin besteht, dass die *vita perversa*, die die Angehörigen der sogenannten Sonderkommandos objektiv zu führen gezwungen waren, von ihnen um nur den Preis der Selbstnegierung hätte subjektiv realisiert werden können, ist ein anschaulicher Fall der Aufschlussleistung des Begriffs der Pathologie.

Prinzip der diskursiven Analyse – Durch intensiven argumentativen Streit um die Lesarten in einer Forschergruppe können zum einen „die einzelnen, individualspezifischen [z. B. neurotischen] Beschränkungen der Interpreten" ausgeglichen und „die Interpretationen in einer Gruppe ständig kontrolliert werden" (Oevermann et al. 1979 [Methodologie], S. 393); zum anderen zwingt die Diskussion in der Gruppe dazu, Lesarten und ihre Begründungen deutlich zu explizieren; zur Förderung dieses Effekts kann einer der Teilnehmer fallweise auch die Rolle eines Advocatus Diaboli einnehmen.

Prinzip der extensiven Sinnauslegung – Dieses Prinzip der Kunstlehre „bedeutet, die Alltagspraxis des Motivverstehens [gemäß dem „priciple of charity" (vgl. Wilson 1959, S. 532, Davidson 1974/2001, S. 197)[19]] gegen den Strich zu bürsten, indem gerade nicht möglichst treffsicher und möglichst schnell die Absicht des Handlungspartners entschlüsselt werden soll, sondern umgekehrt möglichst ausführlich, d. h. unter Einschluß auch der ‚unwahrscheinlichen' und vom Vorwissen über den Fall ausschließbaren Lesarten, und möglichst explizit

---

[17] Matthias Kettner spricht bezüglich der „leidvoll erlebten Beeinträchtigung (*illness*)" allgemeiner von „Misere" (2021, S. 169; kursiv i. Orig.).

[18] Bezüglich der Behandlungsbedürftigkeit spricht Matthias Kettner von „*sickness*" (2021, S. 169; kursiv i. Orig.).

[19] Fälschlicherweise setzen Franzmann et al. (2023, S. 31) das alltagspraktische Principle of Charity der Sparsamkeitsregel gleich.

alle Präsuppositionen des Textes erfaßt werden." (Oevermann et al. 1979 [Methodologie], S. 393) – Eine andere Formulierung mit etwas anderer Akzentuierung dieses Prinzips ist das *Prinzip der Wörtlichkeit*.

Prinzip der Kontextfreiheit – Dieses Prinzip der Kunstlehre ist bzgl. seiner Bezeichnung cum grano salis zu nehmen. Es besagt, dass das Wissen um den äußeren Kontext (s. dort) nicht herangezogen werden darf um „vom Text gedeckte Rekonstruktionen" seiner objektiven Bedeutungsstruktur[20] „als fallspezifisch unwahrscheinlich vorweg auszuscheiden. Andernfalls würden die Interpretationen von Szenen in einem ‚schlechten' Zirkel tatsächlich nur zum Ergebnis haben, was zuvor an Vorannahmen ‚hineingesteckt' wurde." (Oevermann et al. 1979 [Methodologie], S. 420) „Das Interpretationsverfahren vermeidet genau dadurch die viel beschworene schlechte Zirkularität hermeneutischer Verfahren, daß jenes Fallwissen, das bestimmte Lesarten von vornherein ausscheiden würde, nicht benutzt wird" (Oevermann et al. 1979 [Methodologie], S. 423). Allerdings muss das Wissen um den äußeren Kontext „berücksichtigt werden, wenn anders bei abweichenden Fällen die besonders unwahrscheinlichen Lesarten forschungspsychologisch nicht realisiert würden." Es geht in beiden Hinsichten also darum, zu „einer möglichst extensiven Auslegung von Lesarten" zu kommen (Oevermann et al. 1979 [Methodologie], S. 423). – s. auch: *Prinzip der extensiven Sinnauslegung*.

Prinzip der künstlichen Naivetät – Dieses Prinzip, auch als *Maxime der künstlichen Naivetät* bezeichnet, ist ein Prinzip der Kunstlehre der Objektiven Hermeneutik. Fallspezifisches Kontextwissen ist auszublenden, um uns zu weitestmöglicher Explikation fallspezifischer Aspekte zu zwingen; insofern fokussiert dieses Prinzip einen etwas anderen Aspekt als das verwandte Prinzip der Kontextfreiheit. – „Während der praktische Mensch das Befremdliche möglichst ohne Umwege zu beseitigen, also Naivetät zu vermeiden trachtet, versucht der Forscher so lange wie möglich, sich durch methodische Explikation im Stande der künstlichen Naivetät zu halten, also die Befremdlichkeit des Untersuchungsgegenstandes zu sichern statt zu beseitigen." (Oevermann 2001 [Scheideweg], S. 79) – Eine vergleichbares Prinzip findet sich bei Charles Darwin, wenn er „our long familiarity with the subject" als einen Grund dafür anführt, dass „the observation of Expression is by no means easy" (1899, S. 16); und ebenfalls bei Karl Bühler, wenn er herausstellt, dass der Phonetiker „bekennt: mich stört

---

[20] An der zitierten Stelle ist dort von „der latenten Sinnstruktur" die Rede; diese Formulierung ist aber problematisch.

bei meiner spezifischen Analyse die Vertrautheit und Geläufigkeit des Untersuchten, das ich aus täglichem Umgang zu genau kenne; ferner: ich darf mich nicht ablenken lassen durch den leicht und auf vielen Wegen erfaßbaren, auch indirekt durch die Situationsumstände mitbestimmten *Sinn*, die geläufige Verkehrsfunktion der zu untersuchenden Phänomene u. dgl. m." (Bühler 1933, S. 98 f.; kursiv i. Orig. gesperrt) – Das Prinzip der künstlichen Naivetät ist zusammenzudenken mit der „Forderung, daß die Interpreten mit der Lebenswelt, aus der das Datenmaterial stammt, möglichst gut vertraut sein sollten." (Oevermann et al. 1979 [Methodologie], S. 392) – s. auch: *Prinzip der Kontextfreiheit*.

Prinzip der Sparsamkeit – Das Prinzip der Sparsamkeit ist ein Prinzip der Kunstlehre, das dazu dient, die Sparsamkeitsregel (s. dort), die eine Regel der Methode darstellt,[21] einzuhalten. Das Prinzip der Sparsamkeit bedeutet, so lange wie möglich nur Lesarten heranzuziehen, die ohne fallspezifische Zusatzannahmen auskommen, und es „bedeutet auch, auf das Wissen über den ‚realen' empirischen Kontext, in der die Äußerung gefallen ist, zu verzichten und Spezifika, etwa ‚Pathologien', nicht ohne vom Text zu deren Annahme gezwungen zu sein, als gegeben anzunehmen" (Leber 1994, S. 229).[22] – s. auch: *Prinzip der Kontextfreiheit* und: *Prinzip der künstlichen Naivetät*.

Prinzip der Totalität – Dieses methodische Prinzip ist der „Grundsatz, für jedes im Protokoll enthaltene Element des Textes eine Motivierung zu explizieren, Textelemente nie als Produkte des Zufalls anzusehen." Ihm zufolge „muß man den ausgewählten Textausschnitt [...] vollständig, in seiner Totalität interpretieren." (Oevermann et al. 1979 [Methodologie], S. 394) „Welches Protokoll auch immer analysiert wird – für den zur Sequenzanalyse ausgewählten Protokollabschnitt gilt grundsätzlich, daß darin alles, das heißt jede noch so kleine

---

[21] In den Texten zur Objektiven Hermeneutik – auch in den von uns hier zitierten – ist dieser begriffliche Unterschied nur implizit enthalten und es wird terminologisch keine Unterscheidung gemacht.

[22] Martina Leber verwendet dort den Terminus ‚Sparsamkeitsregel', obwohl es hier der Sache nach um das zur Kunstlehre gehörende Prinzip der Sparsamkeit geht. Zudem begründet sie dort die Einhaltung des Prinzips der Sparsamkeit damit, dass „erst auf der Folie unterstellter Wohlgeformtheit [...] das Besondere seine charakteristische Gestalt [gewinnt], die dann als rekonstruktiv nachgewiesen und nicht von außen herangetragen gelten kann." (Leber 1994, S. 229) Dies ist zumindest missverständlich, legt es doch nahe, das Besondere lasse sich erst als Abweichung vom Wohlgeformten erkennen; dass eine Äußerung wohlgeformt ist, kann aber selbst gerade das Besondere des Falles ausmachen. (In einem früheren Glossar – s.: Loer 2021 [OHWP Interviews], S. 178 – hatten wir diese Begründung noch unkommentiert gelassen.)

und unscheinbare Partikel, in die Sequenzanalyse einbezogen und als sinnlogisch motiviert bestimmt werden muß." (Oevermann 2000 [Fallrek], S. 100) Das Totalitätsprinzip[23] schreibt also vor, „bei einem gegebenen Datum bzw. einer gegebenen Ausdrucksgestalt lückenlos die Sequentialität zu rekonstruieren, also nichts Erschließbares auszulassen und gerade nicht, wie in der Subsumtionslogik, am Leitfaden vorgegebener Kodierungskriterien oder -begriffe im Datenmaterial hin- und herzuspringen. Auf diese Weise wird nicht nur das FalsifizierungsPotenzial [sic!] eines Datenmaterials voll ausgeschöpft, sondern auch die Prägnanz der Ausdrucksgestalt maximal erhalten" (Oevermann 2013 [Erfahrungswiss], S. 78).

Prinzip der Wörtlichkeit – Dieses Prinzip der Kunstlehre „verpflichtet die Interpretation, den Text ‚auf die Goldwaage zu legen' in einer Weise, die uns in alltäglichen Verstehenskontexten als inadäquat und kleinlich erscheinen würde." (Wernet 2000/2009, S. 24) Es wird also die wörtliche Bedeutung des Gesagten – und nicht des Gemeinten – expliziert, zunächst unabhängig von ihren möglichen Umrahmungen wie etwa Ironie, metaphorische Verwendung o. ä. Das Wörtlichkeitsprinzip schreibt vor, „nichts zu erschließen, was nicht im Material selbst klar nachweisbar markiert ist, also keine noch so ‚gebildeten' Zuschreibungen vorzunehmen, von denen gilt, dass sie der Fall sein können, aber nicht müssen." (Oevermann 2013 [Erfahrungswiss], S. 78) Dieses bzgl. der Verbalsprache entwickelte Prinzip gilt analog auch für nicht-sprachliche Ausdrucksmaterialien – etwa wenn wir beim dritten Photo die Lesar ausschließen, dass eine der pausierenden Personen erschreckt oder erschüttert die Hand vor das Gesicht schlägt. Dies könnte der Fallsein, obwohl sie die andere Hand in die Hüfte stemmt, muss es aber nicht. – S. auch: *Prinzip der extensiven Sinnauslegung*.

Protokoll – „Unter dem Gesichtspunkt ihrer ausdrucksmaterialen, überdauernden Objektivierung werden" Ausdrucksgestalten „als *Protokolle* behandelt. Dabei kann es sich um gegenständliche Objektivierungen in Produkten, um hinterlassene Spuren, um Aufzeichnungen vermittels technischer Vorrichtungen, um intendierte Beschreibungen, um institutionelle Protokolle oder um künstlerische oder sonstige bewußte Gestaltungen handeln, und die Ausdrucksmaterialität kann sprachlich oder in irgendeinem anderen Medium der Spurenfixierung oder der Gestaltung vorliegen. Protokolle, als die ausdrucksmateriale Seite von Ausdrucksgestalten, lassen sich selbstverständlich sinnlich wahrnehmen." (Oevermann 1996/2002 [Manifest], S. 3; kursiv i. Orig. unterstr.) – s. auch: *Ausdrucksgestalt; Text*.

---

[23] Andreas Wernet nennt dies das Prinzip der „Extensivität" (2000/2009, S. 91; 32–35), was aber nicht mit dem o. g. Prinzip der extensiven Sinnauslegung zu verwechseln ist.

Protokoll, aufgezeichnetes – „Aufgezeichnete Protokolle entstehen dadurch, daß eine Aufzeichnungsapparatur, also eine nicht-intelligente, rein technische Prozedur ohne eigene interpretierende oder erkennende Subjektivität, also ein Film- oder Fotogerät, ein Tonbandgerät oder auch ein Meßgerät, das Protokoll ausdrucksmaterial gesehen erzeugt. Die Subjektivität eines Protokollanten ist hier nur bei der Bedienung und Ausrichtung des Geräts beteiligt und – primär als Fehlerquelle – bei der Notierung der rein technischen Aufzeichnung." (Oevermann 2000 [Fallrek], S. 84) Videoaufzeichnungen von Handlungsverläufen sind exemplarische Fälle dieses Typus von Protokollen.[24]

Protokoll, beschreibendes – „beschreibende und/oder gestaltete Protokolle [gehen] immer durch eine subjektive Wahrnehmung der protokollierten Wirklichkeit, deren subjektive Interpretation und eine darauf folgende Gestaltung bzw. Objektivierung des Wahrgenommenen und Interpretierten in einer bestimmten Ausdrucksmaterialität hindurch. Solche Protokolle sind zwar einerseits intelligent und als solche schon eine außerordentlich komplexe Erkenntnisleistung, sie sind aber andererseits für den methodischen Zugriff auf die protokollierte Wirklichkeit gerade deswegen viel weniger geeignet, weil sie in sich schon mehrfach gestuft diese Wirklichkeit umgeformt und in eine Wirklichkeit des Protokollierenden verwandelt haben." (Oevermann 2000 [Fallrek], S. 84) Die im Rahmen der Analyse des Auschwitz-Photos zitierten Berichte von Mitgliedern der sogenannten Sonderkommandos sind Fälle dieses Typus von Protokollen, die als „ein nach Möglichkeit zu vermeidender Ersatz für eine Aufzeichnung" (Oevermann 2000 [Fallrek], S. 113) gelten müssen.[25]

Protokoll, ediertes – Als edierte Protokolle bezeichnen wir „solche Protokolle, bei denen die Protokollierungshandlung und die zu protokollierende Wirklichkeit als Praxis gewissermaßen zusammenfallen und – damit zusammenhängend – die Protokollierungshandlung bzw. der Protokollierungsvorgang vollständig in der Kontrolle der protokollierten Wirklichkeit verbleibt, so daß auch die Eröffnung und die Beschließung dieser Wirklichkeit mit der Eröffnung und Beschließung des Protokolls vollständig koinzidiert – einfacher ausgedrückt: Rahmung und

---

[24] Jörg R. Bergmann spricht bzgl. der aufzeichnenden Form der Protokollierung – eine andere Terminologie als die Objektive Hermeneutik verwendend – von einer *registrierenden Konservierung* mithilfe audiovisueller Reproduktionsmedien (1985, S. 305).

[25] Jörg R. Bergmann, der eine andere Terminologie als die Objektive Hermeneutik verwendet, spricht bzgl. der beschreibenden Form der Protokollierung von einer *rekonstruierenden Konservierung* durch „sprachliche Vergegenwärtigung eines abgelaufenen Geschehens " (1985, S. 305).

Umfang, also die Abgrenzung der zu analysierenden Ausdrucksgestalt von vornherein vollständig definiert ist." (Oevermann 2000 [Fallrek], S. 83) Das hier analysierte Selfie ist ein Fall dieses Typus von Protokollen.

Rahmung, Pragmatische – Der Ausdruck meint „die Erhebungssituation oder generell: die pragmatische Rahmung der Erzeugung der [zu untersuchenden] Ausdrucksgestalt" (Oevermann 2000 [Fallrek], S. 78) „Der Generierung eines jeden Datums liegt ein spezifisches soziales Arrangement zugrunde. […] Dieses soziale Arrangement muß bei einer vom Forscher selbst vorgenommenen Datenerhebung bzw. -generierung genau vorbedacht sein. Bei der Sammlung von Daten, die die untersuchte Wirklichkeit selbst produziert, muß der dabei mitbeteiligte pragmatische Rahmen der Produktion genau rekonstruiert werden." (Oevermann 1996/2002 [Manifest], S. 19) – Vor der Analyse jeglichen Materials ist die Frage zu beantworten, welche pragmatischen Bedingungen in die Entstehung der Objektivation, anhand derer der Fall rekonstruiert werden soll, eingegangen sind;[26] diese müssen bei der Analyse des Materials vorab berücksichtigt werden, um Artefakte zu vermeiden.

Realität, äußere/innere – Bei der Rekonstruktion der Bedeutung von Ausdrucksgestalten werden Lesarten gebildet, indem die pragmatischen Erfüllungsbedingungen der Ausdrucksgestalt expliziert werden. Sind nun diese Erfüllungsbedingungen in der äußeren Realität der Handlungssituation, die sich in der Ausdrucksgestalt objektiviert hat, nicht gegeben, so muss darauf geschlossen werden, dass sie in der inneren Realität des Handelnden vorliegen.[27] Dies bedeutet, dass der Forscher „die in der *äußeren Realität* nicht feststellbaren pragmatischen Erfüllungsbedingungen der Äußerung in der *inneren Realität* des Sprechers bzw. des handelnden Subjekts aufzusuchen" hat (Oevermann 1981 [Strukturgen], S. 14; kursiv i. Orig. unterstr.).

Regel, bedeutungserzeugende – s.: *Bedeutungskonstitution; Parameter*

Regelkonstitution von Bedeutung – s.: *Bedeutungskonstitution*

Sequentialität/Sequenzialität – Sequentialität menschlicher Praxis ist Ausfluss der Regelgeleitetheit von Handeln, was bedeutet, dass dem Handelnden von den sein Handeln bestimmenden Regeln (Erzeugungsparameter) Handlungsmöglichkeiten eröffnet werden, wodurch die Freiheit des Handelnden als Entscheidungsinstanz konstituiert wird. Handeln ist dann Auswahl aus Optionen

---

[26] Andreas Wernet nennt dies die Klärung der „Interaktionseinbettung" (2000/2009, S. 57 ff.)
[27] Das schon klassisch zu nennende Beispiel hierfür ist „Mutti, wann krieg ich denn endlich mal was zu essen. Ich hab so Hunger." (s. o. S. 27 f.).

(Auswahlparameter), ein Antworten auf Optionen eröffnende Handlungen bzw. Konstellationen;[28] genau dies erfasst der Begriff der Sequentialität.[29]

Sequenzanalyse – Die Sequenzanalyse[30] stellt die methodische Inanspruchnahme von Erzeugungsparameter und Auswahlparameter dar. Sequenzanalyse hat die – durch in der zu untersuchenden Praxis geltende Regeln konstituierten – Optionen zu entwerfen und die realisierte Option zu diesen in Relation zu setzen, um die Bedeutung dieser Auswahl bestimmen zu können. Sequenzanalyse ist also konstitutionstheoretisch und methodologisch begründet, und zwar in der Explikation des Gegenstandskonstitutivums der Sequentialität. Die Sequenzanalyse bildet das in der Sequentialität konstituierte Aufeinanderfolgen ab, indem sie auf der Folie der eröffneten Handlungsoptionen die Systematik der von der untersuchten Praxis getroffenen Auswahlen von Optionen: die Fallstrukturgesetzlichkeit, rekonstruiert.

Sinn, manifester – Als manifester Sinn wird derjenige Sinn bezeichnet, den ein beteiligtes handelndes Subjekt aus seiner Perspektive mit dem untersuchten Handeln verbindet; darin geht v. a. die manifeste Bedeutung, also diejenige objektive Bedeutung des untersuchten Handelns ein, die dem beteiligten handelnden Subjekt bewusst ist (vgl. Loer 2016 [objektiv/latent]), sowie diejenige Bedeutung, die es zusätzlich (etwa projektiv) mit dem untersuchten Handeln verbindet.

Sinnstruktur, latente – Die objektive Bedeutungsstruktur einer einzelnen Äußerung bzw. die objektive Sinnstruktur eines komplexeren Handlungsablaufs sind

---

[28] Dass es sich um ein zeitliches Aufeinanderfolgen handelt, ist demgegenüber sekundär (vgl. Loer 2010 [Videoaufz], S. 329 f.).

[29] „In dieselben Fluten steigen wir und steigen wir nicht: wir sind es und sind es nicht." (Heraklit 1922: Fragm. 49a). Was Adorno für die Musik herausstellt, gilt für Handeln generell: „Als sich entwickelnde negiert Musik die Wiederholung schlechthin, nach dem heraklitischen Gedanken, daß keiner zweimal in denselben Fluß steigt. Aber zur sich Entwickelnden wird sie gleichwohl nur durch Wiederholung. […] Identität in der Nichtidentität ist ihr Lebensnerv." (Adorno 1961/1990, S. 506, Fn. 6) – „Das zeitlich Aufeinanderfolgende, das die Sukzessivität verleugnet, sabotiert die Verpflichtung des Werdens, motiviert nicht länger, warum dies auf jenes folge und nicht beliebig anderes. Nichts Musikalisches aber hat das Recht auf ein anderes zu folgen, was nicht durch die Gestalt des Vorhergehenden als auf dieses Folgendes bestimmt wäre, oder umgekehrt, was nicht das Vorhergehende als seine eigene Bedingung nachträglich enthüllte. Sonst klaffte die zeitliche Konkretion von Musik und ihre abstrakte Zeitform auseinander." (Adorno 1961/1990, S. 518).

[30] Vgl. Loer 2018 [Sqa] – In der interpretativen Sozialforschung ist der Terminus mittlerweile weit verbreitet (vgl. Maiwald 2005); er meint dort allerdings häufig schlicht ein Nacheinander in der Betrachtung von Protokollsegmenten, ohne dass diese in eine entsprechend methodologisch begründete Analyse mündete.

latent immer in Relation zu einer praktischen Perspektive; sie sind dann latent für eine Praxis, wenn sie von dieser nicht subjektiv realisiert wurden.[31] Der „Grenzfall der vollständigen subjektiv-intentionalen Realisierung der objektiven Bedeutungsstruktur einer einzelnen Äußerung bzw. der" objektiven[32] „Sinnstruktur eines komplexeren Handlungsablaufs [tritt] empirisch so gut wie nie ein[...]." (Oevermann 1995 [Vorwort]: X).

Sinnstruktur, objektive – Die objektive Sinnstruktur von Ausdrucksgestalten wird durch Hinzuziehung des inneren Kontexts (s. dort) der Analyse vom Forscher auf der Folie der rekonstruierten, durch geltende Regeln konstituierten objektiven Bedeutungsstruktur der einzelnen Sequenzstellen herausgearbeitet (s. Loer 2016 [objektiv/latent]).

Sparsamkeitsregel – Die *Sparsamkeitsregel* ist eine Regel der Methode, deren forschungspraktische Realisierung durch das *Prinzip der Sparsamkeit* erleichtert wird.[33] Nach dieser Regel der Methode „ist man angehalten, die Äußerungen solange wie möglich mit der Unterstellung eines vernünftigen, sprachkompetenten [...] Subjekts[, das die objektiven Bedeutungen seiner Äußerungen intentional realisiert hat,] zu interpretieren. Es ist für ein nicht zirkulär vorgehendes Verfahren von grundlegender Bedeutung, bei der Generierung von

---

[31] Aus der Entstehungsgeschichte der Objektiven Hermeneutik erklärt sich die Verwendung des Ausdrucks ‚latente Sinnstruktur' und ‚latenter Sinn', da hiermit betont wurde, dass die den Gegenstand der Objektiven Hermeneutik bildende Bedeutung des untersuchten Handelns den beteiligten handelnden Subjekten in der Regel nicht vollständig bewusst, für sie also (in Teilen) latent ist (Oevermann et al. 1979 [Methodologie], S. 378–387). „Die objektive Hermeneutik begann also mit der Annahme einer eigenlogischen Realitätsebene von objektiven Bedeutungen, die wir bezogen auf die Bedeutung von Äußerungs- oder Handlungsketten bzw. -sequenzen dann ‚latente Sinnstrukturen' genannt haben, um sie von den manifesten, weil bewußtseinsfähigen Bedeutungen im Sinne jenes ja manifesten subjektiven Sinns der Akteure zu unterscheiden." (Oevermann 1995 [Vorwort]: X) Seitdem wurde der Ausdruck ‚latente Sinnstruktur' und ‚latenter Sinn' in Texten Ulrich Oevermanns von dem Ausdruck ‚objektive Bedeutungsstruktur' und ‚objektive Bedeutung' nicht methodologisch systematisch unterschieden. Dort wo Oevermann die Unterscheidung thematisiert, benennt er damit im Prinzip lediglich einen forschungspragmatisch relevanten Unterschied, der aber methodologisch irrelevant und methodisch unerheblich ist; er unterscheidet so lediglich den „objektiven Sinn einzelner Äußerungen oder Sätze" vom „objektiven Sinn ganzer Äußerungsketten" (Oevermann 2013 [Erfahrungswiss], S. 79).

[32] Im zitierten Text steht an dieser Stelle „latenten" – dies ist aber irreführend (s. Loer 2016 [objektiv/latent]).

[33] In den Texten zur Objektiven Hermeneutik – auch in den von uns hier zitierten – ist dieser begriffliche Unterschied nur implizit enthalten und es wird terminologisch keine Unterscheidung gemacht.

Lesarten nicht Sonderbedingungen als geltend zu unterstellen, sondern – soweit wie möglich – nur solche ‚normalen' Situationen und Kontexte einzuführen, die für das Verständnis des Textes notwendig sind." (Leber 1994, S. 228 f.)[34] Es gilt dabei vor allem, fallspezifische Zusatzannahmen zu vermeiden, so lange es Lesarten gibt, die ohne sie auskommen: „Vermutungen über fallspezifische Besonderheiten, die die Geltungsbedinungen erfüllen, sind als Annahmen über die Motivierung einer Äußerung methodisch erst dann legitim, wenn eine andere, fallunspezifische Motivierungslinie nicht gefunden werden kann." (Oevermann et al. 1979 [Methodologie], S. 419)[35] – „Im Falle von konkurrierenden Interpretationen der Motivierung einer Handlung wählt man immer diejenige, die am wenigsten mit indivdualspezifischen Zusatzbedingungen auskommt. [...] Individualspezifische Zusatzbedingungen sollen nur dann eingeführt werden, wenn eine Handlung anders nicht mehr als sinnvoll rekonstruiert werden kann." (Oevermann et al. 1980 [Logik Interpretation], S. 25) – „Eine Sparsamkeitsregel ist einzuhalten, der zufolge die Grundannahme von Vernünftigkeit, Rationalität und Normalität solange aufrechtzuerhalten ist, bis es nicht mehr möglich ist, die andere, übergeordnete Grundannahme der Sinnstrukturiertheit der Ausdrucksgestalt aufrechtzuerhalten, ohne Zusatzannahmen von Gestörtheit einzuführen." (Oevermann 2013 [Erfahrungswiss], S. 78 f.)

Strukturgeneralisierung – „Jede abgeschlossene Fallrekonstruktion stellt in sich eine Strukturgeneralisierung dar, insofern sie einen Typus repräsentiert, dessen Allgemeinheit unabhängig davon gilt, wie häufig er in einer Grundgesamtheit

---

[34] Hier wurde eine ein bewusstseinsphilosophisches Missverständnis nicht vermeidende Formulierung ersetzt.

[35] Die Sparsamkeitsregel ist durchaus kein Spezifikum der Objektiven Hermeneutik; im Allgemeinen wird sie allerdings rein quantitativ gefasst und besagt lediglich, „daß bei allen Erklärungsprozessen diejenigen Ansätze zu bevorzugen sind, die mit einem Minimum von Faktoren, Hypothesen und Entitäten auskommen." (Cloeren 1995: Sp. 1300) – Dies geht zurück auf das „Wilhelm von Ockham zugeschriebene Ökonomie- oder Sparsamkeitsprinzip" (Cloeren 1984, S. 1094): „Pluralitas non est ponenda sine necessitate" – „Eine Mehrheit darf nicht ohne Notwendigkeit zugrunde gelegt werden" (Guillelmus de Ockham zit. n.: Cloeren 1984, S. 1094). Ockhams Rasiermesser, wie dieses Prinzip genannt wird, hatte seinerseits viele Vorläufer (s. Cloeren 1984); Charles Sanders Peirce gab ihm die treffende Formulierung, „that not more independent elements are to be supposed than necessary." (Peirce 1891/1998, S. 20; s., S. 1891/1976, S. 278). – Die Objektive Hermeneutik fasst die Sparsamkeitsregel demgegenüber strukturanalytisch.

als ‚token' vorkommt." (Oevermann 2004 [quanti], S. 469)³⁶ „Insofern stellt jede rekonstruierte Fallstruktur eine je konkrete Variante einer einbettenden, übergeordneten Fallstrukturgesetzlichkeit dar und liefert über sie eine allgemeine Erkenntnis" (Oevermann 1996/2002 [Manifest], S. 16); dies kann eine Erkenntnis über den Forschungsgegenstand sein – so stellt etwa ein konkreter Selfie-Photograph, der als Fall von Selfie-Photographie untersucht wird, eine „konkrete Variante" dieser photographischen Praxis dar und „liefert über sie eine allgemeine Erkenntnis"; es kann aber auch eine nicht im Fokus der jeweiligen Forschung stehende ‚übergeordnete Fallstrukturgesetzlichkeit' sein – also etwa die Pragmatik politischen Handelns. Zudem „stellt jede Fallrekonstruktion eine lebenspraktische Problemlösung vor, die in einem Bildungs- und Individuierungsprozeß entwickelt wurde und im Prinzip von anderen Lebenspraxen als Vorbild oder Modell gewählt werden könnte." (Oevermann 2004 [quanti], S. 469) Insofern stellt jede Fallrekonstruktion in all diesen Hinsichten zugleich eine Strukturgeneralisierung dar, die Erkenntnisse liefert über den Gegenstand, als Fall von dem die untersuchte Praxis analysiert wird, sowie über weiter Ebenen, denen sie angehört,. Die Fälle sind zugleich als Variationen des Themas des Gegenstandes, von dem sie Fälle sind, zu betrachten. In jeder Variation ist das allgemeine Thema in einer Besonderung enthalten. Kontrastive Variationen erlauben dabei, das Thema in seiner Allgemeinheit rascher zu erfassen.

Text – „Unter dem Gesichtspunkt der Strukturierung von Sinn und Bedeutung, also dessen, was sie symbolisieren, werden Ausdrucksgestalten als *Texte* behandelt. Für Texte gilt entsprechend, daß sie – wie die Bedeutungs- und Sinnstrukturen, deren Zusammenhang sie herstellen – als solche der sinnlichen Wahrnehmung verschlossen sind und nur ‚gelesen' werden können. Unter diesen methodologisch erweiterten Textbegriff fallen selbstverständlich nicht nur die schriftsprachlichen Texte der Literaturwissenschaften, sondern alle Ausdrucksgestalten menschlicher Praxis bis hin zu Landschaften, Erinnerungen und Dingen der materialen Alltagskultur." (Oevermann 1996/2002 [Manifest], S. 3; kursiv i. Orig. unterstr.) Text ist also jede Ausdrucksgestalt im Hinblick auf die Bedeutung, die sie gemäß geltenden Regeln, Prinzipien und Verfahrensweisen (und diese müssen nicht notgedrungen solche der Ausdrucksmaterialität

---

36 Oevermann unterscheidet an der Stelle „Strukturgeneralisierungen in sechs verschiedenen Dimensionen" (Oevermann 2004 [quanti], S. 469; vgl. Oevermann 2000 [Fallrek], S. 116–129). diejenigen, die quasi „nebenbei vorgenommen" werden und sich lediglich unvermeidlicherweise mit ergeben (## 2, 3, 4 u. 6) nehmen wir hier nicht auf; vielmehr fokussieren wir diejenige Strukturgeneralisierung, auf die als allgemeine Erkenntnis abgezielt wird.

Sprache, sondern können auch solche der sinnesmodalitätenspezifischen Ausdrucksmaterialien, des ikonischen etwa, sein) konstituiert. Allein die Bedingung der Möglichkeit von Bedeutungskonstitution überhaupt ist erst durch Sprache gegeben. Nicht jede Bedeutung ist also (verbal-) sprachlich konstituiert – im Gegenteil: häufig wird gerade durch nicht (verbal-) sprachliche Ausdrucksgestalten Welt eröffnet (vgl. Loer 1996 [Halbbildung], S. 323 ff., 1997 [Vermittlung], S. 44 f.) –, aber jede einmal konstituierte Bedeutung ist sprachlich ausdrückbar.[37] – s. auch: *Ausdrucksgestalt*; *Protokoll*.

Totalitätsprinzip – s.: *Prinzip der Totalität*.

Wörtlichkeitsprinzip – s. *Prinzip der Wörtlichkeit*; s. auch: *Prinzip der extensiven Sinnauslegung*.

---

[37] Vgl. das von J. R. Searle herausgearbeitete „principle of expressibility" (1969/1995, S. 19 ff.): „whatever can be meant can be said" (Searle 1969/1995, S. 19).

Literatur

Objektiv-hermeneutische Analysen von Photos[1]

Englisch, Felicitas (1991): Bildanalyse in strukturalhermeneutischer Einstellung. Methodische Überlegungen und Analysebeispiele. In: Garz, Detlef; Kraimer, Klaus (ed.), Qualitativ-empirische Sozialforschung. Konzepte, Methoden, Analysen, Opladen: Westdeutscher Verlag, 133–176
→ Der Analyse des Plakats zu Michel Delvilles Film „Die Vorleserin" geht eine Diskussion der Übertragung der an sprachlichen Ausdrucksgestalten entwickelten Sequenzanalyse voraus, die Englisch vor allem als ein in der „Zeitdimension" angesiedeltes Verfahren begreift. Entsprechend versucht sie „in der anderen Anschauungsform, dem *Raum* (als Ableitung in der Fläche ein *Komplementäres* zur ‚Konvention' der Lektüre von links oben nach rechts unten zu finden." (152; kursiv i. Orig.) Dafür greift sie vor allem auf die Prinzipien der Gestaltpsychologie zurück. In der Bildanalyse zielt Englisch v. a. darauf ab, mithilfe des Figur-Hintergrund-Schemas den Pornographie-Vorwurf zu entkräften.

Ackermann, Friedhelm (1994): Die Modellierung des Grauens. Exemplarische Interpretation eines Werbeplakats zum Film »Schlafwandler« unter Anwendung der »objektiven Hermeneutik« und Begründung einer kultursoziologischen Bildhermeneutik. In: Garz, Detlef; Kraimer, Klaus (ed.), Die Welt als Text. Theorie, Kritik und Praxis der objektiven Hermeneutik, Frankfurt/M.: Suhrkamp, 195–225

---

[1] (Die hier, nach Erscheinungsjahr geordnet, aufgeführten objektiv-hermeneutischen Analysen von Photographien sind in der Regel nicht zur Darstellung der Methode, sondern im Rahmen von gegenstandsbezogenen Forschungen entstanden und als solche ausgearbeitet worden; sie exemplifizieren in unterschiedlich expliziter Weise meist aber auch das methodische Vorgehen. Eine Vollständigkeit wird nicht beansprucht; ich danke den Kolleginnen und Kollegen, die mir Literaturhinweise zukommen ließen. – Weitere publizierte wie nicht publizierte Arbeiten finden sich auch in der Literaturdatenbank der Arbeitsgemeinschaft Objektive Hermeneutik verzeichnet: https://agoh.de/bibliographie/literaturdatenbank/startseite.html, sowie auf den Seiten des Instituts für hermeneutische Sozial- und Kulturforschung: https://www.ihsk.de/publikationen.htm.)

→ Durch Anlehnung an „Imdahls Konzeption der ‚Ereignisbilder' (Imdahl 1980)" (198) und die Annahme, das Bild sei „eine Verdichtung narrativer Elemente" (198), versucht Ackermann „die scheinbar fehlende Zeitlichkeit" (197) zu kompensieren und so eine Sequenzanalyse eines Bildes möglich zu machen (vgl. aber o. S. 86 f.). Entsprechend analysiert er das Plakat zu Mick Garris' Film „Schlafwandler" als Moment eines Handlungsgeschehens, wobei er kulturelle Codierungen – etwa der Katzen (206) – in Anschlag bringt.

Haupert, Bernd (1994): Objektiv-hermeneutische Fotoanalyse am Beispiel von Soldatenfotos aus dem Zweiten Weltkrieg. In: Garz, Detlef; Kraimer, Klaus (ed.), Die Welt als Text. Theorie, Kritik und Praxis der objektiven Hermeneutik, Frankfurt/M.: Suhrkamp, 281–314

→ Wie bei vielen frühen Bildanalysen mit der Objektiven Hermeneutik findet sich auch hier die Schwierigkeit, die Sequenzanalyse adäquat zu konzipieren. So heißt es bei Haupert: „Ein Foto verfügt [...] über einen monothetischen Aufbau, dessen Sequentialität sich nicht wie bei Schrifttext material ergibt, sondern erst hergestellt werden muß." (289) Deshalb schlägt er „vor, vom Gesamteindruck ausgehend, die Sequenzen von oben nach unten und von rechts nach links, analog zu Schrifttext, zu setzen." (289) Bei der Analyse der Photos – eines Porträts und mehrer Erinnerungsphotos eines Soldaten – wird dann aber durch gedankenexperimentelle Variation die dargestellte Szene und die Mimik analysiert und mit der Analyse der biographischen Daten verknüpft, ohne dass die methodologischen Vorüberlegungen störend einwirkten.

Wienke, Ingo (2001): Das Luftbild als Datum soziologischer Analyse. Eine objektivhermeneutische Textinterpretation als Beitrag zur Rekonstruktion von Strukturen sozialer Räume. In: sozialer sinn 2(1), S. 165–189

→ Darin Analyse einer Aufnahme des Hessischen Landesvermessungsamtes, *Luftbild der Stadt Bebra* (1996), als Ausdrucksgestalt des Sozialgebildes Stadt.

Oevermann, Ulrich (2009): ‚Get Closer'. Bildanalyse mit den Verfahren der objektiven Hermeneutik am Beispiel einer Google Earth-Werbung. In: Döring, Jörg (ed.), GeoVisiotype. Zur Werbegeschichte der Telekommunikation, Siegen: uniprint Universität Siegen, 129–177

→ Neben der Analyse der genannten Werbephotos findet sich ein Abschnitt über „Allgemeines zu einigen Prizipien objektiv hermeneutischer Bildanalyse" (170 ff.).

Cohnen, Henrik (2012): Kommunikationspolitik von Krankenhäusern. Qualitätsberichte zwischen Informationspflicht, Patientenorientierung und Ökonomisierungsdruck. Frankfurt/M.: Humanities Online (Mit einem Vorwort von Thomas Loer)

→ Cohnen analysiert hier detailliert die Titelseiten (67–79, 211–223, 259–267) von und weitere Photos (137–210, 289–329) aus Qualitätsberichten von drei Krankenhäusern.

Garz, Detlef; Zizek, Boris; Zizek, Lalenia (2014): Familienpositionalitäten – Zur Rekonstruktion familarer Lebenswelten. In: Kraimer, Klaus (ed.), Optionen einer sozialwissenschaftlichen Bild-Hermeneutik, Ibbenbüren: Münstermann, 76–106 [Aus Bildern lernen, Bd. 1]

→ Die Autoren analysieren ein Familienphoto, diskutieren das Verhältnis von protokollierender und protokollierter Praxis und analysieren v. a. die Positionierung der abgebildeten Personen zueinander.

Jornitz, Sieglinde (2014): Sinndeutung von Situationen mit Jugendlichen anhand einer fotografischen Analyse von Tobias Zielonys „Kristina". In: te Heesen, Kerstin (ed.), Pädagogische Reflexionen des Visuellen, Münster, 131–140
→ s. Jornitz 2016
Oevermann, Ulrich (2014a): Ein Pressefoto als Ausdrucksgestalt der archaischen Rachelogik eines Hegemons. Bildanalyse mit den Verfahren der objektiven Hermeneutik. In: Kauppert, Michael; Leser, Irene (ed.), Hillarys Hand. Zur politischen Ikonographie der Gegenwart, Bielefeld: Transcript, 31–57
→ Darin Analyse von Pete Souzas (*1954) *Situation Room* (2011). Es fällt auf, dass Oevermann die Pragmatische Rahmung in der Analyse zwar berücksichtigt, sie aber nicht vorgängig durchführt, sondern im Laufe der Analyse; dies erschwert es, die Geltung seiner Rekonstruktion nachzuvollziehen.
Oevermann, Ulrich (2014b): »Get Closer« – Bildanalyse mit den Verfahren der objektiven Hermeneutik am Beispiel einer Google Earth-Werbung. In: Kraimer, Klaus (ed.), Aus Bildern lernen. Optionen einer sozialwissenschaftlichen Bild-Hermeneutik, Ibbenbüren: Münstermann, 38–75
→ Neben der Analyse der genannten Werbephotos findet sich ein Abschnitt über „Allgemeines zu einigen Prizipien objektiv hermeneutischer Bildanalyse" (69–73).
Schäfer, Robert (2015): Die gegensätzlichen Gegensätze touristischer Traumbilder. In: sozialer sinn 16(1), S. 49–70
→ Schäfer analysiert drei touristische Cover-Bilder, wobei er in Form einer „‚Spiegeltechnik' […] von den je gegebenen Bildinhalten" ausgeht und dann „versucht, auf eine Realität zu schließen, die gerade nicht abgebildet ist[..] und durch die Bilder sozusagen negativ chiffriert wird". (67)
Jornitz, Sieglinde (2016): Der Ausdruck eines Kindes. Erschließung einer Portraitfotografie von Herlinde Koelbl. In: sozialer sinn 17(2), S. 289–306
→ Obwohl Jornitz ihrem Selbstverständnis nach der Segmentanalyse von Roswitha Breckner (etwa 2011 u. 2014) folgt, analysiert sie das ausgewählte Photo durchaus im Sinne der Objektiven Hermeneutik – etwa wenn sie Lesarten zu Körperhaltung und Blick (2014, S. 134 ff.; 2016, S. 300 ff.) der portraitierten Personen sowie zu ihrer Positionierung zueinander (214, S. 136–139) entwickelt und daraus deren Bedeutung rekonstruiert. Ebenso die Analyse von gewähltem Hintergrund und Beziehung der dargestellten Person zum Betrachter (2016, S. 303 ff.) nutzt aufschlussreich die sequenzanalytische Variation.
Loer, Thomas (2016): Als ob. Fingierte Souveränität im Bilde – Analyse einer Photographie von August Sander. In: Burkart, Günter; Meyer, Nikolaus (ed.), Die Welt anhalten. Von Bildern, Fotografie und Wissenschaft, Weinheim, Basel: Beltz Juventa, 301–325
→ Darin Analyse von August Sanders (1876–1965) *Der Notar* (1924).
Schäfer, Robert (2016): Zur fotografischen Vermittlung unmittelbarer Präsenz. In: Hahn, Kornelia; Schmidl, Alexander (ed.), Websites & Sightseeing. Tourismus in Medienkulturen, Wiesbaden: Springer VS, 63–84
→ Schäfer analysiert hier im Rahmen einer Studie zu „Variationen des Authentizitätsthemas" (81) im Tourismus Photos „aus dem Blog einer jungen Frau" (69).
Jornitz, Sieglinde (2019): Zu sich selbst in ein Verhältnis treten. Ästhetische Modelle zur Entwicklung vom Kind zum Erwachsenen. In: sozialer sinn 20(1), S. 85–108

→ Jornitz bestimmt hier „Ästhetische Modelle von Entwicklung" anhand der Betrachtung von photographischen Serien; die einzelnen Photos werden z. T. sehr detailliert aufschlussreich beschrieben und dann in ein Verhältnis gesetzt, wobei die verschiedenen Serien verglichen und auf ihre Differenz hin bestimmt werden.

Maiwald, Kai-Olaf (2019): Stand by Me: Was können Fotografien über Paarbeziehungen aussagen?. In: Funcke, Dorett; Loer, Thomas (ed.), Vom Fall zur Theorie. Auf dem Pfad der rekonstruktiven Sozialforschung, Wiesbaden: Springer VS, 217–254

→ Darin Analyse von Beate Roses *Stadtbaurat 48. Hausfrau (Architekturstudium) 44* (1972).

Rademacher, Sandra; Tressat, Michael (2019): Positionalität zwischen Sein und Noch-nicht-Sein. Eine rekonstruktive Fotoanalyse von Spiegel-Selfies im Übergang von der Kindheit zur Jugend. In: sozialer sinn 20(2), S. 337–387

→ Sandra Rademacher und Michael Tressat „analysieren […] aus entwicklungs- und sozialisationstheoretischer Perspektive fotografische Selbstporträts eines neunjährigen Mädchens aus Deutschland und eines dreizehnjährigen Jungen aus Ghana" (337).

Loer, Thomas (2023): Photographie. In: Franzmann, Andreas; Rychner, Marianne; Scheid, Claudia; Twardella, Johannes (ed.), Handbuch Objektive Hermeneutik, Wiesbaden: Barbara Budrich, 335–357

→ Darin Analyse von Philip-Lorca diCorcias *Streetwork, 1995*.

Egger, Jan; Wienke, Ingo (2023): Luftbilder. In: Franzmann, Andreas; Rychner, Marianne; Scheid, Claudia; Twardella, Johannes (ed.), Handbuch Objektive Hermeneutik, Wiesbaden: Barbara Budrich, 358–371

→ Egger und Wienke untersuchen die Siedlungseinbettung eines Schulhauses in Bern und stellen heraus, dass zunächst „die objektiv vorghandenen Möglichkeiten der Positionierungen bestimmt werden" müssen (Parameter I), um dann „die Bedeutungsstrukturen der getroffenen und realisierten Auswahl und die Gesetzmäßigkeiten in ihrer Regelhaftigkeit (Parameter II) rekonstruktiv" zu fassen sind (S. 352)

Verwendete Literatur

Acham, Karl (ed.) (1978): Methodologische Probleme der Sozialwissenschaften. Darmstadt: Wissenschaftliche Buchgesellschaft

Acham, Karl (2002): Objektivität. In: Endruweit/Trommsdorff 2002, 390 f.

Adler, Patricia A.; Adler, Peter (1994): Observational Techniques. In: Denzin, Norman K.; Lincoln, Yvonna S. (ed.), Handbook of Qualitative Research, Thousand Oaks, London, New Delhi: Sage, 377–392

Adorno, Theodor W. (1957/1979): Soziologie und empirische Forschung. In: ders., Soziologische Schriften I, Frankfurt/M.: Suhrkamp

Adorno, Theodor W. (1960/1986): Mahler. Eine musikalische Physiognomik. In: ders., Die musikalischen Monographien, Frankfurt/M.: Suhrkamp, 149–319

Adorno, Theodor W. (1961/1990): Vers une musique informelle. In: ders., Quasi una fantasia. Musikalische Schriften II, Frankfurt/M.: Suhrkamp, 493–540 [Musikalische Schriften I-III; Gesammelte Schriften, Bd. 16]

Adorno, Theodor W. (1965): Über einige Relationen zwischen Musik und Malerei. In: Pour Daniel-Henry Kahnweiler, Stuttgart: Hatje, 33–40

Literatur

Adorno, Theodor W. (1965/1990): Wagners Aktualität. In: ders., Musikalische Schriften III, Frankfurt/M.: Suhrkamp, 543–564 [Musikalische Schriften I-III; Gesammelte Schriften, Bd. 16]
Adorno, Theodor W. (1966/1982): Negative Dialektik. Frankfurt/M.: Suhrkamp
Adorno, Theodor W. (1970/1982): Ästhetische Theorie. Hg. v. Adorno, Gretel; Tiedemann, Rolf. Frankfurt/M.: Suhrkamp
Adorno, Theodor W. (1973/1982): Philosophische Terminologie. Zur Einleitung. Frankfurt/M.: Suhrkamp [Philosophische Terminologie, Bd. 1]
Adorno, Th. W.; von Haselberg, P. (1965): Über die geschichtliche Angemessenheit des Bewußtseins. In: Akzente 12(6), 487–497
Allert, Tilman (1993): Familie und Milieu. Die Wechselwirkung von Binnenstruktur und Außenbeziehung am Beispiel der Familie Albert Einsteins. In: Jung/Müller-Doohm 1993, 329–357
Altmeyer, Martin (2019): Ich werde gesehen, also bin ich, Psychoanalyse und die neuen Medien. Göttingen: Vandenhoeck & Ruprecht
Antelme, Robert (1947/1957): L'Espèce humaine. Paris: Gallimard (édition revue et corrigée)
Antelme, Robert (1947/1990): Das Menschengeschlecht. München: Deutscher Taschenbuch Verlag (Aus dem Französischen von Eugen Helmlé)
Apel, Karl-Otto (1978): Neue Versuche über Erklären und Verstehen. Frankfurt/M.: Suhrkamp
Apel, Karl-Otto (1979): Die Erklären-Verstehen-Kontroverse in transzendentalpragmatischer Sicht. Frankfurt/M.: Suhrkamp
Apel, K.-O. (2001): Verstehen. In: Ritter, Joachim; Gründer, Karlfried; Gabriel, Gottfried, Historisches Wörterbuch der Philosophie: U–V, Darmstadt: Wissenschaftliche Buchgesellschaft, 918–938 [Historisches Wörterbuch der Philosophie, Bd. 11]
Arendt, Hannah (1965/2003): Some Questions of Moral Philosophy. In: dies. 2003, 66–134
Arendt, Hannah (1968/2003): Thinking and Moral Considerations. In: dies. 2003, 144–166
Arendt, Hannah (1965/2007): Über das Böse. Eine Vorlesung zu Fragen der Ethik. Hg. v. Kohn, Jerome. München: Piper (Aus dem Nachlaß. Nachwort von Franziska Augstein)
Arendt, Hannah (2003): Responsibility and Judgment. Hg. v. Kohn, Jerome. New York: Schocken Books (With an introduction by Jerome Kohn)
Augstein, Rudolf et al. (1989): „Historikerstreit". Die Dokumentation der Kontroverse um die Einzigartigkeit der nationalsozialistischen Judenvernichtung. München: Piper Verlag
Austin, J. L. (1955/1962): How to do Things with Words. Oxford (The William James Lectures delivered at Harvard University in 1955)
Baldassari, Anne (1997): Picasso und die Photographie. Der schwarze Spiegel. München: Schirmer/Mosel
Balázs, Béla (1924/1926): Der sichtbare Mensch. Eine Film-Dramaturgie. Halle/Saale: Wilhelm Knapp (https://portal.dnb.de/bookviewer/view/1197843493#page/n0/mode/1up; zuletzt angesehen am 6. Juli 2022)
Baudelaire, Charles (1863/1976): Le peintre de la vie moderne. In: ders., Œuvres complètes. II, Paris: Gallimard, 682–724
Baudelaire, Charles (1887/1975): Mon cœur mis à nu. In: ders., Œuvres complètes. I, Paris: Gallimard, 676–708

Bauer-Lechner, Natalie (1923/1984): Erinnerungen an Gustav Mahler. In: Killian, Herbert (ed.), Gustav Mahler in den Erinnerungen von Natalie Bauer-Lechner, Hamburg: Verlag der Musikalienhandlung Karl Dieter Wagner

Becker, Michael (2010): Eine universelle Kompositionslehre. Zudem eine universelle Kunsttheorie sowie künstlerische Methodenlehre. Norderstedt: Books on Demand

Becker, Michael (2011): Methode der objektiven Werkanalyse. Exemplifiziert an Werken von Neo Rauch, Jonas Burgert und Paul Klee. Norderstedt: Books on Demand

Becker-Lenz, Roland; Franzmann, Andreas; Jansen, Axel; Jung, Matthias (ed.) (2016): Die Methodenschule der Objektiven Hermeneutik. Eine Bestandsaufnahme. Wiesbaden: Springer VS

Benjamin, Walter (1931/1980): Kleine Geschichte der Photographie. In: ders., Gesammelte Schriften II.1, Frankfurt/M.: Suhrkamp Verlag, 368–385 [Gesammelte Schriften. Werkausgabe, Bd. 4]

Bergmann, Jörg R. (1985): Flüchtigkeit und methodische Fixierung sozialer Wirklichkeit. Aufzeichnungen als Daten der interpretativen Soziologie. In: Bonß, Wolfgang; Hartmann, Heinz (ed.), Entzauberte Wissenschaft. Zur Relativität und Geltung soziologischer Forschung, Göttingen: Schwartz, 299–320

Bierwisch, Manfred (2002): Erklären in der Linguistik – Aspekte und Kontroversen. In: Krämer, Sybille; König, Ekkehard (ed.), Gibt es eine Sprache hinter dem Sprechen?, Frankfurt/M.: Suhrkamp, 151–189

Böhme, Jeanette; Böder, Tim (2020): Bildanalyse. Einführung in die bildrekonstruktive Forschungspraxis der Morphologischen Hermeneutik. Wiesbaden: VS Verlag

Bohnsack, Ralf (2001): „Heidi": Eine exemplarische Bildinterpretation auf der Basis der dokumentarischen Methode. In: ders.; Nentwig-Gesemann, Iris; Nohl, Arnd-Michael (ed.), Die dokumentarische Methode und ihre Forschungspraxis. Grundlagen qualitativer Sozialforschung, Opladen: Leske + Budrich, 323–337

Bohnsack, Ralf (2003): Qualitative Methoden der Bildinterpretation. In: ZfE 6(2), S. 239–257

Bohnsack, Ralf (2009a): Qualitative Bild- und Videointerpretation. Die dokumentarische Methode. Opladen, Farmington Hills: Verlag Barbara Budrich

Bohnsack, Ralf (2009b): Dokumentarische Bildinterpretation. Am exemplarischen Fall eines Werbefotos. In: Buber, Renate; Holzmüller, Hartmut H. (ed.), Qualitative Marktforschung. Konzepte – Methoden – Analysen, Wiesbaden: Gabler, 951–978

Bouchard, Thomas J. (1976): Field Research Methods: Interviewing, Questionnaires, Participant Observation, Systematic Observation, Unobtrusive Measure. In: Dunnette, Marvin D. (ed.), Handbook of Industrial and Organizational Psychology, Chicago: Rand McNally, 363–413

Bourdieu, Pierre (1991/2021): Séminaire Enquête, Collège de France, 14. März 1991. In: Schultheis/Egger 2021, 12

Bowker, John (ed.) (1997/1999): Das Oxford-Lexikon der Weltreligionen. Darmstadt: WBG (Für die deutschsprachige Ausgabe übersetzt und bearbeitet von Karl-Heinz Golzio)

Braudel, Fernand (1958): La longue durée. In: Annales Économies Sociétés Civilisations, 725–753

Breckner, Roswitha (2011): Sozialtheorie des Bildes. Zur interpretativen Analyse von Bildern und Fotografien. Bielefeld: Transcript

Brockhaus (1998–15): Fünfzehnter Band MOC – NORD. Leipzig, Mannheim: F.A. Brockhaus [Brockhaus – Die Enzyklopädie in vierundzwanzig Bänden]

Brockhaus (2002): Der Brockhaus in Text und Bild. Mannheim: Bibliographisches Institut & F. A. Brockhaus AG (CD-ROM)

[Brückner, Christine] c. b. (1971/1986): Genugtuung und Träumerei (Eine Vogesen-Wanderung). In: dies.; Kühner, Otto Heinrich, Erfahren und erwandert, Frankfurt/M., Berlin, Wien: Ullstein, 196–203

Bühler, Karl (1933): Ausdruckstheorie. Das System an der Geschichte aufgezeigt. Jena: Verlag Gustav Fischer

Canguilhem, Georges (1966/1999): Le Normal et le Pathologique. Paris: Presses Universitaires de France

Cegłowska, Teresa; Goc, Piotr; Bogusławska-Świebocka, Renata (1980): KL Auschwitz. Fotografie dokumentalne. Warszawa: Krajowa Agencja Wydawnicza

Chiozzi, Paolo (1984): Visuelle Anthropologie. Funktion und Strategien des ethnographischen Films. In: Müller, Ernst Wilhelm; König, René; Koepping, Klaus-Peter; Drechsel, Paul (ed.), Ethnologie als Sozialwissenschaft, Opladen: Westdeutscher Verlag, 488–512

Clifford, Colin W. G.; Watson, Tamara L.; White, David (2018): Two sources of bias explain errors in facial age estimation. London: Royal Open Society (https://royalsocietypublishing.org/doi/epdf/https://doi.org/10.1098/rsos.180841; 10 S., heruntergeladen am 13. Apr. 2022)

Cloeren, H. J. (1984): Ockham's razor. In: Ritter, Joachim; Gründer, Karlfried (ed.), Historisches Wörterbuch der Philosophie: Mo-O, Darmstadt: Wissenschaftliche Buchgesellschaft, 1094 ff. [Historisches Wörterbuch der Philosophie, Bd. 6]

Cloeren, Hermann J. (1995): Sparsamkeitsprinzip. In: Ritter, Joachim, Historisches Wörterbuch der Philosophie: Se-Sp, Darmstadt: Wissenschaftliche Buchgesellschaft, Sp. 1300–1304 [Historisches Wörterbuch der Philosophie, Bd. 9]

Count, Earl Wendel (1970/1973): The Biogenesis of Human Socialitiy. An Essay in Comparative Vertrebrate Sociology. In: ders., Being and Becoming Human. Essays on the Biogram, New York, Cincinnati, Toronto, London, Melbourne: D. Van Nostrand Company, 1–117

Cupa, Dominique (2009): Le silence des organes n'est pas la santé… In: Revue française de psychosomatique 36(2): 87–100

Danuser, Hermann (1997): Einleitung. In: ders. (ed.), Musikalische Interpretation, Darmstadt: Wissenschaftliche Buchgesellschaft, 1–72 [Neues Handbuch der Musikwissenschaft, Bd. 11]

Darwin, Charles (1899): The Expression of Emotion in Man and Animals. New York: D. Appleton and Company (With Photographic And Other Illustrations; The Project Gutenberg EBook #1227; Release Date: March, 1998; Last Updated: October 24, 2012; http://www.gutenberg.org/ebooks/1227; heruntergeladen am 13. Mai 2015)

Davidson, Donald (1974/2001): On the Very Idea of a Conceptual Scheme [1974]. In: ders., Inquiries into Truth and Interpretation, Oxford: Clarendon Press, 183–198

diCorcia, Philip-Lorca (1998): Streetwork 1993–1997. Salamanca: Ediciones Universidad de Salamanca

diCorcia, Philip-Lorca (1997/1998): Reflections on Streetwork. In: ders. 1998, 11–14

Didi-Huberman, Georges (2000–01/2003): Images malgré tout. In: ders. 2003, 9–65

Didi-Huberman, Georges (2000–01/2007): Bilder trotz allem. In: ders. 2003/2007, 13–76

Didi-Huberman, Georges (2002–03/2003): Malgré l'image toute. In: ders. 2003, 67–226
Didi-Huberman, Georges (2002–03/2007): Trotzdem kein Bild des Ganzen. In: ders. 2003d/2007, 79–256
Didi-Huberman, Georges (2003): Images malgré tout. Paris: Les Éditions de minuit
Didi-Huberman, Georges (2003/2007): Bilder trotz allem. München: Wilhelm Fink (Aus dem Franz. von Peter Geimer)
Driessen, Christoph (2021): Selfie statt Balkon-Szene. In: Hellweger Anzeiger, S. 30.9.2021
Droysen, Johann Gustav (1882/1960): Historik. Vorlesungen über Enzyklopädie und Methodologie der Geschichte. Hg. v. Hübner, Rudolf. München, Berlin: Oldenbourg
Duden (2001 [UWB]): Deutsches Universalwörterbuch. Mannheim: Bibliographisches Institut & F. A. Brockhaus AG (CD-ROM)
Eberle, Thomas S. (ed.) (2017): Fotografie und Gesellschaft. Phänomenologische und wissenssoziologische Perspektiven. Bielefeld: Transcript
Eisenberg, Peter (1998): Das Wort. Stuttgart, Weimar: Verlag J.B. Metzler [Grundriß der deutschen Grammatik, Bd. 1]
Eisenberg, Peter (1999/2001): Der Satz. Stuttgart, Weimar: Verlag J.B. Metzler [Grundriß der deutschen Grammatik, Bd. 2]
Encyclopædiea Britannica (2014): Encyclopædia Britannica. London: Encyclopaedia Britannica (Ultimate Reference Suite DVD)
Endruweit, Günter; Trommsdorff, Gisela (ed.) (2., völlig neu bearb. u. erw.. Aufl. 2002): Wörterbuch der Soziologie. Stuttgart: Lucius & Lucius
Fauth, Wolfgang (1964): Bestattung. In: Zielger, Konrat; Sontheimer, Walther (ed.), Aachen bis Dichalkon, Stuttgart: Alfred Druckenmüller Verlag, Sp. 873–876 [Der kleine Pauly. Lexikon der Antike, Bd. 1]
Festinger, Leon (1957/1966): A Theory of Cognitive Dissonance. Stanford: Stanford University Press
Flick, Uwe; von Kardorff, Ernst; Steinke, Ines (ed.) (2000): Qualitative Forschung. Ein Handbuch. Reinbek bei Hamburg: Rowohlt Taschenbuch Verlag
Fontana, Andrea; Frey, James H. (1994): Interviewing. The Art of Science. In: Denzin, Norman K.; Lincoln, Yvonna S. (ed.), Handbook of Qualitative Research, Thousand Oaks, London, New Delhi: Sage, 361–376
Frank, Manfred (1977): Einleitung. In: Schleiermacher 1977, S. 7–67
Franzmann, Andreas (2008): Biographische Ursprungskonstellationen des Wissenschaftlerberufs. In: sozialer sinn 9(2), S. 329–355
Franzmann, Andreas (2012): Die Disziplin der Neugierde. Der professionalisierte Habitus in den Erfahrungswissenschaften. Bielefeld: Transcript
Franzmann, Andreas (2016): Entstehungskontexte und Entwicklungsphasen der Objektiven Hermeneutik als einer Methodenschule. Eine Skizze. In: Becker-Lenz et al. 2016, S. 1–42
Franzmann, Andreas; Rychner, Marianne; Scheid, Claudia; Twardella, Johannes (ed.) (2023): Objektive Hermeneutik. Handbuch zur Methodik in ihren Anwendungsfeldern. Wiesbaden: Barbara Budrich
Franzmann, Manuel (2017): Säkularisierter Glaube. Fallrekonstruktionen zur fortgeschrittenen Säkularisierung des Subjekts. Weinheim: Beltz Juventa
Freud, Sigmund (1914/1981): Der Moses des Michelangelo. In: ders., Werke aus den Jahren 1913–1917, Frankfurt/M.: S. Fischer, 171–201 [Gesammelte Werke. Chronologisch geordnet, Bd. 10]

Funcke, Dorett; Loer, Thomas (ed.) (2019): Vom Fall zur Theorie. Auf dem Pfad der rekonstruktiven Sozialforschung. Wiesbaden: Springer VS

Garz, Detlef; Kraimer, Klaus; Riemann, Gerhard (ed.) (2019): Im Gespräch mit Ulrich Oevermann und Fritz Schütze. Einblicke in die biographischen Voraussetzungen, die Entstehungsgeschichte und die Gestalt rekonstruktiver Forschungsansätze. Opladen, Berlin, Toronto: Barbara Budrich

Garz, Detlef; Raven, Uwe (2015): Theorie der Lebenspraxis. Einführung in das Werk Ulrich Oevermanns. Wiesbaden: Springer VS

Gehlen, Arnold (1940/1986): Der Mensch. Seine Natur und seine Stellung in der Welt. Wiesbaden: AULA-Verlag [Studienausgabe der Hauptwerke, Bd. 1]

Gehlen, Arnold (1955): Die Sozialstrukturen primitiver Gesellschaften. In: ders.; Schelsky, Helmut (ed.), Soziologie. Ein Lehr- und Handbuch zur modernen Gesellschaftskunde, Düsseldorf, Köln: Eugen Diederichs, 13–45

Gehlen, Arnold (1956/1986): Urmensch und Spätkultur. Philosophische Ergebnisse und Aussagen. Wiesbaden: AULA-Verlag (Mit fünf Abbldungen) [Studienausgabe der Hauptwerke, Bd. 3]

Geiger, Theodor (1964): Vorstudien zu einer Soziologie des Rechts. Neuwied, Berlin: Luchterhand (Mit einer Enleitung und internationalen Bibliographie zur Rechtssoziologie von Paul Trappe)

Gemoll, Wilhelm (1954/1979): Griechisch-deutsches Schul- und Handwörterbuch. München, Wien: Freytag, Hölder-Pichler-Tempsky (Durchgesehen und erweitert von Karl Vretska. Mit einer Einführung in die Sprachgeschichte von Heinz Kronasser)

Georges, Karl Ernst (1913–18/2002): Lateinisch – Deutsch. Ausführliches Handwörterbuch. Berlin: Directmedia Publishing (Elektronische Ausgabe der 8. Auflage (1913/1918). Digitale Bibliothek Band 69)

Girtler, Roland (1998): Wilderer. Rebellen in den Bergen. Wien, Köln, Weimar: Böhlau

Goffman, Erving (1956/1969): Wir alle spielen Theater. Die Selbstdarstellung im Alltag. München: Piper (Übersetzt von Peter Weber-Schäfer)

Goffman, Erving (1956): The Presentation of Self in Everyday Life. Edinburgh: University of Edinburgh Social Sciences Research Centre

Goffman, Erving (1963/1966): Behavior in Public Places. Notes on the Social Organization of Gatherings. New York, London: The Free Press, Collier-Macmillan

Goffman, Erving (1964): The Neglected Situation. In: Gumperz, John J.; Hymes, Dell Hathaway (ed.), The ethnography of communication, Menasha/Wisconsin: American Anthropological Association, 133–136

Goffman, Erving (1971/1972): The Territories of the Self. In: ders., Relations in Public. Microstudies of the Public Order, New York, Evanston, San Francisco & London: Harper & Row, 28–61

Gold, Raymond L. (1958): Roles in Sociological Field Observations. In: Social Forces 36(3), S. 217–223

Greif, Gideon (1995): Wir weinten tränenlos… Augenzeugenberichte der jüdischen „Sonderkommandos" in Auschwitz. Köln, Weimar, Wien: Böhlau Verlag (Aus dem Hebräischen übersetzt von Matthias Schmidt)

Greshoff, Rainer; Kneer, Georg; Schneider, Wolfgang Ludwig (ed.) (2008): Verstehen und Erklären. Sozial- und Kulturwissenschaftliche Perspektiven. München: Wilhelm Fink

Grimm, Jacob; Grimm, Wilhelm (1854/1984): Erster Band. A – Biermolke. München: Deutscher Taschenbuch Verlag (Nachdruck Leipzig: S. Hirzel 1854) [Deutsches Wörterbuch, Bd. 1]

Grimm, Jacob; Grimm, Wilhelm (1889/1984): Siebenter Band. N – Quurren. München: dtv (Bearbeitet von Matthias von Lexer. Leipzig: S. Hirzel 1889) [Deutsches Wörterbuch, Bd. 13]

Grimm, Jacob (1935/1984): Vierter Band. I. Abteilung 6. Teil. Greander – Gymnastik. München: Deutscher Taschenbuch Verlag (Bearbeitet von Arthur Hübner und Hans Neumann in Verbindung mit der Arbeitsstelle des Deutschen Wörterbuchs. Leipzig: Hirzel 1935. Nachdruck) [Deutsches Wörterbuch, Bd. 9]

Grundhöfer, Uwe; Loer, Thomas (2022): Verkehrte Ökonomie, negative Reziprozität oder Politik? Über Deutschlands Beziehung zu Russland und zu sich selbst. In: sozialer sinn 23(1): 199–204

Habermas, Jürgen (1970/1982): Der Universalitätsanspruch der Hermeneutik (1970). In: ders., Zur Logik der Sozialwissenschaften, Frankfurt/M.: Suhrkamp, 331–366

Habermas, Jürgen (1974/1984): Überlegungen zur Kommunikationspathologie. In: ders., Vorstudien und Ergänzungen zur Theorie des kommunikativen Handelns, Frankfurt/M.: Suhrkamp Verlag, 226–270

Habermas, Jürgen (1986/1989): Eine Art Schadensabwicklung. In: Augstein et al. 1989, 62–76

Hall, Edward T. (1969): The Hidden Dimension. Garden City/NY: Doubleday

Hassanzadeh, Babak (o. J. [2015]): Women's Presence in Public Spaces in Iran. Changing Spatial Boundaries — Social Meanings and Consequences (PhD Thesis Proposal; Tpskr.; 12 S.). o. O. [مشهد]

Havighurst, Robert James (1953): Human development and education. New York: Longmans & Green

Hegel, Georg Friedrich Wilhelm (1821/1970): Grundlinien der Philosophie des Rechts oder Naturrecht und Staatswissenschaft im Grundrisse. Mit Hegels eigenhändigen Notizen und den mündlichen Zusätzen. Frankfurt/M.: Suhrkamp [Werke in 20 Bänden, Bd. 7]

Heraklit aus Ephesus (1922): Fragmente. In: Diels, Hermann, Die Fragmente der Vorsokratiker. Griechisch und Deutsch, Berlin: Weidmannsche Buchhandlung [Die Fragmente der Vorsokratiker, Bd. 1]

Hilberg, Raul (1961/1990): Die Vernichtung der europäischen Juden. Frankfurt/M.: Fischer Taschenbuch Verlag (3 Bde.)

Hildenbrand, Bruno (1999): Fallrekonstruktive Familienforschung. Anleitungen für die Praxis. Opladen: Leske + Budrich

Hildenbrand, Bruno (2005): Einführung in die Genogrammarbeit. Heidelberg: Carl Auer-Systeme Verlag

Hildenbrand, Bruno (2018): Genogrammarbeit für Fortgeschrittene. Vom Vorgegebenen zum Aufgegebenen. Heidelberg: Carl-Auer Verlag GmbH

Hirschauer, Stefan (1999): Die Praxis der Fremdheit und die Minimierung von Anwesenheit. Eine Fahrstuhlfahrt. In: SozW 3, S. 221–245

Hitzler, Ronald (2001): Erlebniswelt Techno. Aspekte einer Jugendkultur. In: ders./Pfadenhauer 2001, 11–27

Hitzler, Ronald; Bucher, Thomas; Niederbacher, Arne (2001): Leben in Szenen. Formen jugendlicher Vergemeinschaftung heute. Opladen: Leske + Budrich (Erlebniswelten; 3)

Hitzler, Ronald; Pfadenhauer, Michaela (1997): Eine posttraditionale Gemeinschaft. Integration und Distinktion in der Techno-Szene. In: Hillebrandt, Frank; Kneer, Georg; Kraemer, Klaus (ed.), Verlust der Sicherheit, Opladen: Westdeutscher Verlag

Hitzler, Ronald; Pfadenhauer, Michaela (ed.) (2001): Techno-Soziologie. Erkundungen einer Jugendkultur. Opladen: Leske + Budrich (Erlebniswelten; 1)

Hondrich, Karl Otto; Koch-Arzberger, Claudia (1992/1994): Solidarität in der modernen Gesellschaft. Frankfurt/M.: Fischer Taschenbuch Verlag

Huizinga, Johan (1938/1940): Homo ludens. Proeve eener bepaling van het spel-element der cultuur. Haarlem: H.D. Tjeenk Willink & Zoon N.V.

Huizinga, Johan (1938/1987): Homo Ludens. Vom Ursprung der Kultur im Spiel. Reinbek bei Hamburg: Rowohlt (In engster Zusammenarbeit mit dem Verfasser aus dem Niederländischen übertragen von H. Nachod. Mit einem Nachwort von Andreas Flitner)

Imdahl, Max (1994): Ikonik. Bilder und ihre Anschauung. In: Boehm, Gottfried (ed.), Was ist ein Bild?, München: Wilhelm Fink Verlag, 300–324

Itten, Johannes (1913–19/1990): Tagebücher. Stuttgart 1913–1916. Wien 1916–1919. Abbildungen und Transkriptionen. Wien: Löcker Verlag (Herausgegeben von Eva Badura-Triska)

Itten, Johannes (1930/1980): Elemente der Bildenden Kunst. Studienausgabe des Tagebuches. Ravensburg: Otto Maier Verlag

Itten, Johannes (1961/1987): Kunst der Farbe. Subjektives Erleben und objektives Erkennen als Wege zur Kunst. Ravensburg: Ravensburger Buchverlag (Studienausgabe)

Itten, Johannes (1988): Bildanalysen. Hg. v. Wick, Rainer. Ravensburg: Otto Maier (in Zusammenarbeit mit Anneliese Itten)

Jahn, Ronny; Nolten, Andreas (2018): Berufe machen Kleider. Dem Geheimnis berufsspezifischen Anziehens auf der Spur. Göttingen: Vandenhoeck & Ruprecht

Janssen, Horst (1982): Fixierte Augenblicke. 44 Photos aus der Ausstellung der Freunde der Photographie im Museum für Kunst und Gewerbe, Hamburg. Hamburg: CC-Verlag

Jarvie, Ian C. (1970/1978): Verstehen und Erklären in Soziologie und Sozialanthropologie. In: Acham 1978, 224–252

Jung, Thomas; Müller-Doohm, Stefan (ed.) (1993): „Wirklichkeit" im Deutungsprozeß. Verstehen und Methoden in den Kultur- und Sozialwissenschaften. Frankfurt/M.: Suhrkamp

Junichiro, Tanizaki (1956/1961): Der Schlüssel. Reinbek bei Hamburg: Rowohlt

Kauppert, Michael; Leser, Irene (ed.) (2014): Hillarys Hand. Zur politischen Ikonographie der Gegenwart, Bielefeld: Transcript

Kettner, Matthias (2021): Miseren des Krankenhauses, institutionelle Pathologien und klinische Organisationsethik. In: EthikMed 33: 159–175 (https://doi.org/10.1007/s00481-021-00628-z; heruntergeladen am 16. Aug. 2022)

Kraus, Karl (1911): Ich hatte ja keine Ahnung,. In: Die Fackel XIII(331): 8–13

Kühl, Stefan (2014): Ganz normale Organisationen. Zur Soziologie des Holocaust. Berlin: Suhrkamp

Langbein, Hermann (1972): Menschen in Auschwitz. Wien: Europaverlag

Lanzmann, Claude; Guerrin, Michel (2001): « La question n´est pas celle du document, mais celle de la vérité ». In: Le Monde, S. 19.1.2001

Leber, Martina (1994): Objektiv-hermeneutische Analyse einer Sequenz aus der vierzehnten Stunde einer psychoanalytischen Kurztherapie. In: Buchholz, Michael B.; Streeck,

Ulrich (ed.), Heilen, Forschen, Interaktion. Psychotherapie und qualitative Sozialforschung, Opladen: Westdeutscher Verlag, 225–259
Leber, Martina; Oevermann, Ulrich (1994 [Therapieverlauf]): Möglichkeiten der Therapieverlaufs-Analyse in der Objektiven Hermeneutik. Eine exemplarische Analyse der ersten Minuten einer Fokaltherapie aus der Ulmer Textbank (›Der Student‹). In: Garz, Detlef; Kraimer, Klaus (ed.), Die Welt als Text. Theorie, Kritik und Praxis der objektiven Hermeneutik, Frankfurt/M.: Suhrkamp, 383–427
Leutner, Detlev (2002 [G]): Gültigkeit (Validität). In: Endruweit/Trommsdorff 2002, 209 f.
Leutner, Detlev (2002 [Z]): Zuverlässigkeit (Reliabilität). In: Endruweit/Trommsdorff 2002, 720 f.
Levi, Primo (1947/o. J.): Se questo è un uomo. Turin: Francesco De Silva
Levi, Primo (1947/2020): Ist das ein Mensch? Berlin: Der Audio Verlag (Dt. von Heinz Riedt; ungekürzte Lesung mit Alexander Fehling)
Levi, Primo (1986/1993): Die Untergegangenen und die Geretteten. München: Deutscher Taschenbuch Verlag (Deutsch von Moshe Kahn)
Lévi-Strauss, Claude (1948): La Vie familiale et sociale des Indiens Nambikwara. In: Journal de la société des américanistes, Jg. 37: 1–132
Lévi-Strauss, Claude (1949/2002): Les Structures Élémentaires de la Parenté. Berlin, New York: Mouton de Gruyter
Lévi-Strauss, Claude (1983): Le regard éloigné. Paris: Plon
Liebermann, Sascha (2005): Zur Bürgervergessenheit der deutschen Reformdebatte. In: sozialer sinn 6(1), S. 131–142
Liebermann, Sascha (2019): „....ich möchte unabhängig sein...". Autonomie in der öffentlichen Diskussion um ein Bedingungsloses Grundeinkommen. Eine exemplarische Deutungsmusteranalyse. In: Funcke, Dorett; Loer, Thomas (ed.), Vom Fall zur Theorie. Auf dem Pfad der rekonstruktiven Sozialforschung, Wiesbaden: Springer VS, 255–288
Liebermann, Sascha (i. Vorber.): Politische Debatten analysieren. Eine Einführung am Beispiel der Debatte um das Bedingungslose Grundeinkommen. Wiesbaden: Springer VS [Objektive Hermeneutik in Wissenschaft und Praxis]
Liebermann, Sascha; Loer, Thomas (2009): „Überflüssige", „Überzählige", „Entbehrliche". Konstitutionstheoretischen Leerstellen, diagnostische Verkürzungen. In: sozialer sinn 10(1), S. 153–179
Loer, Thomas (1994 [Cézanne]): Werkgestalt und Erfahrungskonstitution. Exemplarische Analyse von Paul Cézannes ‚Montagne Sainte-Victoire' (1904/06) unter Anwendung der Methode der objektiven Hermeneutik und Ausblicke auf eine soziologische Theorie der Ästhetik im Hinblick auf eine Theorie der Erfahrung. In: Garz/Kraimer 1994:341–382
Loer, Thomas (1996 [Halbbildung]): Halbbildung und Autonomie. Über Struktureigenschaften der Rezeption bildender Kunst. Opladen: Westdeutscher Verlag (Mit einem Vorwort von Ulrich Oevermann)
Loer, Thomas (1997 [Vermittlung]): Die Sache selbst und Vermittlung. Zeitgenössische Kunst, Irritation und Suggestivität. In: Stehr, Werner; Kirschenmann, Johannes (ed.), Materialien zur DOCUMENTA X. Ein Reader für Unterricht und Studium, Stuttgart: Cantz, 42–45
Loer, Thomas (1997 [Vorbildung]): »Vorbildung ist gar keine Bedingung«. Über autonome Kunstbetrachtung, in: Kunst + Unterricht 214, Aug.: 18–21

Loer, Thomas (2006 [Einfluss]): ‚Embeddedness' oder Einflussstruktur? Soziologische Reflexionen zur Kulturspezifität von Handeln, diskutiert am Verhältnis von Vergemeinschaftung und Vergesellschaftung in der industriellen Kultur des Ruhrgebiets. In: Sociologia Internationalis 44(2), S. 217–251

Loer, Thomas (2006 [Streit]): Streit statt Haft und Zwang – objektive Hermeneutik in der Diskussion. Methodologische und konstitutionstheoretische Klärungen, methodische Folgerungen und eine Marginalie zum Thomas-Theorem. In: sozialer sinn 7(2), S. 345–374

Loer, Thomas (2007 [Region]): Die Region. Eine Begriffsbestimmung am Fall des Ruhrgebiets. Stuttgart: Lucius & Lucius

Loer, Thomas (2008 [Norm]): Normen und Normalität. In: Willems, Herbert (ed.), [Grundlagen der Soziologie und Mikrosoziologie], Wiesbaden: VS Verlag für Sozialwissenschaften, 165–184 [Lehr(er)buch Soziologie., Bd. 1]

Loer, Thomas (2008 [Urszenen]): Urszenen der Erfahrung qua Urgrund der Erkenntnis. Eine Kindheitsszene Adornos als Modell. In: sozialer sinn 2, S. 357–369

Loer, Thomas (2009 [Team]): Die Sozialform des Teams als besondere Form von Kollegialität. Soziologische Konzeptualisierungen und analytische Erwägungen zur Praxis von Teamarbeit und -beratung. In: Kaegi, Urs; Müller, Silke (ed.), Change auf Teamebene. Multiperspektivische Betrachtungen zu Teams in organisationalen Veränderungsprozessen, Zürich: NZZ-libro, 41–58

Loer, Thomas (2010 [HomoOec]): Das Bild vom Menschen – Nutzen, Rationalität und der Homo Oeconomicus. Tübingen (Vortrag und Diskussion im Rahmen der Vorlesungsreihe Studium Generale „Wirtschaftsethik – Eine Ehe zum Scheitern verurteilt?", Tübingen, 28. Apr. 2010); https://www.dropbox.com/s/igbmgm0rc03wd55/Loer%202010-ol-2%20Menschenbild%20Kopie.mp3?dl=0)

Loer, Thomas (2010 [Videoaufz]): Videoaufzeichnungen in der interpretativen Sozialforschung. Anmerkungen zu Methodologie und Methode. In: sozialer sinn 11(2), S. 319–352

Loer, Thomas (2013 [Stadt]): Zur eigenlogischen Struktur einer Stadt. Konstitutionstheoretische, methodologische und methodische Reflexionen zu ihrer Untersuchung. Frankfurt/M.: Humanities Online

Loer, Thomas (2014 [Sterben]): Selbstverlöschen. Erfahrung und Deutung des eigenen Sterbens. Frankfurt/M.: Humanities Online

Loer, Thomas (2015 [AG]): Forschungsnotiz zum Begriff der Ausdrucksgestalt. In: sozialer sinn 16(1), S. 71–84

Loer, Thomas (2015 [Diskurs]): Diskurspraxis – Konstitution und Gestaltung. Testierbare Daten – Methodologie der Rekonstruktion. Objektive Hermeneutik in der Diskussion. In: sozialer sinn 16(2), S. 291–317

Loer, Thomas (2015 [Lehre]): Lehre und Unterricht und ihre Verschränkung in der Schule. Programmatische Skizze zu einer konzeptuellen Klärung. In: Rademacher, Sandra; Stölting, Erhard; Wernet, Andreas (ed.), Bildungsqualen. Für Elisabeth Flitner, Wiesbaden: VS Verlag für Sozialwissenschaften, S. 69–92

Loer, Thomas (2016 [objektiv/latent]): Objektive Bedeutungsstruktur und latente Sinnstruktur. Eine Forschungsnotiz zu zwei klärungsbedürftigen Termini der Objektiven Hermeneutik. In: sozialer sinn 2, S. 355–382

Loer, Thomas (2017 [Latenz]): Welten der Latenz in Organisationen – ein Aufriss. In: Supervision 1 (Schwierige Operationen – Psychodynamisch orientierte Beratung in Organisationen; Heftverantwortliche: Ronny Jahn, Andreas Nolten), S. 15–20

Loer, Thomas (2018 [Gedicht]): Das Gedicht an der Wand. Analyse des Gedichts avenidas von Eugen Gomringer sowie seiner öffentlichen Präsentation. In: sozialer sinn 19(1), S. 191–226

Loer, Thomas (2018 [Lesarten]): Lesarten (Terminologie). In: AGOH Blog, S. 21.11.2018b (https://blog.agoh.de/2018/11/21/lesarten-terminologie/; zuletzt angesehen am 15. Juni 2021)

Loer, Thomas (2018 [objDat]): ad „objektive Daten". In: oh-meth.blog, S. 8.11.2018c (https://oh-meth.blogspot.com/2018/11/ad-objektive-daten.html; zuletzt angesehen am 21. Nov. 2018)

Loer, Thomas (2018 [Sqa]): Sequenzanalyse. In: oh-meth.blog, S. 8.11.2018 (https://oh-meth.blogspot.com/2018/11/sequenzanalyse.html; zuletzt angesehen am 15. Juni 2021)

Loer, Thomas (2019 [Jahn/Nolten]): [Rez. v.] Ronny Jahn, Andreas Nolten: Berufe machen Kleider. Dem Geheimnis berufsspezifischen Anziehens auf der Spur […]. In: sozialer sinn 20(2), S. 401–405

Loer, Thomas (2019 [testierbar]): Die zwei verschiedenen Rollen testierbarer Daten in der Analyse. In: AGOH Blog, S. 2.4.2019 (https://blog.agoh.de/2019/04/02/die-zwei-verschiedenen-rollen-testierbarer-daten-in-der-analyse/; zuletzt angesehen am 3. Apr. 2019)

Loer, Thomas (2021 [OHWP Interviews]): Interviews analysieren. Eine Einführung am Beispiel von Forschungsgesprächen mit Hundehaltern. Wiesbaden: Springer VS [Objektive Hermeneutik in Wissenschaft und Praxis]

Loer, Thomas (2021 [Reziprozität]): Reziprozität. Annäherungen an eine Grundlegung der Kultur- und Sozialwissenschaften. Wiesbaden: Springer VS

Loer, Thomas (2021 [Zehentreiter]): [Rez. v.] Ferdinand Zehentreiter: Adorno. Spurlinien seines Denkens. […]. In: sozialer sinn 22(2), S. 427–445

Loer, Thomas (2022 [Annahme]): Strukturelle Reziprozität und die Annahme des Anderen. In: Z'GuG 46(1): 153–182

Loer, Thomas (2023 [Gemälde]): Gemälde. In: Franzmann et al. (2023), S. 302–334

Loer, Thomas (2023 [Photos]): Photographie. In: Franzmann et al. (2023), S. 335–357

Loer, Thomas (2023 [Videos]): Videos. In: Franzmann et al. (2023), S. 372–404

Loer, Thomas (2023 [HB KS]): Objektive Hermeneutik als Methode der Kunstsoziologie. In: Bosch, Aida; Hieber, Lutz; Steuerwald, Christian (ed.) (2023): Handbuch Soziologie der Künste. Opladen: Barbara Budrich

Loer, Thomas (i. Vorber. [Facetten1]): Werk und Erfahrung. Wiesbaden: Springer VS (Mit einem Beitrag von Ulrich Oevermann) [Facetten der Kunst und ihrer Wahrnehmung, Bd. 1]

Loer, Thomas (i. Vorber. [OHWP Gemälde]): Gemälde analysieren. Eine Einführung am Beispiel von Edward Hoppers ‚Night Hawks'. Wiesbaden: Springer VS [Objektive Hermeneutik in Wissenschaft und Praxis]

Lorenz, Konrad (1950/1975): So kam der Mensch auf den Hund. München: Deutscher Taschenbuch Verlag

Lorenz, Kuno (1971): Beweis. In: Ritter, Joachim (ed.), Historisches Wörterbuch der Philosophie: A–C, Basel und Stuttgart, Sp. 882–886 [Historisches Wörterbuch der Philosophie, Bd. 1]

Lück, Helmut E. (2002): Verfahren, nichtreaktive. In: Endruweit/Trommsdorff 2002, S. 654 ff.

Maiwald, Kai-Olaf (2005): Competence and Praxis: Sequential Analysis in German Sociology. In: FQS 6(3): Art. 31

Maiwald, Kai-Olaf (2019b): Stand by Me: Was können Fotografien über Paarbeziehungen aussagen?. In: Funcke/Loer 2019b a, S. 217–254

Maiwald, Kai-Olaf (2023): Forschungsinterviews. In: Franzmann et al. (2023), 123–146

Malinowski, Bronislaw (1926/1962): Crime and Custom in Savage Society. Paterson/NJ: Littlefield, Adams & Co.

Mannheim, Karl (1928/1964): Das Problem der Generationen. In: ders., Wissenssoziologie. Auswahl aus dem Werk, Berlin, Neuwied: Luchterhand, 509–556

Manzoni, Alessandro (1827/2020): Die Brautleute. I Promessi Sposi. München: Carl Hanser Verlag (Deutsch von Burhart Kroeber)

Manzoni, Alessandro (1827/o. J.): I Promessi Sposi. o. O.: E-Bokkarama Editions

Marperger, Paul Jakob (1708): Das in Natur- und Kunst-Sachen neu-eröffnete Kauffmanns-Magazin. Hamburg

McKechnie, Lynne E. F. (2008): Reactivity. In: Given, Lisa M. (ed.), The SAGE Encyclopedia of Qualitative Research Methods, Thousand Oaks, London, New Delhi, Singapore: Sage Publications, 729 f.

Mead, George Herbert (1934/1983): Mind, Self, and Society from the Standpoint of a Social Behaviorist. Chicago, London: University of Chicago Press (Edited and with an Introduction by Charles W. Morris)

Meier, Christian (1986/1989): Verurteilen und Verstehen. In: Augstein et al. 1989, 48–61

Menge, Hermann (1978): Langenscheidts Taschenwörterbuch der lateinischen und deutschen Sprache. Berlin, München, Wien, Zürich: Langenscheidt

Merton, Robert K. (1936): The Unanticipated Consequences of Purposive Social Action. In: ASR 1(6), S. 894–904

Merton, Robert K. (1942/1973): The Normative Structure of Science (1942). In: ders., The Sociology of Science. Theoretical and Empirical Investigations, Chicago, London: The University of Chicago Press, 267–278

Miranda, Suárez (1658): Viajes de varones prudentes. Lérida (zit. n. Jorge Luis Borges: Del rigor en la ciencia – http://www.poemas-del-alma.com/blog/especiales/poemas-de-borges-en-su-voz; zuletzt angesehen am 24. März 2011)

Müller, Filip (1979/2022): Sonderbehandlung. Meine Jahre in den Gaskammern und Krematorien von Auschwitz. Darmstadt: Theiss (mit ca. 40 Abb. und Plänen)

Neumann, Thomas (1966): Sozialgeschichte der Photographie. Neuwied, Berlin: Luchterhand

Neumann-Braun, Klaus (2017): Selfies. Oder: kein fotografisches Selbstporträt ohne den Anderen. In: Eberle 2017 a, S. 343–348

Nietzsche, Friedrich (1886/1981): Jenseits von Gut und Böse. Vorspiel einer Philosophie der Zukunft. In: ders. 1981, S. 9–205

Nietzsche, Friedrich (1887/1981): Zur Genealogie der Moral. Eine Streitschrift. In: ders. 1981, S. 207–346

Nietzsche, Friedrich (1981): Jenseits von Gut und Böse. Zur Genealogie der Moral. Der Fall Wagner. Götzen-Dämmerung. Nietzsche contra Wagner. Ecce homo. Der Antichrist. Dionysos-Dithyramben. Autobiographisches aus den Jahren 1856–1869. Frühschriften.Hg. v. Schlechta, Karl. Frankfurt/M., Berlin, Wien: Ullstein [Werke, Bd. III]

Nolte, Ernst (1986/1989): Vergangenheit, die nicht vergehen will. In: Augstein et al. 1989: 39–47

Oer, Eva; Cohrs, Christian (2016): Generation Selfie. München: riva

Oevermann, Ulrich; Allert, Tilman; Gripp, Helga; Konau, Elisabeth; Krambeck, Jürgen; Schröder-Caesar, Erna; Schütze, Yvonne (1976 [Beobachtungen]): Beobachtungen zur Struktur der sozialisatorischen Interaktion. Theoretische und methodologische Fragen der Sozialisationsforschung. In: Lepsius, M. Rainer (ed.), Zwischenbilanz in der Soziologie, Stuttgart, 274–295

Oevermann, Ulrich; Allert, Tilman; Konau, Elisabeth; Krambeck, Jürgen (1979 [Methodologie]): Die Methodologie einer »objektiven Hermeneutik« und ihre allgemeine foschungslogische Bedeutung in den Sozialwissenschaften. In: Soeffner, Hans-Georg (ed.), Interpretative Verfahren in den Sozial- und Textwissenschaften, Stuttgart: J. B. Metzlersche Verlagsbuchhandlung, 352–434

Oevermann, Ulrich (1979 [Sozialisationstheorie]): Sozialisationstheorie. Ansätze zu einer soziologischen Sozialisationstheorie und ihre Konsequenzen für die allgemeine soziologische Analyse. In: Lüschen, Günther (ed.), Deutsche Soziologie seit 1945, Opladen: Westdeutscher Verlag, 143–168

Oevermann, Ulrich; Allert, Tilman; Konau, Elisabeth (1980 [Logik Interpretation]): Zur Logik der Interpretation von Interviewtexten. Fallanalyse anhand eines Interviews mit einer Fernstudentin. In: Heinze, Th.; Klusemann, Hans-W.; Soeffner, Hans-Georg (ed.), Interpretationen einer Bildungsgeschichte. Überlegungen zu einer sozialwissenschaftlichen Hermeneutik, Bernsheim: päd. extra Buchverlag, 15–69

Oevermann, Ulrich (1981/2023 [Strukturgen]): Fallrekonstruktionen und Strukturgeneralisierung als Beitrag der objektiven Hermeneutik zur soziologisch-strukturtheoretischen Analyse. In: Franzmann et al. 2023, 47–82

Oevermann, Ulrich (1983 [Sache]): Zur Sache. Die Bedeutung von Adornos methodologischem Selbstverständnis für die Begründung einer materialen soziologischen Strukturanalyse. In: von Friedeburg, Ludwig; Habermas, Jürgen (ed.), Adorno-Konferenz 1983, Frankfurt/M.: Suhrkamp, 234–289

Oevermann, Ulrich (1984 [description]): Il n'y a pas de problème de description dans les sciences sociales. Paris (Vortrag für das Kolloquium: „Décrire, un impératif?" im Maison des Sciences de l'Homme, Paris, (Dezember 13., 14., 15, 1984a); Tpskr. 22 S.)

Oevermann, Ulrich (1984/1985 [décrire]): Il n'y a pas un problème du décrire dans les sciences sociales. In: Ackermann, Werner; Conein, Bernard Laurent; Guigues, Christiane; Quéré, Louis; Vidal, Daniel (ed.), Décrire: Un impératif? Description, explication, interpretation en sciences sociales. tome 1°, Paris: EHESS, 12–34 (Traduit de l'allemand par W. Ackermann et L. Quéré)

Oevermann, Ulrich; Simm, Andreas (1985 [Perseveranz]): Zum Problem der Perseveranz in Delikttyp und modus operandi. Spurentext-Auslegung, Tätertyp-Rekonstruktion und die Strukturlogik kriminalistischer Ermittlungspraxis. Zugleich eine Umformung der Perseveranzhypothese aus soziologisch-strukturanalytischer Sicht. In: ders.; Schuster,

Leo; Simm, Andreas, Zum Problem der Perseveranz in Delikttyp und modus operandi. Spurentext-Auslegung, Tätertyp-Rekonstruktion und die Strukturlogik kriminalistischer Ermittlungspraxis. Zugleich eine Umformung der Perseveranzhypothese aus soziologisch-strukturanalytischer Sicht., Wiesbaden: Bundeskriminalamt, 129–437

Oevermann, Ulrich (1986 [Kontroversen]): Kontroversen über sinnverstehende Soziologie. Einige wiederkehrende Probleme und Mißverständnisse in der Rezeption der »objektiven Hermeneutik«. In: Aufenanger, Stefan; Lenssen, Margrit (ed.), Handlung und Sinnstruktur. Bedeutung und Anwendung der objektiven Hermeneutik, München: Kindt, 19–83

Oevermann, Ulrich (1990 [Delacroix]): Eugène Delacroix – biographische Konstellation und künstlerisches Handeln. In: Georg Büchner Jahrbuch 1986/87, S. 12–58

Oevermann, Ulrich (1990 [Sonderweg]): Zwei Staaten oder Einheit? Der ‚dritte Weg' als Fortsetzung des deutschen Sonderwegs. In: Merkur 44(492): 91–106

Oevermann, Ulrich (1990 [strukturale]): Strukturale Hermeneutik als methodologische Grundlage für „Theorien der Subjektivität". Oldenburg (Vortrag zum Symposium „Verstehen und Methoden", in Oldenburg, am 6[.]9[.] 1990c; Tpskr.; 78 S. + 12 S. (Zum Begriff der Lebenspraxis in der objektiven Hermeneutik) + 9 S. (Die Verfahren der Sequenzanalyse und die Fallrekonstruktion: Über den inneren Zusammenhang von objektiver Hermeneutik und Theorien der Individuierung und der Geschichte))

Oevermann, Ulrich (1991 [GenetStrukturalism]): Genetischer Strukturalismus und das sozialwissenschaftliche Problem der Erklärung der Entstehung des Neuen. In: Müller-Doohm, Stefan (ed.), Jenseits der Utopie. Theoriekritik der Gegenwart, Frankfurt/M.: Suhrkamp, 267–336

Oevermann, Ulrich (1993 [Subjektivität]): Die objektive Hermeneutik als unverzichtbare methodologische Grundlage für die Analyse von Subjektivität. Zugleich eine Kritik der Tiefenhermeneutik. In: Jung/Müller-Doohm 1993, S. 106–189

Oevermann, Ulrich (1995 [Religiosität]): Ein Modell der Struktur von Religiosität. Zugleich ein Strukturmodell von Lebenspraxis und von sozialer Zeit. In: Wohlrab-Sahr, Monika (ed.), Biographie und Religion. Zwischen Ritual und Selbstsuche, Frankfurt/M., New York: Campus, 27–102

Oevermann, Ulrich (1995 [Vorwort]): Vorwort. In: Burkholz, Roland, Reflexe der Darwinismus-Debatte in der Theorie Freuds, Stuttgart-Bad Canstatt: frommann-holzboog, IX–XXI

Oevermann, Ulrich (1996 [Krise&Muße]): Krise und Muße. Struktureigenschaften ästhetischer Erfahrung aus soziologischer Sicht. Frankfurt/M. (Vortrag am 19.6. in der Städel-Schule; Tpskr., Juni 1996a, 46 S.; http://publikationen.ub.uni-frankfurt.de/frontdoor/index/index/docId/4953; heruntergeladen am 31. Jan. 2018)

Oevermann, Ulrich (1996/2002 [Manifest]): Klinische Soziologie auf der Basis der Methodologie der objektiven Hermeneutik – Manifest der objektiv hermeneutischen Sozialforschung. (Tpskr., März 2002, 35 S.; http://www.ihsk.de/publikationen/Ulrich_Oevermann-Manifest_der_objektiv_hermeneutischen_Sozialforschung.pdf; heruntergeladen am 20. Mai 2015)

Oevermann, Ulrich (1997 [werkimmanent]): Thesen zur Methodik der werkimmanenten Interpretation vom Standpunkt der objektiven Hermeneutik. Frankfurt/M. (Vorgelegt zur 4. Arbeitstagung der Arbeitsgemeinschaft objektive Hermeneutik e.V. „Immanenz oder

Kontextabhängigkeit? Zur Methodik der Analyse von Werken und ästhetischen Ereignissen" am 26./27. April 1997 in Frankfurt am Main; Tpskr., April 1997, 32 S.; http://publikationen.ub.uni-frankfurt.de/frontdoor/index/index/docId/4950; zuletzt angesehen am 15. März 2013)

Oevermann, Ulrich (o. J. [1998] [Abduktion2]): [zu: Lebenspraxis, Krisenbewältigung und Konstitution von Erfahrung (Abduktion) als Grundprobleme in der Peirce'schen Philosophie und der modernen Soziologie]. o. O. [Frankfurt/M.] (Tpskr., S. 29–66)

Oevermann, Ulrich (2000 [Fall Münch]): Mediziner in SS-Uniform. Professionalisierungstheoretische Deutung des Falles Münch. In: Kramer, Helgard (ed.), Die Gegenwart der NS-Vergangenheit, Berlin, Wien: Philo, 18–76

Oevermann, Ulrich (2000 [Fallrek]): Die Methode der Fallrekonstruktion in der Grundlagenforschung sowie der klinischen und pädagogischen Praxis. In: Kraimer, Klaus (ed.), Die Fallrekonstruktion. Sinnverstehen in der sozialwissenschaftlichen Forschung, Frankfurt/M.: Suhrkamp, 58–156

Oevermann, Ulrich (2000 [Farbe]): Die Farbe – Sinnliche Qualität, Unmittelbarkeit und Krisenkonstellation. – Ein Beitrag zur Konstitution von ästhetischer Erfahrung. In: Fehr, Michael (ed.), Die Farbe hat mich – Positionen zur nichtgegenständlichen Malerei, Essen: Klartext-Verlagsgesellschaft, 426–473

Oevermann, Ulrich (2000 [TheoriePraxis]): Das Verhältnis von Theorie und Praxis im theoretischen Denken von Jürgen Habermas – Einheit oder kategoriale Differenz? In: Müller-Doohm, Stefan (ed.), Das Interesse der Vernunft. Rückblicke auf das Werk von Jürgen Habermas seit ›Erkenntnis und Interesse‹, Frankfurt/M.: Suhrkamp, 411–464

Oevermann, Ulrich (2001 [Bewährungsdynamik]): Bewährungsdynamik und Jenseitskonzepte – Konstitutionsbedingungen von Lebenspraxis. In: Schweidler, Walter (ed.), Wiedergeburt und kulturelles Erbe. Reincarnation and Cultural Heritage, Sankt Augustin: Academia Verlag, 289–338

Oevermann, Ulrich (2001 [Peirce]): Die Philosophie von Charles Sanders Peirce als Philosophie der Krise. In: Wagner, Hans-Josef, Objektive Hermeneutik und Bildung des Subjekts, Weilerswist: Velbrück Wissenschaft, 209–246

Oevermann, Ulrich (2001 [Scheideweg]): Das Verstehen des Fremden als Scheideweg hermeneutischer Methoden in den Erfahrungswissenschaften. In: ZBBS 2(1), S. 67–92

Oevermann, Ulrich (2003 [Normativität]): Regelgeleitetes Handeln, Normativität und Lebenspraxis. Zur Konstitutionstheorie der Sozialwissenschaften. In: Link, Jürgen; Loer, Thomas; Neuendorff, Hartmut (ed.), ‚Normalität' im Diskursnetz soziologischer Begriffe, Heidelberg: Synchron Wissenschaftsverlag der Autoren, 183–217

Oevermann, Ulrich (2003 [säkularBw]): Strukturelle Religiosität und ihre Ausprägung unter Bedingungen der vollständigen Säkularisierung des Bewusstseins. In: Gärtner, Christel; Pollack, Detlef; Wohlrab-Sahr, Monika (ed.), Atheismus und religiöse Indifferenz, Opladen: Leske + Budrich, 339–387

Oevermann, Ulrich (2003 [Schulpfl1]): Brauchen wir heute noch eine gesetzliche Schulpflicht und welches wären die Vorzüge ihrer Abschaffung?. In: Pädagogische Korrespondenz 30, S. 54–70

Oevermann, Ulrich (2003 [Schulpfl2]): Inwiefern die gesetzliche Schulpflicht die Verwirklichung eines pädagogischen Arbeitsbündnisses behindert. In: Rihm, Thomas (ed.), Schulentwicklung durch Lerngruppen. Vom Subjektstandpunkt ausgehen…, Opladen: Leske + Budrich, S. 69–93

Oevermann, Ulrich (2004 [Schulpfl]): Über den Stellenwert der gesetzlichen Schulpflicht – Antwort auf meine Kritiker. In: Pädagogische Korrespondenz 32, S. 74–84

Oevermann, Ulrich (2004 [Objektivität]): Objektivität des Protokolls und Subjektivität als Forschungsgegenstand. In: ZBBS 2, S. 311–336

Oevermann, Ulrich (2004 [quanti]): Die elementare Problematik der Datenlage in der quantifizierenden Bildungs- und Sozialforschung. In: sozialer sinn 5(3), S. 413–476

Oevermann, Ulrich (2008 [Feldforsch]): Zur Differenz von praktischem und methodischem Verstehen in der ethnologischen Feldforschung — Eine rein textimmanente objektiv hermeneutische Sequenzanalyse von übersetzten Verbatim-Transkripten von Gruppendiskussionen in einer afrikanischen lokalen Kultur. In: Cappai, Gabriele (ed.), Forschen unter Bedingung kultureller Fremdheit, Wiesbaden: VS Verlag für Sozialwissenschaften, 145–233

Oevermann, Ulrich (2008/2016 [Abschiedsvorlesung]): „Krise und Routine" als analytisches Paradigma in den Sozialwissenschaften. In: Becker-Lenz et al. 2016, S. 43–114

Oevermann, Ulrich (2009 [Arbeitsbündnis]): Die Problematik der Strukturlogik des Arbeitsbündnisses und der Dynamik von Übertragung und Gegenübertragung in einer professionalisierten Praxis von Sozialarbeit. In: Becker-Lenz, Roland; Busse, Stefan; Ehlert, Gudrun; Müller, Silke (ed.), Professionalität in der Sozialen Arbeit, Wiesbaden: VS Verlag für Sozialwissenschaften, 113–142

Oevermann, Ulrich (2013 [Erfahrungswiss]): Objektive Hermeneutik als Methodologie der Erfahrungswissenschaften von der sinnstrukturierten Welt. In: Langer, Phil C.; Kühner, Angela; Schweder, Panja (ed.), Reflexive Wissensproduktion. Anregungen zu einem kritischen Methodenverständnis in qualitativer Forschung, Wiesbaden: Springer Fachmedien, 69–98

Oevermann, Ulrich (2014 [Pressefoto]): Ein Pressefoto als Ausdrucksgestalt der archaischen Rachelogik eines Hegemons. Bildanalyse mit den Verfahren der objektiven Hermeneutik. In: Kauppert/Leser 2014, S. 31–57

Peirce, Charles S. (1891/1976): Die Architektonik von Theorien. In: ders., Schriften zum Pragmatismus und Pragmatizismus, Frankfurt/M.: Suhrkamp Verlag, 266–287

Peirce, Charles S. (1891/1998): The Architecture of Theories. In: ders., Scientific Metaphysics, Ann Arbor/MI: UmMI Books on Demand, 11–27 [Collected Papers, Bd. 6]

Peirce, Charles S. (1903/1973): Lectures on Pragmatism. Vorlesungen über Pragmatismus. Hamburg: Meiner (Mit einer Einleitung und Anmerkungen herausgegeben von Elisabeth Walther. Englisch – deutsch)

Picasso, Pablo (2014): Je ne cherche pas, je trouve. Paris: Cherche Midi

Pistone, Joseph D.; Woodley, Richard (1987/2006): Donnie Brasco: My Undercover Life in the Mafia. A true story. London: Hodder & Stoughton

Polanyi, Karl (1944): The Great Transformation. New York, Toronto: Farrar & Rinehart

Popper, Karl R. (1972/1984): Objektive Erkenntnis. Ein evolutionärer Entwurf. Hamburg

Popper, Karl R. (1972/1989): Objective Knowledge: An Evolutionary Approach. Oxford

Pressac, Jean-Claude (1989): Auschwitz. Technique and operation of the gas chambers. New York: Beate Klarsfeld Foundation (https://phdn.org/archives/holocaust-history.org/auschwitz/pressac/technique-and-operation/; zuletzt angesehen am 9. Juni 2022)

Reichertz, Jo (1981/1995): Objektive Hermeneutik. In: Flick, Uwe; von Kardorff, Ernst; Keupp, Heiner; von Rosenstiel, Lutz; Wolff, Stephan (ed.), Handbuch Qualitative Sozialforschung. Grundlagen, Konzepte, Methoden und Anwendungen, Weinheim: Beltz Psychologie Verlags Union, 223–228

Reichertz, Jo (1988): Verstehende Soziologie ohne Subjekt? Die objektive Hermeneutik als Metaphysik der Strukturen. In: KZfSS 40(2): 207–222

Revault d'Allonnes, Myriam (1998/2002): À l'épreuve des camps: l'imagination du semblable. In: dies., Fragile humanité, Paris: Aubier

Robert, Paul (1973): Micro Robert. Dictionnaire du français primordial. Paris: Dictionnaire Le Robert (deux tomes)

Rosenthal, Gabriele (1990): Biographische Verarbeitung von Kriegserlebnissen. In: dies. (ed.), „Als der Krieg kam, hatte ich mit Hitler nichts mehr zu tun". Zur Gegenwärtigkeit des „Dritten Reiches" in Biographien, Opladen: Leske + Budrich, 7–25

Salinger, J. D. (1957/1972): Zooey. In: ders., Franny and Zooey, Toronto, New York, London: Bentam Books, 45–202

Scheid, Claudia (2013): Eine Erkundung zur Methodologie sozialwissenschaftlicher Analysen von gezeichneten und gemalten Bildern anhand der Analyse zweier Kinderzeichnungen. In: FQS 14(1): Art. 1

Scheid, Claudia (2022): [Rez. v.] Jeanette Böhme, Tim Böder: Bildanalyse. Einführung in die bildrekonstruktive Forschungspraxis der Morphologischen Hermeneutik. Wiesbaden: Springer 2020. 127 Seiten. In: sozialer sinn 23(1): 212–217

Scheid, Claudia; Ritter, Bertram (2014): Mikes Lösung – Rekonstruktion eines Bildungsprozesses in einer Kinderzeichnung. In: ZQF 15(1–2), S. 181–206

Scheler, Max (1928/1983): Die Stellung des Menschen im Kosmos. Bern, München: Francke Verlag

Schirra, Bruno; Münch, Hans (1998): Die Erinnerung der Täter. In: Der Spiegel, Nr. 40/1998, S. 90–100

Schleiermacher, Friedrich (1838/1977): Hermeneutik und Kritik mit besonderer Beziehung auf das Neue Testament. In: ders. 1977, S. 79–306

Schleiermacher, F. D. E. (1977): Hermeneutik und Kritik. Mit einem Anhang sprachphilosophischer Texte Schleiermachers. Hg. v. Frank, Manfred. Frankfurt/M.: Suhrkamp (eingeleitet von Manfred Frank)

Schneider, Martin (2002): Teflon, Post-it und Viagra. Große Entdeckungen durch kleine Zufälle. Weinheim: Wiley-VCH

Schneider, Wolfgang Ludwig (2008): Verstehen und Erklären bei Ulrich Oevermann. In: Greshoff/Kneer/Schneider 2008, 333–363

Schröder, Frank; Schmidtke, Oliver (2021): Replik auf den Diskussionsanstoß zu „Gütekriterien qualitativer Forschung" von Jörg Strübing, Stefan Hirschauer, Ruth Ayaß, Uwe Krähnke und Thomas Scheffer. In: sozialer sinn 22(1), S. 261–286

Schrödinger, Erwin (1922/1997): Was ist ein Naturgesetz? (Antrittsrede an der Universität Zürich, 9. Dezember 1922). In: ders., Was ist ein Naturgesetz? Beiträge zum naturwissenschaftlichen Weltbild, München: R. Oldenbourg Verlag, 9–17

Schultheis, Franz (2021a): Danksagung. In: ders./Egger 2021a, S. 5

Schultheis, Franz (2021b): Fotografie als Instrument, Methode und Erkenntnisform soziologischer Forschung bei Pierre Bourdieu. In: ders./Egger 2021b, S. 15–42

Literatur

Schultheis, Franz; Egger, Stephan (ed.) (2021): Pierre Bourdieu und die Fotografie. Visuelle Formen soziologischer Erkenntnis. Eine Rekonstruktion. Bielefeld: transcript

Searle, John R. (1969/1983): Speech Acts. An Essay in the Philosophy of Language. Cambridge, London, New York, New Rochelle, Melbourne, Sydney: Cambridge University Press

Searle, John R. (1969/1995): Speech Acts. An Essay in the Philosophy of Language. Cambridge: Cambridge University Press

Searle, John R. (1979/1999): Expression and Meaning. Studies in the Theory of Speech Acts. Cambridge: Cambridge University Press

Shaw, Marvin E. (1971/1981): Group Dynamics. The Psychology of Small Group Behavior. New York: McGraw-Hill

Simmel, Georg (1908/1992): Soziologie. Untersuchungen über die Formen der Vergesellschaftung. Frankfurt/M.: Suhrkamp (Herausgegeben von Otthein Rammstedt) [Gesamtausgabe, Bd. 11]

Skinner, Cornelia Otis (1955): Where to Look. In: dies., Bottoms Up!, New York: Dodd, Mead & Company, 23–35

Sofsky, Wolfgang (1993/1999): Die Ordnung des Terrors. Das Konzentrationslager. Frankfurt/M.: Fischer Taschenbuch Verlag

Stone, Dan (2001): The Sonderkommando Photographs. In: Jewish Social Studies 7(3), S. 131–148

Strübing, Jörg; Hirschauer, Stefan; Ayaß, Ruth; Krähnke, Uwe; Scheffer, Thomas (2018): Gütekriterien qualitativer Sozialforschung. Ein Diskussionsanstoß. In: Zeitschrift für Soziologie 47(2), S. 83–100

Sutter, Hansjörg (1997): Bildungsprozesse des Subjekts. Eine Rekonstruktion von Ulrich Oevermanns Theorie- und Forschungsprogramm. Opladen: Westdeutscher Verlag

Szondi, Peter (1962/1967): Über philologische Erkenntnis. In: ders., Hölderlin-Studien. Mit einem Traktat über philologische Erkenntnis, Frankfurt/M.: Insel Verlag, 9–30

Świebocka, Teresa; Webber, Jonathan; Wilsack, Connie; Wydawniczo-Handlowa, Spółdzielnia (ed.) (1993/2011): Auschwitz. A history in photographs. Oświęcim; Warsaw: The Auschwitz-Birkenau State Museum; Książka i Wiedza

Tiger, Lionel (1994): A second look at the notion of biogrammar. In: Social Science Information. Information sur les sciences sociales 33(4), S. 579–593

Tiger, Lionel; Fox, Robin Lane (1971/1972): The Imperial Animal. London: Martin Secker & Warburg Ltd.

Tylor, Edward B. (1871/1929): Primitive Culture: Researches into the Development of Mythology, Philosophy, Language, Art and Custom. Vol. II. London: John Murray

Uhland, Ludwig (1815/2002): Der weiße Hirsch. In: , Deutsche Lyrik von Luther bis Rilke, Berlin: Directmedia, 104583

Vierkandt, Alfred (1931/1959): Gruppe. In: ders.; Briefs, G.; Eulenburg, F.; Oppenheimer, Franz; Sombart, Werner; Tönnies, Ferdinand; Weber, Alfred; von Wiese, Leopold (ed.), Handwörterbuch der Soziologie, Stuttgart: Ferdinand Enke Verlag, 239–253

von Arnim, Luwig Achim (1810/2000): Armut, Reichtum, Schuld und Buße der Gräfin Dolores. Eine wahre Geschichte zur lehrreichen Unterhaltung armer Fräulein. In: Bertram, Mathias (ed.), Deutsche Literatur von Lessing bis Kafka. Basisbibliothek, Berlin: Directmedia Publishing, 48–958

von Kleist, Heinrich (1878/1982): Über die allmähliche Verfertigung der Gedanken beim Reden. In: ders., Sämtliche Werke und Briefe in vier Bänden. Dritter Band, München, Wien: Carl Hanser, 319–324

von Ranke, Leopold (1824/1957): Vorrede der ersten Ausgabe – Oktober 1824. In: ders., Geschichten der romanischen und germanischen Völker von 1494–1514. Die Osmanen und die spanische Monarchie im 16. und 17. Jahrhundert, Hamburg: Standard-Verlag, 3 ff. [Historische Meisterwerke, Bd. 1 Nr. 1]

von Wright, Georg Henrik (1971): Explanation and Understanding. London: Routledge & Kegan Paul

Wahrig, Gerhard (1968/1972): Deutsches Wörterbuch. Gütersloh, Berlin, München, Wien: Bertelsmann Lexikon-Verlag

Wagner, Hans-Josef (1999): Rekonstruktive Methodologie. Opladen: Leske + Budrich

Watzlawick, Paul; Beavin, Janet Helmick; Jackson, Don D. (1967): Pragmatics of Human Communication. A Study of Interactional Patterns, Pathologies, and Paradoxes. New York, London: W. W. Norton & Company

Weber, Max (1919/1985): Wissenschaft als Beruf. In: ders., Gesammelte Aufsätze zur Wissenschaftslehre, Tübingen: Mohr (Siebeck), S. 582–613

Weber, Max (1922/1985): Wirtschaft und Gesellschaft. Grundriß der verstehenden Soziologie. Tübingen: Mohr (Siebeck) (besorgt v. Johannes Winckelmann. Studienausg. 19. bis 23. Tausend)

Weeber, Karl-Wilhelm (1998): Mit dem Latein am Ende? Tradition mit Perspektiven. Göttingen: Vandenhoeck & Ruprecht

Wenzl, Thomas; Wernet, Andreas (2015): Fall*konstruktion* statt Fall*rekonstruktion*. Zum methodologischen Stellenwert der Analyse objektiver Daten. In: sozialer sinn 1, S. 85–101

Wernet, Andreas (2000/2006): Einführung in die Interpretationstechnik der Objektiven Hermeneutik. Wiesbaden: VS Verlag für Sozialwissenschaften

Wernet, Andreas (2000/2009): Einführung in die Interpretationstechnik der Objektiven Hermeneutik. Wiesbaden: VS Verlag für Sozialwissenschaften

Wernet, Andreas (2019): Wie kommt man zu einer Fallstrukturhypothese?. In: Funcke/Loer 2019, S. 56–84

Wernet, Andreas (2021): Einladung zur Objektiven Hermeneutik. Ein Studienbuch für den Einstieg. Opladen: Barbara Budrich

Wilson, Neil L. (1959): Substances without Substrata. In: The Review of Metaphysics 4, S. 521–539

Winch, Peter (1970/1978): Replik [auf Ian C. Jarvies Aufsatz]. In: Acham 1978, 253–268

Wirth, Louis (1938): Urbanism as a Way of Life. In: AJS 44(1), S. 1–24

Wittgenstein, Ludwig (1952/1982): Philosophische Untersuchungen. Frankfurt/M.: Suhrkamp

Zakharine, Dmitri (2005): Von Angesicht zu Angesicht. Der Wandel direkter Kommunikation in der ost- und westeuropäischen Neuzeit. Konstanz: UVK

Zehentreiter, Ferdinand (2008): Die Ausdrucksgestalt als grundlagentheoretisches Modell in den Sozial- und Kulturwissenschaften. Frankfurt/M.: Humanities Online (https://ssl.humanities-online.de/download/Zehentreiter_Ausdrucksgestalt.pdf; heruntergeladen am 7. Juni 2012)

Zehentreiter, Ferdinand (2019): Adorno. Spurlinien seines Denkens. Eine Einführung. o. O. [Hofheim/Ts.]: Wolke Verlag

Zifonun, Gisela (2018): Die demokratische Pflicht und das Sprachsystem: Erneute Diskussion um einen geschlechtergerechten Sprachgebrauch. In: IDS Sprachreport 34, S. 44–56

The manufacturer's authorised representative in the EU is Springer Nature Customer Service Centre GmbH, Europaplatz 3, 69115 Heidelberg, Germany. If you have any concerns regarding our products, please contact ProductSafety@springernature.com

Printed and bound by CPI Group (UK) Ltd, Croydon, CR0 4YY

23/03/2026

02076466-0004